JN303540

Banker's Guide to Internal Auditing

これが金融機関の内部監査だ 2nd edition

新たなサービスの創造へのナビゲーション

先端内部監査研究会［著］

社団法人 金融財政事情研究会

目　次

序　章　2nd editionの読み方

はじめに …………………………………………………………………2
1　金融機関で変わったもの、変わらないもの ……………………2
　(1)　変わったもの …………………………………………………2
　(2)　変わらないもの ………………………………………………8
2　最近の変化 ………………………………………………………12
　(1)　当局の動向──05年度「金融監査に関する基本指針」まで ………12
　(2)　世間一般に広まったコンプライアンス・ガバナンス・企業の
　　　社会的責任（CSR）という言葉 ……………………………19
　(3)　時代の流れはERMへ ………………………………………21
　(4)　内部統制を開示し評価する動き ……………………………22
3　内部監査の課題 …………………………………………………31
　(1)　担当者の意識 …………………………………………………31
　(2)　どうすればよいのか…………………………………………32

第1章　内部監査を取り巻く環境変化

はじめに …………………………………………………………………36
1　COSOからERMへ ………………………………………………36
　(1)　COSOのおさらい ……………………………………………36
　(2)　内部統制の限界………………………………………………39
　(3)　COSO ERMへ ………………………………………………40
2　新BIS規制（バーゼルⅡ）………………………………………51
　(1)　改正の理由 ……………………………………………………51
　(2)　三つの柱………………………………………………………52

3　金融検査の高度化 ……………………………………………54

第2章　内部監査の進め方

はじめに ………………………………………………………………62
1　内部監査のための基礎整備 ……………………………………63
　(1)　内部監査の基本計画書 ……………………………………63
　(2)　内部監査における各職務の役割と責任……………………67
　(3)　内部監査の種類と実施方法 ………………………………68
　(4)　内部監査規程と内部監査マニュアル ……………………72
　(5)　内部監査規程（Audit Charter）……………………………72
　(6)　内部監査規程細則（運営手続）……………………………73
　(7)　内部監査マニュアル ………………………………………74
2　内部監査実施の手順 ……………………………………………76
　(1)　リスクアセスメント（リスク評価）………………………76
　(2)　内部監査計画書の立案……………………………………85
　(3)　往　　査 ……………………………………………………105
　(4)　監査結果の改善指摘事項と評定 …………………………111
　(5)　内部監査報告書と監査調書 ………………………………117
　(6)　指摘事項のフォローアップ ………………………………127
3　内部監査の品質を保つために …………………………………130
　(1)　継続的な専門的教育 ………………………………………130
　(2)　金融機関業務の変化への対応 ……………………………135
4　システム監査 ……………………………………………………138
　(1)　システム監査の重要性 ……………………………………138
　(2)　システム監査の体制整備 …………………………………140
　(3)　システム監査の監査基準 …………………………………144
　(4)　全般統制とアプリケーション統制 ………………………149
　(5)　システム監査の監査技術 …………………………………154

ii

(6) これからの課題 …………………………………………………158
5　金融機関内部監査における最近のトピックス ………………………158
　(1) 個人情報保護法と内部監査 ……………………………………158
　(2) インターネットバンキングの内部監査 ………………………163
　(3) 知的財産権への内部監査 ………………………………………169

第3章　コンプライアンスと内部監査

はじめに ………………………………………………………………………176
1　コンプライアンスって何？ ……………………………………………176
　(1) 日本的「コンプライアンス」の重視 …………………………176
　(2) コンプライアンスの対象 ………………………………………177
　(3) コンプライアンスの主体 ………………………………………177
　(4) 経営者の責任 ……………………………………………………178
　(5) ルールの特定と明確化 …………………………………………180
　(6) 全体的体制づくりの担い手 ……………………………………183
　(7) 監督当局との窓口 ………………………………………………185
2　ところで内部監査とどういう関係があるの？ ………………………186
3　内部監査とコンプライアンスの関係―FAQ編 ……………………188
　Q1　不祥事件調査ってどっちの仕事？ …………………………188
　Q2　兼務の問題―内部監査担当者の兼務は許されるの？ ……189
　Q3　兼務の問題―ではコンプライアンス・オフィサーの兼務は？ …190
　Q4　レポーティング先はだれ？ …………………………………191
　Q5　内部監査とコンプライアンス、どっちが偉い？ …………191
4　どうしたら、有効な内部管理体制を構築できるのか？（つくった
　　仏に魂を入れる手立てはあるのか）……………………………………192
　インターナル・コントロールはプロセス（インターナル・コントロール＝
　「内部統制」あるいは「内部管理」）………………………………………192
5　個人情報保護法への対応 ………………………………………………193

第4章 コーポレート・ガバナンスと内部監査

はじめに ……………………………………………………………………… 200
1 コーポレート・ガバナンスをめぐる最近の動き ………………… 200
　(1) 国内の動き ……………………………………………………… 200
　(2) 海外の動き ……………………………………………………… 202
　(3) コーポレート・ガバナンスの役割 …………………………… 203
2 コーポレート・ガバナンスの本質 ………………………………… 205
3 コーポレート・ガバナンスとリスクマネジメント、内部統制と
　内部監査の関係 ……………………………………………………… 207
　(1) COSO「エンタープライズ・リスク・マネジメント (CSO ERM)」…… 207
　(2) 日本での動き …………………………………………………… 208
　(3) 内部統制と経営者による不正について ……………………… 210
　(4) 内部監査との関係 ……………………………………………… 211
　(5) ま と め ………………………………………………………… 213
4 コーポレート・ガバナンス充実に向けた関係者の協働 ………… 214
　(1) 内部監査人と監査役の協働 …………………………………… 214
　(2) 内部監査人と公認会計士の協働 ……………………………… 217
　(3) 内部監査人と監査委員会の協働 ……………………………… 221
5 米国企業改革法のインパクト ……………………………………… 223
　(1) 法律の背景 ……………………………………………………… 223
　(2) 内部統制との関係 ……………………………………………… 224
　(3) 内部監査との関係 ……………………………………………… 225
　(4) 日本への影響 …………………………………………………… 226
6 オーディット・コミティー（監査委員会）………………………… 227
7 IR・対外開示と内部監査について ………………………………… 229
8 内部監査の使命とその地位の向上 ………………………………… 231

第5章 経営統合（M&A）と内部監査

はじめに ……………………………………………………………………236
1 経営統合（M&A）の動向 …………………………………………236
2 なぜ企業はM&Aを行うのか ………………………………………237
　(1) 戦略的な投資家によるM&A ……………………………………237
　(2) 金融的な投資家によるM&A ……………………………………238
3 デューデリジェンス（DD）と内部監査の類似性 ………………239
　(1) M&AにおけるDDの位置づけ …………………………………239
　(2) M&Aの手法と全体の流れ ………………………………………240
　(3) デューデリジェンスの進め方 …………………………………242
　(4) DDで確認すべき重要事項 ………………………………………245
　(5) デューデリジェンスと内部監査 ………………………………248
4 ERMの「戦略」目的と内部監査のかかわり ……………………249
　(1) フレームワークの新しい目的：「戦略」………………………249
　(2) ビジネスDDにおける検討事項 …………………………………250
5 金融機関統合における内部監査の役割 …………………………254
　(1) プロジェクトマネジメントの要点 ……………………………254
　(2) プロジェクトマネジメントの概要 ……………………………255
　(3) プロジェクトマネージャ …………………………………………256
6 まとめ ………………………………………………………………257
　(1) 内部監査人としてのスタンス …………………………………257
　(2) 敵対的買収防止策への姿勢 ……………………………………258

第6章 これが明日のベストプラクティスだ

はじめに ……………………………………………………………………262
1 米国企業改革法とCSA………………………………………………262
　(1) 米国企業改革法（サーベンス・オックスレー法）成立までの経緯 …262

(2)　米国企業改革法（SOX）の概要 …………………………………264
　2　コントロールの自己評価（CSA）……………………………………270
　　(1)　CSAの定義 …………………………………………………………270
　　(2)　CSAの流れ …………………………………………………………271
　　(3)　CSAの5W1H ………………………………………………………273
　　(4)　CSAの手続 …………………………………………………………276
　　(5)　CSAの長所 …………………………………………………………284
　　(6)　CSAの欠点 …………………………………………………………285
　　(7)　CSAのまとめ ………………………………………………………286
　3　品質保証 …………………………………………………………………287
　　(1)　内部監査の品質保証に関する基準 ………………………………287
　　(2)　品質保証の方法 ……………………………………………………289

■索　引 ……………………………………………………………………296

■付録ＣＤ-ＲＯＭ収録資料
　・銀行組織における内部管理体制のフレームワーク（バーゼル銀行監督委員会　1998.9）
　・リスク新時代の内部統制（リスク管理・内部統制に関する研究会　2003.6）
　・金融検査マニュアル（金融庁　2004.2）
　・金融検査に関する基本指針（金融庁　2005.7）
　・内部監査基準（日本内部監査協会　2004.6）
　・監査基準（企業会計審議会　2004.1）
　・監査役監査基準（日本監査役協会　2004.2）
　・金融機関の内部管理体制に対する外部監査に関する実務指針（日本公認会計士協会　2001.7）
　・CIA試験の概要（日本内部監査協会）
　・CSAとCCSA資格認定制度の概要（日本内部監査協会）
　・金融内部監査士試験の概要（日本内部監査協会）
　・監査プログラムのサンプル（営業店マネジメントについてのチェックポイント）
　・デューデリジェンスでの入手情報リスト（株式会社KPMG FAS）

┌─動作必要環境─
│・Windows 98SE、2000、XP
│・Internet Explorer 5.5 ～
│・Adobe (Acrobat) Reader 4.0 ～

執筆者紹介 　（執筆順）

水島　正　（担当：序章、第1章、第5章）
三和銀行で長年海外現地法人（投資銀行、商業銀行）を経営後、考査部主任考査役としてリスクベース監査の導入、海外当局検査対応を指揮。日本人唯一の公認銀行監査人（CBA）。
現在、ユニゾン・キャピタル株式会社チーフフィナンシャルオフィサー
東京大学経済学部卒、UCLA MBA。米国公認内部監査人（CIA）、CBA。
E-mail: tmizushima@t03.itscom.net

近藤　利昭　（担当：第2章）
三井銀行入行、金融検査マニュアル公表前2年間ニューヨークでリスクベース監査の実務と理論を研鑽。帰国後、検査から監査への抜本的改革に貢献。内部監査専門家として、監査技術、リスク評価モデル構築、金融検査対応等幅広い実務経験をもとに、監査業務、コンサルティング、講演、執筆等を通じ内部監査の発展に尽力。三井住友銀行監査部上席考査役、KFiマネジャー、野村證券IT監査チームリーダを経て、現在、日本で数少ないプロの内部監査人。
青山学院大学経済学部卒。CIA、内部統制評価指導士（CCSA）
E-mail: tkondo@s05.itscom.net

荒川　良浩　（担当：第2章、第3章）
日本長期信用銀行国際企画部当時、同行海外拠点の内部管理体制整備プロジェクトに従事し、コンプライアンスオフィサー制度を導入。のちに同行ニューヨークにて内部監査、与信監査を統括。
現在、AIG株式会社チーフコンプライアンスオフィサー、執行役員
金沢大学法文学部卒。E-mail: al1914n@aol.com

宮崎　泰雄　（担当：第4章、第5章）
さくら銀行シアトル支店長の後、同銀行検査部ニューヨーク米州検査室長として米州内拠点の内部監査を統括。米国式監査手法の導入と当局検査対応の責任者。
現在、本多通信工業株式会社取締役経営企画部長
早稲田大学政治経済学部卒。CIA。E-mail: yasuo-miyazaki@nifty.com

毛利　直広　（担当：第1章、第2章、第6章）
アーサーアンダーセンを経て、パリ国立銀行東京支店内部監査部マネジャー、ドイツ銀行東京支店監査部ディレクター。日本人CIAの先駆け。日本内部監査協会（IIA-Japan）常務理事。ACIIA（アジア地域内部監査協会）会長、金融内部監査協会会長。モルガン・スタンレー証券会社内部監査室エグゼクティブ・ディレクターを経て、
現在、新生銀行監査部長、株式会社アプラス非常勤監査役（2005年6月29日～）、横浜国大学経営大学非常勤講師、明治大学会計専門職大学兼任講師
ジョージア州立大学卒。CIA、米国公認会計士（CPA）。
E-mail: Naohiro.Mouri@shinseibank.com

序章

2nd editionの読み方

はじめに

　初版の冒頭で、「ついにやってきました。内部監査の時代！」というメッセージを高らかに謳いあげてから4年、そして金融機関における内部統制のあり方を劇的に変化させる原因になった、1999年7月の金融監督庁（当時）による「預金等受入金融機関に関する検査マニュアル」（通称「金融検査マニュアル」）の発出から、5年が経過しました。

　改訂にあたって、まずは、この間の変化をみてみましょう。
- この間に内部監査を取り巻く状況はどのように変化してきたのか。
- 金融機関自身が変わってきたことは何か。
- 世の中はどのように変化してきたのか。

　時あたかも、金融庁は「金融検査に関する基本指針」を公表しました。2005年7月から適用されるこの「基本指針」のなかで金融庁は内部監査の有効性を検査で確認し、内部監査が有効だと思われる項目は検査の効率化を図ると明言しています。

　金融検査における内部監査の位置づけは「多勢のなかの一人（One of them）」から「最初の一歩（The First Step）」へと大きく変化しました。こうした当局の変化にも注意しながら、
- 金融機関の変化は世の中に追いつき、さらには先取りしたものなのか。
- 時代に遅れた部分で変わっていないものはないのか

……についてまとめてみます。

1. 金融機関で変わったもの、変わらないもの

(1) 変わったもの
① 内部監査部門がすべての金融機関に整備された

　少し長くなりますが、初版を引用しましょう。

> 日本の金融機関には従来「検査部」（銀行によっては考査部）はあっても、「内部監査部」は存在しませんでした。一方、米銀には「監査部」はありますが、邦銀の「検査部」に相当する組織はもっていません（米銀によっては検査部という部が存在する銀行もあります。しかし通常、こうした検査部は、たとえばテラーが起こした現金事故や現金着服、あるいはクレジットカードの偽造・不正使用を調べるといった「不正の検査・調査」活動を専門に行っています）。

　状況は一変しました。現在では、内部監査部門がすべての金融機関で整備されました。内部監査部、検査部、与信監査部、システム監査部、市場監査部というように重層的な組織をもっている金融機関があれば、一方で、内部監査部がすべてを担当している金融機関もあります。

②　内部監査部門が組織上強力な地位を獲得するようになった
　検査部は従来から金融機関内で独自の地位を築いていました。
　まず、検査の成績が悪いと、業績面でどんなに良い成績をあげても、優秀店として表彰対象にならないというルールを定めている金融機関がほとんどでした。これでは、営業部店長は検査で良い成績をあげるように頑張らざるをえません。営業部店長のこうした考えは店内に浸透し、末端の行員に至るまで検査対応で頑張ることになります。
　また、筆者が所属していた金融機関では、検査報告会の参加者は、担当検査役（報告者）、検査部長、検査対象の営業部店担当役員、人事部次長という構成でした。人事部からの参加者が営業店長の資質について質問し、担当検査役が返答する場面がしばしばありました。
　現在では、さすがにこのようなことは行われていないと思いますが、業績評価、人事評価の一翼を担う（あるいは片棒を担ぐ）形で検査部がニラミを利かせていたわけです。
　現在では、内部監査の独立性を担保するために、内部監査部は頭取・社長あるいは取締役会に直属の組織になっています。内部監査部長は頭取・社長・取締役会にだれに遠慮することなく直接コンタクトすることが可能になりました。内部監査部は金融機関内の内部統制の要という位置を（少なくと

も表面的には）獲得しています。

監査報告会ごとに多くの担当役員が出席し、監査部のコメントに耳を傾けるようになりました。ほとんどの金融機関で、四半期ごとに内部監査の重要な指摘事項を取締役会に報告する機会が設けられています。監査委員会を設置している会社であれば頻度はもっと高いでしょう。

こうして、確実に内部監査という「仏」はつくられてきました。

③　内部監査の専門家が増えている

5年前はわずかの人間しか内部監査に関する国際標準の専門性を備えていませんでした。日本では最も早く公認内部監査人（CIA）の資格を取得した筆者たちはまた、米国あるいは日本で国際的に受け入れられている監査基準に準拠した内部監査の経験をもつ希有な存在でした。

5年の間に、金融機関でCIAやCISA（公認情報システム監査人）の資格を取得した人は急増しています。

ただし、資格保有者が増加しているのは、自分から望んで内部監査を専門家として志すというより、監査部門に配属されたから何か資格をとろうか、とか、部長からの指示で資格を2年以内に取得しなければならないから仕方なくといった受動的な理由が多いようです。

定年間際の人間では受験の意欲もありませんから、金融機関全体の傾向として、内部監査に投入されるのは、比較的若い人間が増えています。ヒアリングベースの印象では、大手銀行の場合、監査部の平均年齢はこの5年間で2、3歳低下しているようです。

④　定着したリスクベース監査

初版で筆者は、満遍なく監査をやるのは普遍的な考えではないこと、そして監査対象業務・部門のリスクを評価して監査を行うことが重要であると述べました。

4年前は、リスクとは何か。リスクをどのように理解するか。こういった問題に対する理解は日本の金融機関の検査部門にはほとんどありませんで

した。

　筆者は以下のように説明しました。

　まず、リスクについては、ビジネスの三つの要素という考えで説明しました。ビジネスはなんであれ、「目的（Objectives）」「リスク（Risk）」「コントロール（Controls）」という三つの要素から成り立っています。

　リスクとは、全社的な、あるいは各部門、各部の目的の達成を阻害するすべてのものを指します。銀行業であれば、貸倒れのリスク、金利変動のリスク等のリスクが真っ先に頭に浮かびますが、こうしたリスクは組織の目的の達成を阻害しているわけです。リスクがわかればコントロールは簡単です。目的の達成を阻むリスクを管理すればよいのです。

　大切なのは、1）目的、2）リスク、3）コントロールの順番です。目的のない組織にリスクは発生しません。リスクのないところにコントロールは必要ないでしょう。企業には通常目的があるはずです。目的のない代表的な集団は共同体です。共同体には目的がありません。親戚縁者の付合いもそうですね。

　組織の目的がはっきりしないと、リスクの所在もはっきりしません。これではいかなる達人でもリスクをコントロールすることは不可能です。リスクの所在が不明確なままであれば、コントロールのためのコントロールが行われるようになります。

　こうした目的→リスク→コントロールという関係についての理解は、金融機関全般に広く理解されるようになってきました。

　また、1998年9月にBIS（国際決済銀行）の銀行委員会で発表された「銀行組織における内部管理体制のフレームワーク」、および、金融監督庁（当時）が公表した金融検査マニュアルで示されている、次のようなリスク査定恒等式の考え方を紹介しました。

　　　金融機関のオペレーション上のリスク
　　　　＝ビジネスリスク×コントロールリスク

　そして、ビジネスリスクとコントロールリスクの関係はマトリクスとして考え、マトリクス上に監査対象業務のリスクを図示する手法を説明しました

（図表0.1～0.3参照）。

　この考えは、現在ほとんどの金融機関で採用されるようになっています。このリスクマトリクスを使った評価を、内部監査の準備段階で行い、内部監査の対象業務・対象営業部店のリスクを内部監査部の手元にある情報で判断し、監査の優先順位づけに使用しようとするやり方が一般化してきています。

　ビジネスリスクの種類については、「金融検査マニュアル」のなかで、明示的に述べられている、

1）信用リスク
2）市場関連リスク
3）流動性リスク
4）事務リスク
5）システムリスク

という五つのリスクをできるだけ計量化してつぶしていこうという考えが主流です。

　監査の手法も欧米のスタンダードな手法の採用が進んでいます。

　初版で、日本の検査と欧米の監査の手法を以下のようにまとめました。

日本		米国
検　査		監　査
全数点検主義	vs	サンプル主義
証印ポンポン主義	vs	ワーキングペーパー主義
国立大学入試主義	vs	私立大学入試主義
偏差値主義	vs	会計監査類似主義

　現在ではほとんどの内部監査部で、全数点検からなんらかのサンプリングが使われるように変わってきました。ワーキングペーパーの使用も一般化してきています。監査対象をリスクに応じて絞り込むことも一般化しました。一方、財務諸表の項目を内部監査でつぶすという会計監査に類似した考えはまだ一般化していないようです。

　リスクベース監査については、ほとんどの金融機関が、この4年間で、自分なりに組織を整備し、監査手法を学び、リスクベースの監査を開始してい

図表0.1　リスクマトリクス

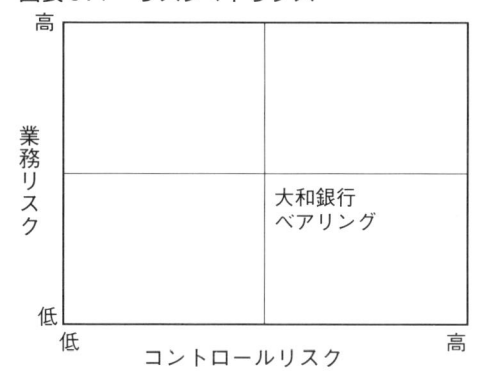

	コントロールリスク低	コントロールリスク高
業務リスク高		
業務リスク低		大和銀行 ベアリング

図表0.2　リスクマトリクス―支店

	コントロールリスク低	コントロールリスク高
業務リスク高		
業務リスク低		

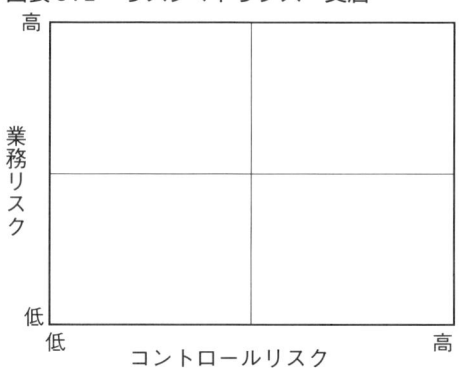

図表0.3　リスクマトリクス―本部

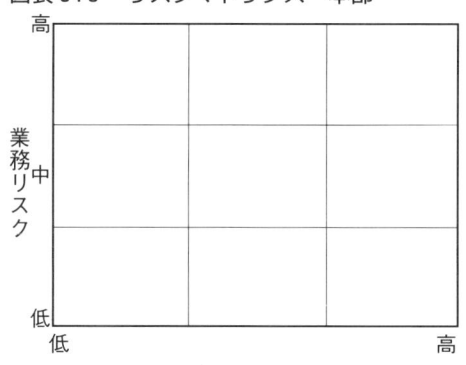

	コントロールリスク低		コントロールリスク高
業務リスク高			
業務リスク中			
業務リスク低			

るという事実は、欧米にも例をみない急速な監査の進歩といえるでしょう。

(2) 変わらないもの
① 監査部長は依然としてローテーション人事

変わらない点で一番問題だと思われるのが、監査部長が依然としてローテーション人事で決定されている点です。これは、早急になんとかする必要があります。

いうまでもありませんが、監査部長は内部監査の要であり金融機関全体の内部統制の要です。内部監査部門を統率し、内部監査を計画し、実施し、内部監査の成果を保証し、対外的に説明する義務が生じます。こうした業務の責任者に「いままで営業経験のみで監査はずぶの素人だがよろしく」というような人間を据えることは大変危険なことです。

組織の強度は、その一番弱いところが、限界になります。内部監査部長が素人だと、その下の人間がどれだけ頑張っても、部長のレベルが組織の限界になるということです。後述しますが、金融庁では、金融監督・金融検査に通じた人材が長官以下そろっており、大変強力な布陣です。これに対抗するためにも、内部監査部長には対外的に高度な説明力を有する人材がこれまで以上に必要になるでしょう。

② 部員もまだまだローテーション人事

初版で筆者は以下のように述べました。少し長くなりますが引用します。

> 日本の検査部と米銀の監査部の両方を経験している筆者は、「日本の金融機関の検査部と米銀の監査部の大きな違いは何か？」と聞かれることが少なくありません。こうした質問に対して著者は、次のように答えています。
> 「日本の金融機関の検査部には、好きで検査をしている人間はほとんどいない。だが米銀の監査部には、監査が飯より好きだという奴が集まっている」。
> 米国では、内部監査は銀行のリスク・コントロールの要であり、内部監査の有効性が銀行全体のリスク管理の水準を決定するという考え方が銀行内に

も、銀行外（当局や会計監査人）にも定着しています。その結果、内部監査は専門職としても確立しており、監査部の人員はCIA（公認内部監査人）、CBA（公認銀行監査人）といった有資格者で構成されていることが少なくありません。また、銀行業務の高度化にあわせて、リスク管理のノウハウを有するCPA（公認会計士）が会計事務所から大手銀行の内部監査部門長に高給で引き抜かれるケースが出てきており、逆に、大手銀行の内部監査部門から、大手会計事務所の内部監査支援グループに転職する人もたくさんいます。

　こうした状況では、監査部にいる若手は、自分の市場価値を高めるのに懸命になります。新業務の監査などは、ぜひ自分にやらせてほしい、ということになるわけです。

　翻って日本の検査部の場合、米銀の監査部と比べて状況は大きく異なります。検査部は従来、既存のルールどおりに、事務が行われているかどうかチェックする事務検査を主目的にしており、銀行内ではさほど重きを置かれていない部署だったといえます。実際、検査部は海外勤務者の帰国直後のリハビリ用であったり、定年退職・出向前の待命ポストであったりする銀行がほとんどでしたし、現在でもそうした位置づけのままの銀行が多いのではないでしょうか。

　この程度の位置づけでは、検査部にいる人に対して、いくら専門性をもてとか、大事な仕事だから頑張れといわれても、空虚な言葉にしか聞こえません。

　監査部内に専門的な人材が増え、平均年齢も若干下がったことは述べました。しかしながら、寡聞にして、こうした人材の待遇が改善されたということは聞いたことがありません。部長のみならず担当者でも、しかるべき人をしかるべき待遇で採用し維持していくことが大切です。

　どう改善すればよいのでしょうか。総人員1,000名。内部監査部人員25名、という金融機関を考えましょう。人件費は平均1,000万円。総額2億5,000万円。物件費5,000万円という想定をしてみましょう。内部監査部の総予算は3億円になりますね。

　やり方としては、経験のある内部監査部長の人件費として3,000万円使い、残りの2億7,000万円は部長の裁量に任せればよいのです。人員はゼロベー

スで見直して、専門性の高い人員には1人当り2,000万円、そうでない人員（監査部長は欲しいと思わなくても金融機関の人事上の都合で押し付けられる場合）には500万円しか払わないといった人件費の取扱いができるはずです。

　こうすることによって、経費の総額を抑制しつつ意欲のある優秀な人材を監査部にそろえることが可能になるでしょう。

　③　内部監査部門の実質的な位置づけはいまだに？
　2004年に金融界を震撼させた大きな事件をあげるとすると、最大のものはUFJの検査忌避問題、シティバンクのプライベートバンク部門による数々の業法違反の問題であったといえるでしょう。

　これらのいずれの場合も、内部監査部門がどのような働きをしていたのか、外部にははっきりとみえてきません。どちらの銀行も、かつては先端的な内部監査部門を有すると評価されていました。いったい何が起こったのでしょうか。

　シティバンクはこれまで3回業務改善命令を受けています。2001年8月と2004年6月、そして今回の2004年9月のものです。

　シティでは改善命令を受けるたびに内部管理体制の強化に努めてきたと説明していますが、その一方、経営組織としてはビジネス別の縦割り組織が貫かれていました。たとえば日本では、問題になったプライベートバンク部門に加え、個人金融本部、法人本部、内部管理部門の四つの部門がそれぞれニューヨークの本部にレポートする体制になっていました。日本にはこれらの部門を統括する機能はありませんでした。シティでは今回の命令を受けて日本に統括機能を設けるそうで、それを問題解決の柱にしているようです。

　しかしシティのような組織は外国の金融機関では珍しいことではありません。問題なのはむしろ過度に収益に偏重したパフォーマンス報酬体系にあったといえるでしょう。この点では、「プライベートバンク部門はシティのなかでも特殊だった」という説明がなされています。シティではコンプライアンスを重視する「統制環境」「企業カルチャー」を備えていくという説明をしています。

しかしながら、過剰な収益は結局は顧客の懐から搾り取っていたわけであり、業法遵守という問題以前に、プライベートバンクの基礎である顧客重視のカルチャーもまったくなかったといわざるをえません。法や規範を守るという受身の対応ではなく、顧客のために何をなすことが最善なのかという真摯な対応が望まれるところです。

UFJのケースは以下のような状況であったと聞いています。
- 貸出資産の監査は与信監査部が担当していた
- 与信監査部の主要機能として、営業店の貸出稟議のレビューをしていた
- 自己査定の妥当性のレビューも与信監査部が行っていた
- 銀行のポートフォリオ全体の妥当性評価が責任範囲だという認識が同部には乏しかった
- 大口問題案件についてのレビューは同部が形式的に行っていたが、これらの案件には、すでに専任者が多数張り付いている状況で、与信監査の発言力は乏しかった
- 指摘されてもすぐに改善できない指摘はするべきではないという「空気」が、監査をする側にもされる側にもあった

UFJの頭取が言及した「10社に満たない問題先」はバブル崩壊直後からの問題先でした。十数年間問題の先送りをしてきた結果が、MTFGとの統合につながったわけであり、与信監査部が愚直に以下のような提言をしていたら事態は変わらなかったでしょうか（数字はすべて仮定のものです）。
- 特定の貸出先への与信金額は過大であり、削減が必要
- A社、B社、C社の与信のレーティングは、行内格付5から7への引下げが妥当
- 上記の格下げをすると引当金は7,000億円増加し、自己資本比率は0.4％低下する
- 当行のポートフォリオにおけるA、B、C、D業界の構成は、東証の業種別時価総額構成とは乖離が顕著であり改善が望まれる

内部監査部からの率直な指摘ができない「雰囲気がある」。銀行のトップや企画部が形成する「空気」に「水」をさす指摘ははばかられる。——こう

いった状況では、形式的に内部監査重視を掲げても実効が伴わないことは明らかです。

2. 最近の変化

(1) 当局の動向——05年度「金融検査に関する基本指針」まで

まず、金融庁の金融検査マニュアルをもう一度読み直してみましょう。初版から当該部分を引用します。

> 金融庁の検査についての考え方は、前文にはっきりと表れています。少し長くなりますが主要部分を引用します。
> 「金融機関は私企業であり、自己責任に則った経営が基本である。……しかし、業務の健全性と適切性は、ひとり、金融検査のみによって確保されるべきものではない。……まず自己責任の徹底と市場規律の強化によって達成されなければならない……金融検査は、自己責任原則に基づく金融機関自身の内部管理と、会計監査人等による厳正な外部監査を前提としつつ、これらを補強するものである。……適切な内部管理ができているかどうかについての説明責任はあくまでも金融機関自身にあり、当局はこれを検証する立場にあると考えられる。金融検査においては、すべてを検査することは、可能でもなければ、必要でもないのである。…
> …従来のように、不祥事件が生じていないかどうかといった結果のみに着目するのではなく、……内部管理・外部監査体制が確保されているか……プロセスチェックに重点を置いた検査マニュアルを策定し……特に、経営者自身が、金融機関の抱える各リスクの特性を十分理解し、必要な資源配分を行い、かつ、適切な内部管理を行っているか否かをまず確認していく、いわゆるトップダウン型の検査方式を念頭においている。
> …護送船団方式は終焉し、金融機関が自己責任に基づき新たな業態構築を模索し……適切なリスク管理を行う必要にせまられている。……適切なリスク管理態勢の確立こそ、我が国の金融業が現下の不良債権問題を克服し、真に再生するための出発点となるものである。……」
> 何度読んでも感動的な文章です。「自己責任」「リスク管理」という言葉が繰り返し繰り返し出てきます。自ら、従来は護送船団方式だったと言い切っ

> ているところもすごいですね。金融庁はこれで、監督概念について欧米の先進当局に追いつき、日本の大手金融機関の企画部あたりの検査概念を一気に凌駕したといえます。繰り返します。「役所からいわれたから」、「同業他社もやっているから」、「前からやっているから」という言い訳はいっさい通用しません。「自己責任」の時代がついに到来したのです。護送船団を護っていた戦艦は大きく舵を切った。少なくとも同じスピードで進めない船は、市場原理主義という荒波が渦巻く海の藻屑になるのです。

どうですか。この文章はなぜUFJの行為が検査忌避に該当すると当局に判断されたかを示していると思われませんか。「どの銀行でもやっていることなのに、どうしてわれわれだけ指摘されるのか」「従来からこの程度のことは許されていたことなのに、なぜわれわれだけがスケープゴートにされるのか」──このような印象をUFJの経営陣がもったとしたら、彼らは検査マニュアルの思想を理解しそこなっていたといわざるをえません。

2002年10月に竹中金融担当大臣主導による「金融再生プログラム」が登場しました。同プログラムは、資産査定の厳格化、ガバナンスの改善、自己資本の充分性確保を大きな柱とし、その主眼は金融システムの安定と不良債権問題の解決をねらったものでした。いまや、その目的は達成されつつあります。この間の金融行政は、厳しい検査と監督とが相まって、「非常時」とか「戦時体制」と囁かれることがありました。

戦時がほぼ終了に近づいたいま、金融庁の首脳は、金融行政のあり方、特に検査・監督のあり方についてどのように考えているのでしょうか。入手できるいくつかの資料から引用してみました。

> 五味廣文金融庁長官のコメント（週刊金融財政事情2004年10月4日号より）
> - 金融再生プログラム、リレバンアクションプログラムは順調に進展。現在は「火を消す」状況から「焼け跡復興」へ軸足が移っている。
> - 金融システムは経営者の資質そのものが直接ためされる時期になってきた。
> - 不良債権問題が正常化してくると経営の自由度が著しく増し、今度は収

- 益性の向上に向けての経営戦略が問われることになる。
- 金融庁が強調するガバナンスとは要するに自己責任であり、市場規律ということ。「ガバナンスの重要性」とは言葉をかえれば、内部管理態勢が確立できているかどうかだ。
- 銀行は公共性が高い存在であり、その社会的要求水準は高い。まずは経営者自身がどこに問題があるのか突き詰めて改善措置を講じていかなければならない。当局から指摘されて直しているようではガバナンスが効いているとはいえない。
- 利用者との関係という面で、顧客情報の紛失・漏洩が散見されたり、債務者に対する説明が不十分だったり、遺憾と思われるケースが少なくない。
- 従来からの内部管理態勢の確立を求めるという監督当局の基本的なスタンスについては厳しくしたわけでも変えたわけでもない。
- 当局が、軍艦が大砲を放つような、強権発動をする機会は少なくなって欲しい。ただ、大砲を放つ必要性が薄れてきたから軍艦もいらないのかというと、そうではない。サイレント・ネービーだ。当局の存在が抑止力になり、利用者に迷惑をかけるようなことはできないという文化が根付いてくれればと思う。

佐藤隆文金融庁監督局長のコメント（週刊金融財政事情 2004 年 8 月 30 日号より）

- 監督と検査の役割分担については、どちらか一方が大きくて、もう一方が小さいという関係にはない。それぞれが連携して全体として実効性の高い金融行政を遂行していくということに尽きる。
- 検査は銀行、証券会社、保険会社、信託銀行、投資信託会社といった金融仲介業を対象として業務の実態、あるいは財務の実態を正確に把握することがミッションだ。検査は透明性の高い適格な監督行政を行う際の大前提だ。
- 検査は「人間ドック」で、監督が「臨床医」の仕事。重要なのは両者の双方向のやり取りだろう。
- 銀行の規模と監督のむずかしさの間の因果関係はあまり認識していない。大事なことは、規模が大きくても小さくても、特に大きい場合には大事だが、当該銀行の内部管理の態勢、経営管理の質を規模に見合った形でより高度にしてもらう必要がある。
- 日本のメガバンクのコングロマリット化が進んでいる。伝統的な縦割り

の業態で区分しきれない部分がかなり出てきており、そうした動きに、監督当局がどのように対応していくかは一つの課題だ。（注：金融庁は2004年11月8日、業態をまたぐ経営監督を行うため「コングロマリット室」の設置を発表した）
- 主要行については、より前向きに、利用者、国民の金融サービスに対するニーズがどこにあって、どういう金融商品、金融サービスを提供すれば利用者ニーズにマッチしているかということをきちんと把握して、それに見合ったサービスを提供してゆく、それによってより多くの収益があがるという好循環になってほしいと思う。
- 監督当局がどういう目的をもって、どういう基準で行動しているかについて、公表されているルールなどをもとに金融機関側でも十分勉強していただき、監督当局はどういう問題があった場合にはどういう行動をとるかということについて、金融機関側でもある程度予測できることが大事だ。そういう意味でも、一方向ではなく双方向のコミュニケーションが非常に重要だ。

西原政雄金融庁検査局長のコメント（週刊金融財政事情2004年8月30日号より）
- 金融機関の現状や多種多様な金融取引の実態を共通の尺度・標準的なモノサシで正確に把握してゆくことが検査の使命。検査が実態を正確に把握することで初めて実効性の高い金融行政が達成される。
- （04年3月期決算に続いて04年9月期決算についても特別検査を実施する狙い）主要行の不良債権問題終結に向けた総仕上げの年に当たるため、深度のある検査をいっそう推進するため。3月期以降著しい変化を来しているような債務者をピックアップし特別検査も行う。金融再生プログラムの達成を確実にするための措置。
- 検査の指摘事項について経営者がどれだけ汲み取って経営にいかしているか、次回の検査までにきちんと是正されているかは、まさにガバナンスの問題だ。仮に検査結果を十分に反映した経営改善が行われていないなら、ガバナンスは十分ではないといえる。
- 「双方向の議論の充実による深度ある検査の実施」を掲げ、「経営管理（ガバナンス）」の重要性にかんがみ、検査班と金融機関の経営陣等との双方向の議論を一層充実させることによって深度ある検査を実施する
- 実際に検査現場でのやりとりが正確に経営者まで伝わっておらず、都合のよい内容や解釈で経営者にまで伝わっておらず、都合のよい内容や解

> 釈で経営者へ説明されることがままある。検査官の考えと違った意味で経営者が理解しているとすると問題だ。
> - （リレバンで期待する金融機関と債務者の密度の濃いコミュニケーションとは）債務者の経営実態の十分な把握のため、普段からどのような頻度で企業訪問等をしているか。どういう情報をきちんと手もとに残しているか。財務諸表をベースにした定量情報だけでなく、債務者の技術力、販売力、経営者の資質といった定性的な情報などについても積み上げられているのかどうかをみていくことになる。
> - （金融機関の）顧客からの情報は非常に重要だ。そこで現在設置している「貸し渋り・貸し剥しホットライン」に加えて、「検査情報受付窓口」を設置し、受け付けた新鮮な情報を検査に直結させてゆく。
> - （検査に対する金融機関側の負担感が強いという質問に対して）正直言って、負担感を感じるのは検査に対して望む姿勢としては残念なこと。確かに検査が入れば手間も時間もかかるので負担に感じる気持は理解できるが、そうした姿勢で検査に臨むと後ろ向きな対応に終始し、検査結果を経営に生かしていくという本来の目的が後退してしまう。
> - 検査で指摘を受けた問題点を正し、自分たちの金融機関をよくしてゆきたいという思いがあれば検査に対する負担感も少なくなるはず。内部からでは指摘されない、あるいは上がってこない指摘は経営上、重要なシグナルと受け止めてほしい。

　これらのインタビューから明確に読み取れるのは、①双方向のコミュニケーションの重視、②金融行政の両輪としての監督と検査の重視、③金融機関のセルフ・コントロール（ガバナンス）の重視――という当局の認識でしょう。サイレント・ネービーとしてニラミを利かせながら必要があればミサイルも発射するし、兵員も急派できるということなのでしょう。

　インタビューされているこれらの局長以上の陣容は、前述したように、金融監督・検査の経験を豊富に積んだ人たちによって構成されています。このことも金融機関サイドがこうした人たちと渡り合っていくためには、理論と経験を兼備した人材を内部監査に充当することがぜひとも必要な理由の一つです。

　金融庁は2005年7月から新しい「金融検査に関する基本指針」を金融検

査に適用しています。

　基本指針のねらいは、金融検査が有効かつ効果的に機能するために以下の4点を重視した運用を図る、というものです。

① 検査の具体的な実施手続を明確化し、そのプロセスの予測可能性を高める。
② 各金融機関の自主的・持続的な経営改善に向けた取組みを促進する。
③ 効率化を進め、金融機関の負担軽減に努める。
④ 新たなリスクや経営実態に的確に対応する。

内部監査については、2カ所で言及されています。

一つ目は、検査の基本原則である「効率性の原則」のところです。

「検査等の実施に当たっては、内部監査、監査役、会計監査人等の監査機能の有効性を的確に評価し、可能な限りその活用に努めなければならない。」と述べられています。

　二つ目は、一つ目の原則をどのように実行に移すかが述べられているところです。

　金融庁が立入検査中の金融検査と内部監査(監査役監査を含む。以下同じ)との関係について以下のように述べられています(わかりやすいように筆者が、文章はほぼ原文のままで、段落等の表記を変えています。網掛け、下線は筆者によるものです)。

　検査の実施に当たっては、「補強性の原則」を踏まえ、以下のイーハ等により、

　　イ．前回検査の結果
　　ロ．監督部局により実施される検査結果のフォローアップ及び**内部監査**に係るオフサイト・モニタリングの内容
　　ハ．立入当初の検証の結果

被検査金融機関の<u>**内部監査**の有効性</u>を十分確認する。

<u>**内部監査**の有効性</u>の確認に当たっては、例えば以下の点を考慮する。

　　・被検査金融機関における**内部監査**の位置づけ(権限・陣容・体制)、**内部**

・監査の方針・計画、監査結果、監査結果に基づく改善状況等
・被検査金融機関自らの内部監査の有効性に対する認識（第三者機関（外部監査を含む）により内部監査の有効性の評価を受けている場合にはそれに対する被検査金融機関の認識を含む）

内部監査が有効に機能していると認められる項目については、
　その機能の程度に応じ、例えば、実地調査、自己査定の検証に当たっての抽出範囲等の取扱について検査の効率化を図る。
内部監査の有効性に疑義が認められる場合には、
　被検査金融機関の健全性全般に対する重点的な検査に努める。
内部監査の有効性に問題が認められる場合には、
　被検査金融機関に対し、自己責任原則に基づく内部管理・外部管理が適切におこなわれるよう促す観点から、当該問題点を指摘する。
内部監査の有効性に重大な問題が認められる場合には、
　内部監査が内部管理態勢等の適切性及び有効性を検証するプロセスであることに鑑み、内部管理態勢に問題がないかについて十分な検証が必要となることに留意する。

　網掛けされた「内部監査」という言葉に注目してください。これだけ畳み掛けるように内部監査という言葉が出てくる金融庁の文書はこれまでありませんでした。金融庁が基本姿勢においていかに内部監査を重視しているかの表れです。
　従来の金融検査マニュアルでも、内部監査の有効性を確認することにはなっていました。しかしながら、この作業は、金融検査の作業のうちの一つという位置づけでした。内部監査の有効性が、内部管理態勢の適切性の前提であるという考えはまだありませんでした。
　ここ数年で、金融庁検査を受けた大手金融機関の経験から推測するに、金融庁は内部監査の状況を把握するために専任の担当官を配置しています。担当官が何を確認しているかというと、まさに基本指針で説明されている以下の諸点なのです。

- 内部監査被検査金融機関における内部監査の位置づけ（権限・陣容・体制）、内部監査の方針・計画、監査結果、監査結果に基づく改善状況等
- 被検査金融機関自らの内部監査の有効性に対する認識（第三者機関（外部監査を含む）により内部監査の有効性の評価を受けている場合にはそれに対する被検査金融機関の認識を含む）

つまり、今回の基本指針はすでに金融庁が行っているプラクティス（慣行）を文書化したとみなすこともできるでしょう。

検査の担当者が内部監査の指摘した問題点をあらためて指摘してくるので、「内部監査は検査の手先のごときものだ」という見方をする金融機関の役員がいるとも聞きます。しかしながら、これは本末転倒です。内部監査の指摘が妥当であったからこそ、金融検査で突っ込まれるわけであり、内部監査は本来果たすべき内部管理態勢をしっかりモニターする機能を果たしているといえるのです。

最後に、図表0.4をみてください。金融庁が示した、金融検査の実施手続の基本的な流れです。注目すべきは、立入開始のいの一番に「内部監査の有効性確認」を行うことが明記されていることです。

金融庁の「内部監査」の見方は、検査対象の一部から、検査の最初の一歩へと大きく変化しました。金融検査があなたの組織にとって、長くて重いものになるか、短くて軽いものになるかは、内部監査の双肩にかかっているといっても過言ではないでしょう。

内部監査部の責任は重大ですが、いっそうやりがいのある時代になってきました。組織内で、さらには金融検査で一目も二目も置かれる内部監査部・内部監査人になるために前進していこうではありませんか。

(2) 世間一般に広まったコンプライアンス・ガバナンス・企業の社会的責任（CSR）という言葉

2004年はカリスマが失墜した年として記憶されるでしょう。

西武鉄道の堤会長、読売新聞の渡辺会長、NHKの海老沢会長…。それぞれが、組織のなかで、そして、業界内におけるカリスマ的な指導者でした。

図表0.4 金融検査の実施手続(基本的な流れ)

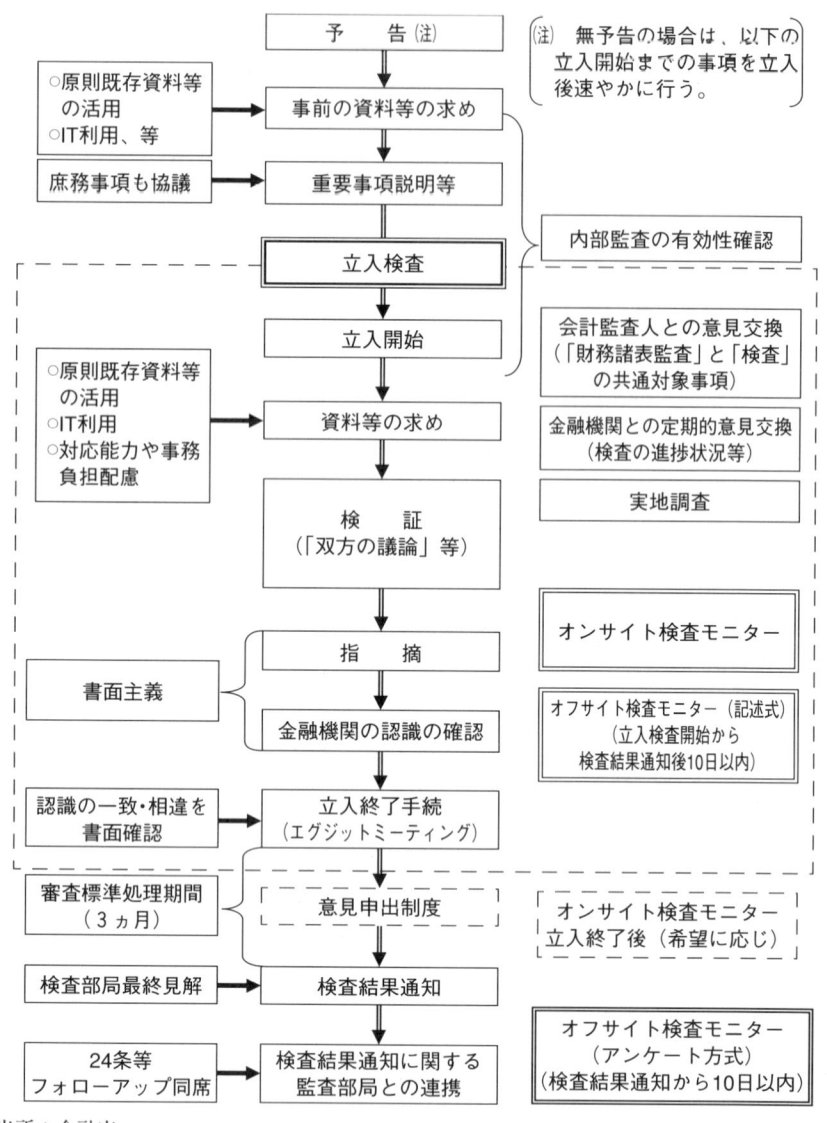

```
                          ┌─────────────┐    (注) 無予告の場合は、以下の
                          │  予  告 (注) │         立入開始までの事項を立入
                          └──────┬──────┘         後速やかに行う。
                                 ↓
┌──────────────┐         ┌─────────────┐
│○原則既存資料等 │────→  │事前の資料等の求め│
│  の活用       │         └──────┬──────┘
│○IT利用、等    │                ↓
└──────────────┘         ┌─────────────┐
┌──────────────┐         │  重要事項説明等  │
│ 庶務事項も協議 │────→  └──────┬──────┘
└──────────────┘                ↓            ┌─────────────────┐
                          ┌─────────────┐    │ 内部監査の有効性確認 │
- - - - - - - - - - - - -│   立入検査   │    └─────────────────┘
                          └──────┬──────┘
                                 ↓            ┌─────────────────┐
                          ┌─────────────┐    │ 会計監査人との意見交換 │
                          │   立入開始   │    │(「財務諸表監査」と「検査」│
                          └──────┬──────┘    │  の共通対象事項)      │
┌──────────────┐                ↓            └─────────────────┘
│○原則既存資料等 │         ┌─────────────┐    ┌─────────────────┐
│  の活用       │────→  │  資料等の求め  │    │ 金融機関との定期的意見交換│
│○IT利用        │         └──────┬──────┘    │ (検査の進捗状況等)    │
│○対応能力や事務│                ↓            └─────────────────┘
│  負担配慮     │         ┌─────────────┐    ┌─────────────────┐
└──────────────┘         │   検  証    │    │   実地調査       │
                          │(「双方の議論」等)│    └─────────────────┘
                          └──────┬──────┘
                                 ↓            ┌─────────────────┐
                          ┌─────────────┐    │ オンサイト検査モニター │
                     ┌──│   指  摘    │    └─────────────────┘
┌──────────────┐  │   └──────┬──────┘
│   書面主義     │─┤          ↓            ┌─────────────────┐
└──────────────┘  │   ┌─────────────┐    │ オフサイト検査モニター(記述式)│
                     └──│金融機関の認識の確認│    │ (立入検査開始から      │
                          └──────┬──────┘    │  検査結果通知後10日以内) │
┌──────────────┐                ↓            └─────────────────┘
│認識の一致・相違を│         ┌─────────────┐
│ 書面確認      │────→  │  立入終了手続  │
└──────────────┘         │(エグジットミーティング)│
                          └──────┬──────┘
- - - - - - - - - - - - - - - - -│- - - - - - - - - - - - - - - - - - - -
┌──────────────┐                ↓            ┌─────────────────┐
│審査標準処理期間 │         ┌─────────────┐    │ オンサイト検査モニター │
│  (3ヵ月)     │─ ─ ─ ─│  意見申出制度  │    │ 立入終了後(希望に応じ) │
└──────────────┘         └──────┬──────┘    └─────────────────┘
┌──────────────┐                ↓
│検査部局最終見解 │────→  ┌─────────────┐
└──────────────┘         │  検査結果通知  │
                          └──────┬──────┘    ┌─────────────────┐
┌──────────────┐                ↓            │ オフサイト検査モニター │
│   24条等      │         ┌─────────────┐    │  (アンケート方式)   │
│フォローアップ同席│────→│ 検査結果通知に関する│    │ (検査結果通知から10日以内)│
└──────────────┘         │ 監査部局との連携  │    └─────────────────┘
                          └─────────────┘
```

出所:金融庁

カリスマの失墜の際、必ず出てきた言葉が、コンプライアンスであり、ガバナンスであり、企業の社会的責任でした。事情を知らない人々は、「えー!? こんな一流企業がこんなことしていたの」と驚かれたことでしょう。

一人の人間が長く権力の座に座ると、その人自身がルールブックになっていきます。そして自分がルールブックになってきたことに気がつかなくなるのです。

権力者がルールブックになると、コンプライアンスは効きません。権力者を統制すべきガバナンスも不在です。彼自身がルールブックなのですから彼を止めるものは何もありません。法律を犯してはじめて、自分たちのコンプライアンスが、世間とかけ離れていたことに気がつき、ガバナンスの不在を嘆きます。

企業が自社の存続のみに目が行くと、社会的な責任を果たすことができなくなります。三菱自動車はリコール隠しを繰り返して危険な自動車をつくり続けました。カネボウは粉飾決算によって赤字部門を存続させ、株主の利益を毀損し続けました。UFJは検査忌避により単独で生き残る機会を失いました。いずれも世間の一般常識が企業のなかで働いていたら、起きようがない事件ばかりでした。

(3) 時代の流れはERMへ

2004年9月に米国のトレッドウェイ委員会の支援組織委員会（Committee of Sponsoring Organization of the Treadway Commission、通称COSO）から「エンタープライズ・リスク・マネジメント・フレームワーク」（ERM）の最終版が公表されました。2001年に着手されて以降、この「ERM」が完成されるまでの間の約3年間は、米国のエンロン事件や日本における一連の企業不祥事の発生、2002年7月の米国企業改革法（サーベンス・オックスレー法、通称SOX）制定や、わが国上場企業におけるリスク情報開示の充実など、企業の内部統制やリスクマネジメントがあらためて問い直され、グローバルにさまざまな制度変革が進行した時期に重なります。

初版ではCOSOの内部統制の統合的フレームワークについて再三説明しま

しが、そのCOSOが、時代認識も新たに、ERMというフレームワークを提案してきたわけです。本書第1章ではCOSOの内部統制の統合的フレームワークの「おさらい」をふまえて、ERMの考え方を詳しく解説しています。

(4) 内部統制を開示し評価する動き

米国企業改革法の404条では、企業経営者（CEOおよびCFO）は財務報告に係る内部統制の有効性の評価と評価結果についての年次報告書での開示が義務づけられました。あわせて、財務報告に係る内部統制の有効性についての公認会計士による監査を受けることが義務づけられました。米国の公開企業は2004年11月15日以降に終了する事業年度からこの規程が適用され始めました。企業にとっての負担が過大なことが大きな問題になっていますが、2004年12月を期末とする多くの米国企業が初めての経験をすすめました。

日本でも同様な動きがあります。

① 確認制度の導入

2004年11月16日、東京証券取引所は企業の情報開示制度の信頼性確保のための対策を公表しました。東証上場企業のすべてに、代表者による「有価証券報告書等の記載内容の適正性に関する確認書」を強制的に提出させることにしたのです。

この「確認書」は内閣府令による「企業内容等開示ガイドライン」に定められ、2004年3月期から任意で財務諸表に添付できることになっている「代表者確認書」の写しを添付すればよいことになっています。

つまり、内閣府令では任意であったものが、東証上場企業は提出が強制されることになったものです。

「代表者確認書」の形式は定型のものはありませんが、開示ガイドライン（5－29－2）では、以下の事項を記載し、代表者がその役職を表示して自署し、かつ、自己の印を押印するものとしています。

(1) 有価証券報告書等の記載内容が適正であることを確認した旨
(2) 当該確認を行った記載内容の範囲が限定されている場合は、その旨お

よびその理由
(3) 当該確認を行うにあたり、財務諸表等が適正に作成されるシステムが機能していたかを確認した旨、およびその内容
(4) 当該確認について特記すべき事項

　実は、「金融再生プログラム」の実施に向けた「作業工程表」（2002年11月29日公表）では、「財務諸表の正確性に関する経営者による宣言」（確認書）について、主要銀行に対して、2003年3月期決算からの実施が要請されました。これを受けて金融庁は、2003年4月1日に主要銀行に対して2003年3月期に係る有価証券報告書から実施するよう要請を行ったのです。
　このため大手銀行は一般の東証上場企業に先行して確認書を作成しています。
　ここで、三菱東京フィナンシャルグループとみずほフィナンシャルグループ、三井トラスト・ホールディングスの事例をみてみましょう。

図表0.5　大手銀行の確認書の事例

確　認　書

平成15年6月27日
株式会社　三菱東京フィナンシャル・グループ
取締役社長
三　木　繁　光　㊞

1. 私は、当社の平成14年4月1日から平成15年3月31日までの第2期事業年度の有価証券報告書に記載した事項について確認したところ、全ての重要な点において、虚偽の記載及び記載すべき事項の記載漏れはありません。
2. 当社は、有価証券報告書を適正に作成するため、以下を含む内部管理体制を採用しておりますが、私は、当該有価証券報告書の作成に当たり、この体制が適正に機能していたことを確認しました。
   ・全ての重要な情報が経営者に適時に報告される体制
   ・適切な事務管理体制
   ・保有資産を適正に査定する体制
   ・全ての重要なリスクを識別・測定・モニタリング・コントロールするリスク管理体制
   ・内部管理体制の適切性や有効性を定期的に検証し、その検証結果を、必

要に応じて問題点の改善・是正に関する提言とともに、経営者に報告する体制
3．上記確認を行うに当たり、当社は、平成15年5月に情報開示委員会を新設し、同年6月20日に情報開示委員会を開催しました。

以　上

確　認　書

平成15年6月27日

株式会社　みずほフィナンシャル・グループ
取締役社長

前　田　晃　伸　㊞

1．私は、当社の平成14年4月から平成15年3月31日までの第1期事業年度に係る有価証券報告書に記載した内容が、「企業内容等の開示に関する内閣府令」、「財務諸表等の用語、様式及び作成方法に関する規則」及び「連結財務諸表の用語、様式、作成方法に関する規則」ならびに「銀行法施行規則」等の関係諸法令に準拠し、すべての重要な点において適正に表示されていることを確認いたしました。
2．当該確認を行うにあたり、財務諸表が適正に作成される以下の体制が整備され、有効に機能していることを確認いたしました。
　①　財務諸表等の作成に当たって、その業務分担と責任部署が明確化されており、各責任部署において適切な業務体制が構築されていること。
　②　内部監査部門が当該責任部署における業務プロセスの適切性・有効性を検証し、取締役へ報告を行う体制にあること。
　③　重要な経営情報が取締役会へ適切に付議・報告されていること。

以　上

確　認　書

平成15年6月27日

三井トラスト・ホールディングス　株式会社
取締役社長

古　沢　熙一郎　㊞

1．私は、当社の平成14年4月から平成15年3月31日までの第2期事業年度

> の有価証券報告書に記載した事項について確認したところ、私の知る限りにおいて、「企業内容等の開示に関する内閣府令」、「財務諸表等の用語、様式及び作成方法に関する規則」並びに「銀行法施行規則」等に準拠して適正に表示されております。
> 2．当社及び連結子会社では、私の知る限りにおいて、以下のとおり、適切な内部管理体制の整備と運営が行われており、これに基づき財務諸表等が適正に作成されております。
> (1) 業務分掌と所管部署が明確化され、各部署が適切に業務を遂行する体制が整備されております。
> (2) 業務の実施部署から独立した内部監査部門が内部管理体制の適切性・有効性を検証しており、重要な事項については、取締役会等に適切に報告されております。
> (3) 重要な経営情報については、取締役会へ適切に付議・報告されております。
>
> 以 上

注目すべきは、みずほと三井トラストでは内部監査部門の役割が明記されていることです。

「内部監査部門が当該責任部署における業務プロセスの適切性・有効性を検証し、取締役へ報告を行う体制にあること」

「業務の実施部署から独立した内部監査部門が内部管理体制の適切性・有効性を検証しており、重要な事項については取締役会等に適切に報告されております」

このように、内部監査の役割を断定的に述べるためには、内部監査が内部統制に占める役割が全行的に理解され、その機能を十分に発揮していることが前提になると思われますが、皆さんの組織ではいかがでしょうか。

② 金融庁の最新の動き

金融庁は2004年12月に「ディスクロージャー制度の信頼性確保に向けた対応（第二弾）について」を公表し、開示制度の整備にさらに踏み出しました。その骨子は以下のとおりです。

1） 財務報告に係る内部統制の有効性に関する経営者による評価と公認

会計士等による監査（＊）
2）継続開示義務違反に対する課徴金制度の導入
3）コーポレート・ガバナンスに係る開示の充実
4）親会社が継続開示会社でない場合の親会社情報の開示の充実
＊　1）については、「現在任意の制度として導入されている経営者による確認書制度の活用を促すとともに、経営者による評価の基準及び公認会計士等による検証の基準の明確化を企業会計審議会に要請し、当該基準に示された実務の有効性等を踏まえ、評価及び検証の義務化につき検討すること」と明示されています。

さらに金融庁は、2005年1月に企業会計審議会に新たに「内部統制部会」を設置しました。

設置の目的は、「ディスクロージャー制度の信頼性確保に向けた対応（第二弾）について」の公表に応えて、財務報告に係る内部統制の有効性に関する経営者による評価の基準および公認会計士等による検証の基準について策定を行うことです。早ければ、2006年度から導入できる提言をしようとしていますから目が離せません。部会の議事録や資料は公表されていますから金融庁（www.fsa.go.jp）にアクセスして審議会の議事録を適宜確認する必要があります。

このように企業の内部統制に係る開示へのニーズが高まるにつれて、内部監査への期待も高まっています。

ただ、内部監査が具体的に何をすればよいのか、具体的な指針やマニュアルがあるわけではないので、内部監査部門が自分で考えなければいけない点が多々あります。自分が属する組織のニーズをふまえ、組織のリスクを把握し、内部統制の状況をモニターし、経営陣に必要なアドバイスをしていかなければなりません。

③　内部監査部で何をすればよいのか

筆者に完全な解決策があるわけではありませんが、基本的なアイデアをいくつか皆さんと一緒に考えてみたいと思います。

・リスクベースの内部監査を徹底する

内部監査と会計監査は兄弟の関係にあります。

図表0.6は、財務諸表のなかでどの勘定科目が重要で、どの勘定科目にリスクがあるかを示したものです。会社を連結でみており、親会社だけでなく子会社を含めた総合的なリスク判断をしています。

図表0.7は、図表0.6の勘定科目の数字に関連する業務プロセス（販売・仕入・給与等）を示したものです。

内部監査部門は、高リスク勘定科目のリスク要因となる業務プロセスの状況をモニターすればよいわけです。これは、つまり、リスクベースの内部監査を徹底していくことにほかなりません。自信をもってリスクベースの内部監査を推進していきましょう。

- 米国企業改革法404条への対応を参考にする

先述したように米国の公開企業の多くが2004年12月末決算で米国企業改革法404条への対応を経験しました。米企業の内部監査部門の多くが、当初は明確なガイダンスがない状況で対応を迫られ、その後は、監査基準が公表されるにつれて、過剰なまでに詳細になる公認会計士からのアドバイスに対応を迫られる大変な経験をしたものと思われます。

米国に本部がある内部監査人協会（IIA）は、米国企業改革法302条、404条対応のガイダンスとして"Internal Auditing's Role in Section 302 and 404 of the U.S. Sarbanes-Oxley Act of 2002"を公表しました。そのなかで、404条対応のためのステップ、活動、責任部署、さらには内部監査人の役割を述べています（http://www.theiia.org/download.cfm?file=1655を参照）。

図表0.8はその要約です。ステップごとに内部監査人の役割が簡単に書かれています。実際に内部監査部門が何を行うかはその組織に応じて異なります。自分の組織の状況を把握して、何をすればよいのか、何ができるか、何を行うかを決定し実行していくことが必要です（本書第4章第5節、第6章第1節参照）。

図表0.6　連結財務諸表と対象会社の対応の考慮

		連結FS上金額	勘定科目の重要性	勘定科目の固有のリスク	個別合算・連結精算表の展開				連結修正	連結FS上金額	文書化のカバー率
						親会社	子会社A	子会社B	子会社C			
					構成会社としての重要性の判定	高	高	低	中			
BS	現金預金	140	低	高		110	10	5	15		140	96%
	売上債権	630	高	高		450	100	70	120	-110	630	100%
	棚卸資産	850	高	高		600	200	20	150	-120	850	98%
	その他流動資産	350	低	低		190	120	10	30		350	54%
	償却性資産	3,720	中	低		2,700	500	120	400		3,720	86%
	土地	210	低	低		100	50	20	40		210	71%
	無形固定資産	1,200	中	高			130			1,200	1,200	100%
	その他の投資	440	低	中		220	130	25	65		440	94%
	⋮											
	資産計	7,540				4,370	1,110	270	820	970	7,540	84%
	短期借入金											
	⋮											
PL	売上	8,600	高	高		6,500	2,400	400	1,900	-2,600	8,600	100%
	売上原価	4,520	高	高		4,000	1,800	220	1,200	-2,700	4,520	95%
	売上総利益	4,080				2,500	600	180	700	100	4,080	
	販管費	2,450				1,400	500	150	400		2,450	94%
	営業利益	1,630				1,100	100	30	300	100	1,630	
	⋮											
	当期純利益	780				300	130	10	240	100	780	86%

(注) 影付部分が文書化対象。重要性の高い会社。重要性および固有のリスクの高い勘定科目から優先的に文書化対象としていく考え方。

出所：「企業会計」2005年3月号「財務報告に係る経営者の内部統制評価」坂本頼彦より引用

図表 0.7　連結財務諸表と業務プロセスの対応の考慮

		連結FS上金額	勘定科目の重要性	勘定科目の固有のリスク	業務プロセス 関連する主要な取引	販売 売上債権/売上	販売 売上原価/棚卸資産	仕入 棚卸資産/買掛債務	給与 売上原価/未払費用	給与 販管費/未払費用	固定資産管理 償却性資産/未払費用	固定資産管理 土地/未払費用	…
BS	現金預金	140	低	高									
	売上債権	630	高	高		△		△			△		
	棚卸資産	850	高	高			○	○					
	その他流動資産	350	低	低									
	償却性資産	3,720	中	低							○		
	土地	210	低	低								○	
	無形固定資産	1,200	中	高									
	その他投資	440	低	中									
	︙												
	資産計	7,540											
	短期借入金												
	︙												
PL	売上	8,600				○							
	売上原価	4,520					○		○				
	売上総利益	4,080											
	販管費	2,450								○	○		
	営業利益	1,630											
	︙												
	当期純利益	780											

（注）各勘定と、主要な取引および主要な業務プロセスの連関を把握し、文書化の対象とする業務プロセスの決定につなげる考え方。

出所：「企業会計」2005年3月号「財務報告に係る経営者の内部統制評価」坂本頼彦より引用

序章　2nd edition の読み方　29

図表0.8　米国企業改革法404条対応のステップ

段階／活動	責任部署	内部監査人の役割
〈計画段階〉		
計　画	プロジェクト・スポンサー	・助言と提言 ・プロジェクトチームの一員として、計画段階に参加
計画の範囲	プロジェクトチーム	・助言と提言 ・プロジェクト・チームの一員として、計画段階に参加
〈実行段階〉		
文書化	ラインマネージャー プロジェクト・チーム スペシャリスト等	・行われるべきプロセスに関する経営者への助言 ・品質保証のレビュー
評価とテスト	ラインマネージャー プロジェクト・チーム スペシャリスト等	・経営者の文書化とテストに対する独立的評価 ・有効性テストの実施（外部監査人が、他の者が行った作業を利用する際、作業結果に対する信頼性を高めるため）
検出事項	プロジェクト・チーム ラインマネージャー	・統制ギャップを識別 ・経営者による討議を支援
是正措置	ラインマネージャー	・フォローアップ・レビュー
モニタリング・システム	上級経営者	・フォローアップ・レビュー
〈報告〉		
経営者の報告	上級経営者 ラインマネージャー	・報告の決定への支援 ・助言
外部監査人の報告	外部監査人	・経営者と外部監査人との間のコーディネーター
〈モニタリング〉		
継続的モニタリング	上級経営者	・フォローアップ・サービス
定期的な評価	プロジェクト・チーム ラインマネージャー等	・定期的に監査を実施

出所：「月刊監査研究」2005年7月号より引用

3. 内部監査の課題

(1) 担当者の意識

これまで述べてきた大きな環境変化に対して、内部監査の担当者はどのように取り組んでいらっしゃるのでしょうか。筆者は、社団法人金融財政事情研究会の主催する内部監査人養成スクールで講師をするたびに、簡単なアンケートをとっています。しかし、スクールの受講者のほとんどが新任の監査部員だということを割り引いても、内部監査やリスク管理についての知見は不十分といわざるをえません。

図表0.9　内部監査の理想と現実①

> ■現実(1)　「認知されていないIIAの定義」
> 1. COSOの内部統制のフレームワークを知っていますか？
> 　　　はい　30%　　いいえ　70%
> 2. IIA/CIAを知っていますか？
> 　　　はい　20%　　いいえ　80%
> 3. IIAによる内部監査の定義を知っていますか？
> 　　　はい　5%　　　いいえ　95%
> （地銀、第二地銀、信金、信組の監査担当者150名へのアンケート結果）

図表0.10　内部監査の理想と現実②

> ■現実(2)　「リスクマネジメント、統制、ガバナンスは
> 　　　　　　守備範囲という認識が欠如」」
> 1. リスクマネジメントに果たす内部監査の機能を説明できますか？
> 　　　はい　30%　　いいえ　70%
> 2. ガバナンスに果たす内部監査の機能を説明できますか？
> 　　　はい　20%　　いいえ　80%
> 3. ERMを知っていますか？
> 　　　はい　3%　　　いいえ　97%
> （地銀、第二地銀、信金、信組の監査担当者150名へのアンケート結果）

(2) どうすればよいのか

まずは内部監査の定義を再認識しましょう。

> 内部監査の理想と現実
>
> ■ 理想　内部監査協会が使っている定義
> 「内部監査は、組織体の諸活動に**付加価値をもたらし、また改善させる**ために行われる独立的、客観的な保証および**コンサルティング活動**である。内部監査はリスクマネージメント、統制、およびガバナンスプロセスの有効性を評価し改善するためのシステマティックにして規律ある方法をとることにより、**組織の目標達成を支援する**。」

わかりやすくいうと「内部監査は保証・コンサルティング活動である」。

- どんな？──独立的で客観的な「内部監査は組織の目標達成を支援する」
- 何をみる？──リスクマネジメント、統制、ガバナンス
- どうみる？──有効性を評価し改善するやり方でみる

ということなのです。

付け加えると、形式的に組織上「独立」していても役に立ちません。「独立的・客観的」とは、公正普遍な判断を自らの信念において下すという精神的な態度をいいます。米国の監査人はよく、"mindset"（マインドセット）という言葉を使います。"心持ち" という言葉ですが、便利な言葉であり、日本の監査人としても覚えておきましょう。

さて、こうしたマインドセットを具備した後、どのようなスタンスで仕事に臨めばよいでしょうか。初版と同じ、生コン屋のおじさんのアナロジーを再度使わせていただきます。

ここに生コン用の砂をつくっている親方がいます。親方の商売は、砂利を篩（ふるい）にかけて、生コン用の砂をつくることです。

金融機関経営へのアナロジーとして考えると、砂利は各種の業務リスクと考えることができます。篩は内部管理態勢です。上手に砂ができれば、安定した経営を行っているわけです。親方は当然金融機関の経営者ということになります。

従来の商売は簡単でした。砂利の種類は少なく、収益は安定していました。

篩も1種類を後生大事に使っていればよかったのです。銀行経営は貸出に大きく依存していたので、信用リスクだけみていれば十分でした。それで儲かったのです。ところが昨今は砂利の採取場所が限られるようになり、供給が少なくなりました。一方、顧客のニーズは多様化してきたので、いろいろな砂利を処理する必要が出てきました。砂利の種類に適した篩をそれぞれ用意しなければならなくなりました。

　銀行も貸出だけではもう儲からない時代になりました。多様化する業務リスクをコントロールするには内部管理の手法の高度化が必要です。

　親方はどの砂利をどのように混ぜ、どの大きさの篩にかけるか自らが判断しなければなりません。砂利の種類がわからないと篩の準備のしようがありません。

　業務リスクの把握ができないので、内部管理をどう行えばよいのか見当がつかない。それがいまの銀行経営者の姿です。

　リスク管理、コンプライアンス、内部監査、ERMと言葉は常に変化します。しかし、その底を貫く考えは一貫しているのです。

　経営者を支え、株主からの付託に応え、正々堂々と世界で勝負できる企業を創生していくために、一流の内部監査人として、さあ未踏の領域に乗り出していきましょう。

謝　辞

　本書の発行は、執筆者各人の家族、同僚の協力なしには不可能でした。執筆者一同、心から感謝致します。2nd editionへの改訂にあたり、初版時以上に多くの金融機関の内部監査部門の方々からインプットを頂戴しました。特に、愛知銀行業務監査部監査企画グループリーダーの澤田善幸氏からは多くの示唆に富む先進的なアドバイスをいただきました。この場を借りてお礼申し上げます。また、2nd editionでは、本書とともに備えておくと大変便利な参考資料を付録CD-ROMに収録しました。快く収録をご了解くださいました日本内部監査協会、日本公認会計士協会、日本監査役協会、KPMGをはじめとする皆様にも感謝申し上げます。

2005年8月

執筆者を代表して
水　島　　正

第 1 章

内部監査を取り巻く環境変化

はじめに

　内部統制の重要性を世界に広め、新BIS規制の議論や金融検査マニュアルにも影響を与えたCOSOは、業界ごとに異なるリスク形態や統制手続等をふまえて修正適用をされてきましたが、2004年9月、その進化形として、「エンタープライズ・リスク・マネジメント（組織的リスク管理：ERM）─統合的フレームワーク」が発行されました。本章では、この新しい「COSO ERM」の考え方を紹介するとともに、2004年6月に最終決定した新BIS規制の概要、そして着々と高度化を進める金融庁検査の方向について解説します。

1. COSOからERMへ

(1) COSOのおさらい

　本書の初版が2001年の12月に刊行されてから、これまでの間に実にさまざまな企業の不正や内部統制欠如による破綻、そして各国の当局による企業の適正開示や内部統制に関する法整備が進展しました。そのなかでも、米国で起こったエンロンやワールドコムの事件と、それに続いた米国企業改革法（サーベンス・オックスレー法、通称SOX）の制定は、財務諸表や内部統制の適正開示という点でグローバルな影響がありました。このことは、日本の金融庁が最近相次いだ不適正開示の不祥事への対応策として、米国企業改革法404条に類似したルールの検討を開始したという報道からも汲み取れます。

　序章でもみたように米国企業改革法の404条は、米国で上場している企業の経営陣（management）に対し、自企業の財務報告に関連する内部統制の適正性および有効性を意見表明させ、そして外部監査人にその意見が正しいかどうかを監査した結果として内部統制報告書を発行させることを要求しています。また404条は経営陣に対して、財務報告に関連する内部統制の有効性を評価した枠組み（framework）を明確にすることも要求しています。そして、初版でも紹介したCOSOが、その内部統制の枠組みとして、現在米国

のほとんどの企業で使われているのです。それではCOSOをもう一度おさらいしておきましょう。

1980年代の米国は、バブルに向かって好景気だった日本とは正反対に、中小金融機関（SUL）の破綻や企業不祥事が頻発しました。その結果、1987年に上場企業の財務報告書の信頼性を高める目的で、トレッドウェイ委員会という組織が発足、この委員会の支援組織委員会（Committee of Sponsoring Organization of the Treadway Commission、通称COSO）が1992年に「内部統制——統合的フレームワーク」（"COSOリポート"）という報告書を発表しました。この報告書こそが内部統制の重要性を全世界に広めたといっても過言ではありません。実際COSOは、1998年に国際決済銀行（BIS）が公表した「銀行組織における内部管理体制のフレームワーク」に多大な影響を与え、そして皆さんよくご存知の「金融検査マニュアル」にも影響を与えています。

ところで、内部統制というのは英語のInternal Controlの翻訳であり、公認会計士や内部監査に携わる人々も一般的に使っていますが、世間に広く認知されてはいないようです。著者が使っているワープロソフトで「ないぶとうせい」と打つと、最初は「無い舞踏性」と変換されました。「統制」という言葉の語感が悪いせいか、「内部コントロール」と表記してある本も多くみかけます。「内部統制」と「内部コントロール」は同じ意味と考えてください。

さて、COSOは内部統制を次のように定義しました。

> 以下の範疇に分けられる目的の達成に関して合理的な保証を提供することを意図した、事業体の取締役会、経営者および他の構成員によって遂行される一つのプロセス
> ・業務の有効性と効率性
> ・財務報告の信頼性
> ・関連法規の遵守

そしてCOSOはこの三つの目的を達成するための構成要素として次の五つをあげています。

1）統制環境

2）リスクの評価
3）統制活動
4）情報と伝達
5）監視活動

　内部統制の目的と構成要素の関係を図示すると図表1.1のようになります。構成要素のポイントについて簡単に触れると、以下のようになります。

1）統制環境
　　後述します。
2）リスクの評価
　　・組織・業務の目的が明示され確認されているか
　　・環境変化、新規分野への進出、社員の資質・教育等への対応状況
3）統制活動
　　・経営者の指示が徹底されるための方針・手続書が整備されているか
　　・承認、権限付与、意思決定、目標管理に関するプロセス管理があるか
4）情報と伝達
　　・経営者に、自分の責任を果たすための情報が提供されているか
　　・従業員、外部関係者との情報チャンネルは確立しているか
5）監視活動（モニタリング）
　　・経営者は内部統制システムが機能しているかどうかをどのように確認しているのか
　　・内部統制システムは独立的に評価されているか

　こうした構成要素の相互の関係を図示すると、図表1.1のようになります。

　この図がいっていることは、統制環境が統制の構成要素の土台になっているということです。

　アクセルしかない組織は危険です。ブレーキの重要性を経営トップが理解し、必要に応じてブレーキを踏む体制にあることを組織の全員が上から下まで理解していること、これが統制環境です。

　さらに、

図表1.1　内部統制の目的と構成要素

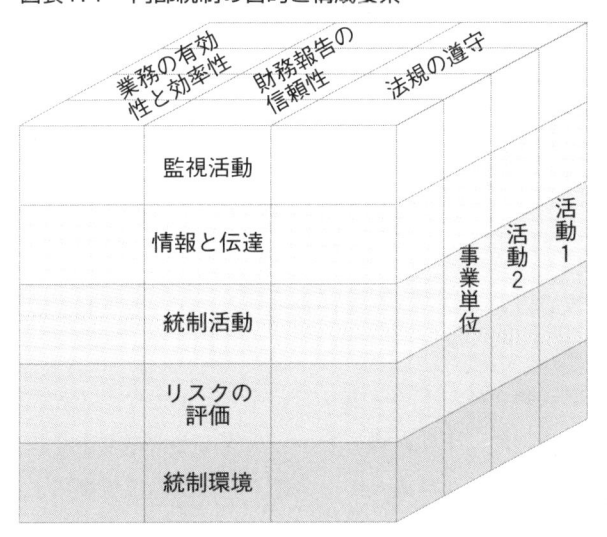

（図：内部統制のキューブ。上面の軸＝業務の有効性と効率性／財務報告の信頼性／法規の遵守。正面＝監視活動／情報と伝達／統制活動／リスクの評価／統制環境。側面＝事業単位／活動2／活動1）

- 組織内で倫理的な価値観が浸透されているか
- 組織を構成する要員の能力について経営者はどう取り組んでいるか
- 取締役会または監査委員会は機能しているか
- 経営者の哲学と行動様式はどのようなものか
- 組織構造は責任が明確で情報が適切に流れる体制になっているか
- 権限と責任は適切に割り当てられているか
- 人的資源に関する方針と管理は適切か

といった点が、統制環境が機能しているかどうかを判断する際のポイントになります。

(2) 内部統制の限界

　内部統制が完全に機能していても、限界はあります。ここで内部統制の限界についても触れておきましょう。

　限界の第1は、組織の意思決定の誤りや判断ミスは内部統制では是正できない、という点です。たとえば、SEGAがゲーム市場での制覇をねらってドリームキャストを発売する戦略を数年前に打ち出しました。結果としては失

敗で、ゲーム機のハードから結局撤退することになりました。こうした戦略の（結果としての）誤りについては、組織内での意思決定がルールに則って行われている限り、内部統制がどうこうできる問題ではありません。

バスクリンで有名なツムラで、社長が独断で、債務保証念書を出すという事件がありました。取締役会にかけるというルールを逸脱していました。これは内部統制上の問題です。この例でわかるように、経営者は内部統制をオーバーライドする（乗り越える）ことが可能です。経営者が個人の利益や事業内容を良くみせたいという不正な目的のために、内部統制を無効にすることがあるのです。

組織上、内部統制がビルトインされていても、単純なミス・誤解といった人間側の理由で一時的に正常に機能しなくなることがあります。また、一人の不正は防止できても、複数の人間が共謀すると、内部統制によって不正を防止することは非常に困難になります。1990年代に金融界を揺るがした大和銀行事件、ベアリングス事件では、主犯をサポートする共犯者がいました。

内部統制については費用対効果の分析も重要です。統制の導入前に費用と効果を天秤にかけてみる必要があります。たとえば、会社で使っている鉛筆やボールペンを自宅に持ち帰る人は少なくありません。ちりも積もれば山となるのかもしれませんが、鉛筆やボールペン程度ならば、持帰りを大目にみるか、目に余るようならば、文房具は自己負担にするといった対策をとればよいでしょう。1本、1個当り数十円、数百円の費用を減らすために、数千円、数万円のコストをかけてコントロールしようとすることはナンセンスです。

(3) COSO ERMへ

前述したように、COSOは1992年に作成された報告書で、すでに12年以上の歳月を経ています。その間に、金融機関が置かれた環境は激変しました。インターネットの普及で、電子取引や大量の情報を瞬時に転送することが可能となり、システムリスクが飛躍的に増大しました。また米国ではグラス・

スティーガル法の撤廃により、商業銀行と投資銀行の壁がなくなり大統合時代に突入し、新しい組織では未知の市場リスクや信用リスクを抱えることになりました。

　日本においても、銀行で投資信託や保険商品や株式の取次ぎが可能になるなど、新たな商品の発生により新しいリスクが発生しています。一方、金融工学の発達で、これまで十分に定量化できなかった天候不順やエネルギー価格、そしてクレジットリスクもデリバティブ（派生商品）を介して取り扱えるようになり、それにより新たな信用リスクや市場リスクが文字どおり派生してきました。さらに、不祥事や事件が起きた後には新しい法制度が整備され、遵守しなければいけないルールの増大により法務・コンプライアンスリスクも増大しています。

　このようにCOSOが公表された当時と現在とでは、リスクの存在が変わっており、それに対応する内部統制も必然的に変わってきました。そして、組織が抱えているリスクの包括的な管理が必須となってきました。

　また金融機関では、後述する新BIS規制（「バーゼルⅡ」）等の新たな規制により、よりリスクに対して敏感になり、それを経営戦略にも盛り込んでいかなければならない状況に立たされています。それまでの横並びで他の銀行に追随して新たなビジネスを始めたり、既存の商品を拡張するという路線を踏襲し、自らの抱えたいリスク量と収益／コストを精緻に考えないままでいると、市場環境や株主ないしは監督官庁の圧力によって退場させられたり、他の会社と合併させられてしまうという事態が起こっています。明確なビジネスモデルをもって、ステーク・ホルダーである株主や監督官庁、市場の信任を得られないと、メガバンクでさえ存在できません。

　前述したようにCOSOが掲げた内部統制のフレームワークにおいては、「業務の有効性と効率性」は、内部統制というプロセスが、その達成に対して合理的な保証を与える一つの目的でした。リスクがこれだけ変化している以上、内部統制がその目的である「業務の有効性と効率性」（リスクの量や形態）にも影響を及ぼし、正しい内部統制が行われるように軌道修正を行うのは、自然な進化といえるでしょう。

一方COSOに対しては、公表当初から、外部監査人の目からみた内部統制のあり方であり、また理論的であるがゆえに内部における実際の統制とは乖離している、という批評もありました。COSOは「理論編」と「実践編」に分けられ、実務でもすぐに使用できるような形態で発行されましたが、実際の運用においては、業界ごとに業務のリスク形態や統制手続等も異なることから、適宜修正されながらベストプラクティスとして適用されていました。
　これらのことをふまえてCOSOは、2001年の12月、「内部統制——統合的フレームワーク」を改訂する作業に着手しました。
　そして公開草案を経て、2004年9月に最終的な「エンタープライズ・リスク・マネジメント（組織的リスク管理：ERM）——統合的フレームワーク」(COSO ERM) を発行しました。
　COSO ERMは、内部統制を確立した既存のCOSOから発展して組織的なリスク管理（ERM）の枠組みを確立し、この枠組みを使うことによって、組織がより大きな「価値」(value) をステーク・ホルダーに提供できることを目的として作成されています。そのERMは、新しく以下のように定義されています。

> 「組織的なリスク管理とは、
> - 戦略策定や全事業体に適用され、
> - 事業体に影響を及ぼす可能性のある潜在事象を識別し、
> - またリスク許容範囲内にリスクを管理し、
> - 事業体の目的の達成に合理的保証を提供する
>
> 事業体の取締役会、経営者やその他構成員によって実施されるプロセスである。」

具体的には、
- まずリスク管理においては、金融機関がビジネスの種類や量を決定し戦略を立てるにあたり、正確なリスク量の測定と損益とコストの計算を行うことが不可欠です。また、全社的なリスクを統合的に把握することが大事です。決してディーリングルームだけがリスクをもっているわけではありません。

- リスクは市場リスク、信用リスク、オペレーショナルリスク、法務リスク、コンプライアンスリスクやシステムリスクなどさまざまな種類があり、また発生要因も法改正や市場の要請などの外的要因と、組織内の研修不足等による事務ミス事故発生増加といった内的要因があるので、潜在事象の識別はリスク管理においてとても大切です。
- それぞれのリスクの種類で指標を決め、それをもとにリスク許容範囲を決めることが必要です。またその範囲内にリスクが収まっていることの確認も重要です。たとえば市場リスクはVARやグリーク等を使い、リスク管理部門がディーリングルームとは別にリスク量を測定し管理する必要があります。

そして、COSOの内部統制の定義と同じように、COSO ERMもERMが達成する事業体の目的（entity's objectives）として以下の4項目を掲げています。

- 戦略（Strategy）——ミッションに沿い達成を支持する全事業体的目標
- 業務（Operation）——資源の有効かつ効率的活用
- 報告（Reporting）——報告の信頼性
- 遵守（Compliance）——関連法規の遵守

この四つをCOSOの内部統制の定義と比べていただくとおわかりになると思いますが、最初の戦略を除いた「業務」と「報告」および「遵守」はおおむね同じ目的が使われています。

そしてCOSO ERMはこの四つの目的を達成するための構成要素として、次の八つをあげています。COSOから比べると、COSO ERMでは要素が三つ増えています。COSOでの構成要素の一つであった「リスクの評価」が下記の②、③、④、⑤の四つに分割されたと考えるとわかりやすいでしょう。

① 内部環境（Internal Environment）
② 目的の設定（Objective Setting）
③ 事象の識別（Event Identification）
④ リスクの評価（Risk Assessment）
⑤ リスクへの対応（Risk Response）

図表1.2　COSO ERMのイメージ

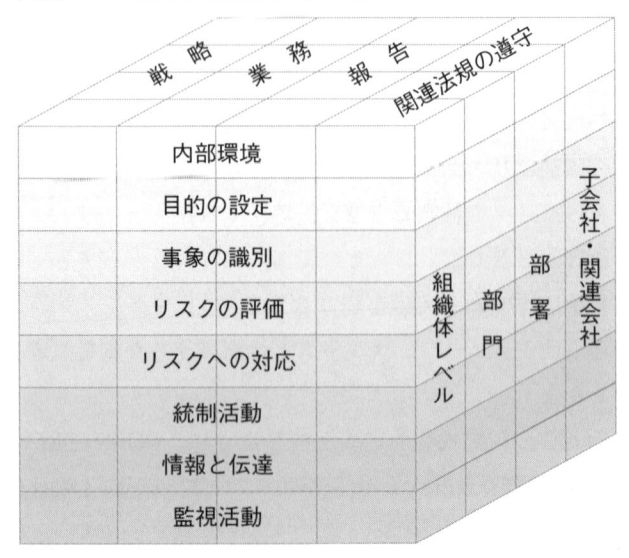

［戦略／業務／報告／関連法規の遵守］×［内部環境／目的の設定／事象の識別／リスクの評価／リスクへの対応／統制活動／情報と伝達／監視活動］×［組織体レベル／部門／部署／子会社・関連会社］

⑥　統制活動（Control Activities）
⑦　情報と伝達（Information and Communication）
⑧　監視活動（Monitoring）

　さらに、COSO ERMの目的と構成要素が適用される組織体は、四つのレベルに識別されています。

1）組織体レベル（Entity）
2）部門レベル（Division）
3）部署レベル（Business Unit）
4）子会社・関連会社レベル（Subsidiary）

　COSO ERMの目的と構成要素ならびに組織体を図示すると、図表1.2のようになります。

　構成要素のポイントについて簡単に触れると、以下のようになります。

①　内部環境（Internal Environment）
　COSOに含まれていた統制環境に、リスク管理の要素を取り入れています。もちろん以前と同じように、トップの内部統制に対する考え方はとても大切

で、さらにリスクに対する考え方も重要だと考えられています。内部環境は、以下の要素を含みます。

- トップはリスク管理に対する哲学（Risk management philosophy）をもっているか
- 組織体のリスク許容範囲（Risk appetite）は決まっているか
- 過剰なリスクに対する風土（Risk culture）はないか
- 取締役会の監視（Oversight of the board of directors）は適宜行われているか
- 組織の構成員の誠実性、倫理観および能力（Integrity, ethical value and competence of the entity's people）を定義し、測定する手段を講じているか
- 経営者の構成員に対する、権限と責任の付与ならびに組織および人材開発方針（the way management assigns authority and responsibility, and organizes and develops its people）が規定され、その遵守を管理しているか

② 目的の設定（Objective Setting）
- リスクに関する事象（金利や為替の大幅な変動による損失発生）を識別するためには、事業体のビジネスモデルなどの戦略を通じてリスクの形態と量を決定します。
- リスク許容範囲（Risk Appetite）は、事業体が設定した戦略に基づいて決められ、最小のリスクで最大の利潤が追求できるように変動します。
- リスクの超過許容範囲（Risk Tolerances）は、事業体が設定する戦略に基づいて決められ、リスク許容範囲を超過して許容できる最大のリスク量です。このリスク量は、継続的なモニタリングも必要です。

③ 事象の識別（Event Identification）
- 事象とは、事業体の目的達成または戦略の遂行に影響を与える法改正や市場の要請などの外部要因と、組織内の研修不足等による事務ミス事故

図表1.3　リスクの識別方法

事象の集積（Event inventories）	過去に起こった不正や事故の原因と結果の一覧表を作成する。
事象の分析（Internal analysis）	内部および外部情報を使って、集積した事象を分析する。
測定点の決定 （Escalation or threshold triggers）	事象がそれを超えた場合、リスクの再評価ないしは別の決断をしなければならない測定点（取引量等）を決めておく。
ワークショップやインタビュー （Faciliated workshops and interviews）	統制の自己評価（Control Self Assessment: CSA）でも使われている関係者を集めて行うワークショップや、監査でも使用されるインタビューで、事象の識別と分析を行う。
プロセス・フローの分析 （Process flow analysis）	プロセスの始めから終わりまでをフローチャート等で分析し、リスクの所在と発生可能性を割り出す。
事象の主要な発生要因の監視 （Leading event indicators）	たとえば、支払遅延と債務不履行には因果関係があるので、支払遅延を監視する。
損失が発生した事象の分析 （Loss event data methodologies）	損失が発生した事象のトレンドを分析することにより、よりよく原因を究明でき、再発防止が可能になる。

発生増加といった内部要因の両方を含みます。経営者は、それらの事象の把握と発生頻度を考慮しなければなりません。
- 事象の発生に影響を与える外部要因としては、経済的要因、天災、政治的要因、社会や市場の要因および技術革新があります。内部要因は、インフラの整備状況、人的要因、プロセスの要因と、システムに起因する要因があります。
- リスクの識別方法の例を、図表1.3に示しました。

④　リスクの評価（Risk Assessment）
- 経営者がリスクを発生可能性（likelihood）と発生時の影響（impact）で分析しているか
- 他の事象との比較（Benchmarking）や統計的手法等を使い、リスクを計

量化して評価を行っているか
- リスクを、管理が行われて軽減される前（Inherent：固有リスク）と後（residual：残存リスク）で把握しているか

⑤　リスクへの対応（Risk Response）

　経営者は、残存リスクをベースにしてリスク許容範囲（Risk Appetite）とリスクの超過許容範囲（Risk Tolerances）に沿って、リスクの対応を行います。対応決定にあたっては、リスクの評価や費用対効果分析を行うことはいうまでもありません。対応方法としては、以下の四つがあります。
- リスク回避（Avoidance）――リスクのある取引を行わない
- リスクの減少（Reduction）――リスクを限定するように取引を縮小する
- リスクの転嫁（Sharing）――リスクをヘッジしたり保険をかける
- リスクの受容（Acceptance）――リスクを受け入れる

⑥　統制活動（Control Activities）
- 経営者のリスクへの対応の指示が徹底されるための方針・手続書が整備されているか
- リスクを管理するための承認、権限付与、意思決定、目標管理に関するプロセス管理があるか
- 情報システムの、全般的な管理（General controls）と各アプリケーションの管理はあるか

⑦　情報と伝達（Information and Communication）
- 経営者に、リスク管理において自分の責任を果たすための情報が提供されているか
- 従業員、外部関係者とのリスク管理における情報チャンネルを確立しているか

⑧　監視活動（Monitoring）
- 経営者はリスク管理のための内部統制システムが機能しているかどうかを、どのように確認しているか
- リスク管理のための内部統制システムは、独立的に評価されているか

　以上がCOSO ERMの要約ですが、お読みになっておわかりのとおり、COSOの基本的な枠組みは変わっていません。統制環境を内部環境と言い換えてリスク管理の要素を入れてはいますが、ここが一番大切な要素であることに変わりありません。もちろん内部統制はリスク管理にとって、大切な要素なのです。
　これ以外のCOSOからの主要な変更点は以下のとおりです。
- COSOでは「目的の設定」は内部統制の前提条件とされていますが、COSO ERMでは構成要素の一つです。
- リスク担当の役席（Risk office）が存在し、リスク管理を統合的に掌握します。
- COSOでは目的のなかに「財務報告」とありますが、COSO ERMでは「報告」になり、より広範囲の報告を含んでいます。また「戦略」も目的に加わりました。
- 構成要素が五つから八つに増えました

　ここで皆さんにご紹介しておきたいのは、経済産業省が「日本版COSO」として2003年の6月に発行した「リスク新時代の内部統制—リスクマネジメントと一体として機能する内部統制—」と題するレポートです。これはERMの考えがいち早く織り込まれて作成された報告書です。本書付録CD-ROMに収録しましたので、ぜひ一読されて、監査の参考にしてください。

「日本版COSO」（経済産業省）の目次

第一部　リスクマネジメント及び内部統制の重要性と課題
1．リスクマネジメント及び内部統制

（1）リスクマネジメント及び内部統制
　（2）我が国企業における取組
　（3）企業を取り巻く状況の変化
　（4）改めて認識されるべきリスクマネジメント及び内部統制の意義
2．国内外の動き
　（1）海外の動向
　（2）国内の動向
3．今回の検討
　（1）検討の進め方
　（2）一連のいわゆる企業不祥事の分析
　（3）企業における取組
4．リスクマネジメントと一体となって機能する内部統制に係る指針の特徴

第二部 リスクマネジメントと一体となって機能する内部統制に係る指針

Ⅰ．リスクマネジメント及び内部統制
1．リスクマネジメントの必要性
2．内部統制の必要性
3．リスクマネジメントと一体となって機能する内部統制の構築の必要性
4．リスクマネジメント及び内部統制を遂行する企業構成員とその範囲
　（1）企業構成員
　（2）範囲

Ⅱ．リスクマネジメント
1．リスクマネジメントのあり方
　（1）リスクの定義
　（2）リスクの発見及び特定
　（3）リスクの算定
　（4）リスクの評価
　（5）リスク対策の選択
　（6）残留リスクの評価
　（7）リスクへの対応方針及び対策のモニタリングと是正
　（8）リスクマネジメントの有効性評価と是正
2．リスクマネジメントに当たっての留意点
　（1）リスクへの対応に当たっての留意点
　（2）クライシスマネジメント
　（3）対応を講じなかったリスクのモニタリングと対応
　（4）リスクマネジメント組織の役割
　（5）既存マネジメントシステムの活用と連携

3．リスクマネジメントと内部統制との関係
Ⅲ．リスクマネジメントと一体となって機能する内部統制
　1．内部統制の基盤
　　（1）健全な内部統制環境
　　（2）円滑な情報伝達
　2．内部統制の機能
　　（1）業務執行部門におけるコントロールとモニタリング
　　（2）業務執行部門から独立したモニタリング
　3．内部統制の限界とその構築・運用に当たっての留意点
Ⅳ．内部統制の構築・運用における企業構成員及び会社機関等の役割
　1．経営者
　　（1）内部統制の基盤の構築における役割
　　（2）内部統制の機能における役割
　2．管理者
　　（1）内部統制の基盤の構築における役割
　　（2）内部統制の機能における役割
　3．担当者
　　（1）内部統制の基盤の構築における役割
　　（2）内部統制の機能における役割
　4．取締役会
　　（1）委員会等設置会社
　　（2）監査役設置会社
　5．監査役及び監査委員会
　　（1）委員会等設置会社
　　（2）監査役設置会社
　6．外部監査人の役割

第三部 今後の課題

　1．本指針の活用
　　（1）企業における自主的取組と情報開示
　　（2）企業の取組を促進する環境の整備
　2．終わりに

（資料）
リスクマネジメント及び内部統制に係る参考事例抽出のためのアンケート概要

2. 新BIS規制（バーゼルⅡ）

(1) 改正の理由

　1998年から始まった現行のBIS規制が、改正されることになりました。2004年の6月に新BIS規制案が、同年10月には金融庁から新しい自己資本比率規制の素案が公表されました。金融庁や日本銀行のホームページに、日銀と金融庁の連名でBISに関する各種の資料が掲載されていますが、「新BIS規制案：Q&A」（2004年8月）のなかで以下の三つを改正の理由として掲げています。

1）銀行の抱えるリスクが複雑化、高度化するなかで、金融システムの安定を確保するためには、規制で最低自己資本比率義務を課すだけでなく、銀行自身の内部管理や、市場規律に重点を置いていく必要性が高まったこと。
2）銀行の業務内容やリスク管理の手法が多様化するなかで、すべての銀行に同じリスク計測手法の採用を求め続けると、かえってリスク管理の向上の妨げとなりかねないことから、多様な選択肢を提供する必要性が高くなったこと
3）現行規制では、リスクの把握が大雑把であるため、取引に歪みが生じる例も出てきた。また、オペレーショナルリスクのように、現行規制では十分把握できないリスクの重要性も増してきた。このため、リスク計測を精緻化する必要性が高まったこと

　もちろんリスク計測の精緻化や、リスク管理手法の多様化も大切ですが、内部監査に最も関係が深い点は、リスクに関して「銀行自身の内部管理に重点を置いていく必要性が高まった」ところではないでしょうか。これまでも監督当局は、自己責任原則で内部管理の強化を強調してきましたが、今後も継続的に内部管理および内部監査に対して監督していくという意思表明だと考えられます。

第1章　内部監査を取り巻く環境変化　*51*

(2) 三つの柱

新BIS規制を受けた新しい自己資本比率規制は、三つの柱からなっています。

① 第1の柱：最低所要自己資本比率

現行の規制では、信用リスクと市場リスクを合計した数字で自己資本を割り、最低所要自己資本比率（国際行8％以上、国内行4％以上）を計算しています。これに対して新しい規制では、自己資本および市場リスクの定義と最低所要自己資本比率は変わりませんが、信用リスクの内容が変わり、また新たにオペレーショナルリスクが分母に加わります。

```
国際行の自己資本比率計算式（国内行は8％が4％になる）

            自己資本
    ─────────────────────  ≧ 8 ％
    信用リスク＋市場リスク
                ⇓
              自己資本（現行のまま）
    ───────────────────────────────────────────────  ≧ 8 ％
    信用リスク ＋ 市場リスク ＋ オペレーショナルリスク
    （内容に変更） （現行のまま）    （新しく追加）
```

信用リスクは多様化と精緻化が進み、計測方法として、1）標準的手法、2）基礎的内部格付手法、3）先進的内部格付手法の三つから選べることになりました。

1） 標準的手法：現行手法に一部修正を加え、与信額1億円程度未満の中小企業向けおよび住宅ローン以外の個人に対するリスクウェートは現行の100％から75％に減少し、住宅ローンも現行の50％を35％に減少させています。また延滞債権は、引当率に応じてリスクウェートを加減します。

2） 基礎的内部格付手法：銀行内部で培った審査能力とデータにより、顧客の今後1年間の予想デフォルト確率を類推し、当局が設定したデフォルト時の損失率をもとに、リスクウェートを計算します。<u>また計算式では、企業規模や貸出先によりリスクウェートの加減をします。</u>

3） 先進的内部格付手法：銀行内部で培った審査能力とデータにより、顧客

の今後1年間の予想デフォルト確率およびデフォルト時の損失率を類推し、リスクウェートを計算します。また計算式では、企業規模や貸出先によりリスクウェートの加減をします。

新たに計算に加わったオペレーショナルリスクは、銀行内部の事務事故や不正行為で損失が生じるリスクです。現在もオフサイト・モニタリングで報告していますが、新規制適用後は以下の三つの手法から、銀行が選択できることになります。
1）基礎的指標手法：銀行全体の粗利益に一定の掛け目（15％）を適用します。
2）標準的手法：銀行を八つのビジネスラインに区分し、それぞれの粗利益に掛け目（12％、15％、18％）を適用し合算します。
3）先進的計測手法：過去の損失実績などを基礎に、損失分布手法、スコアカード手法など、銀行自身が用いているリスク評価手法を用いて所用自己資本額を計測します。使用された分析やリスク管理の質などは、一定の基準を満たすことが利用の条件となります。

② 第2の柱：監督上の検証
銀行自身が、第1の柱の対象となっていないリスク（銀行勘定の金利リスク、流動性リスク等）も含めて主要なリスクを把握したうえで、経営上必要な自己資本率を検討し、それを監督当局が検証します。

③ 第3の柱：市場規律
銀行によるリスクや自己資本比率に関する開示の充実を通じて、市場規律の実効性を高めるものです。開示の頻度は、原則として銀行は四半期ごとで協同組織金融機関は半期ごとを予定しています。

新しい自己資本比率規制の適用時期は2006年度末からですが、2005年度末には内部格付手法を選択する銀行は、予備的計算を開始することが予定されています。また先進的な手法の適用は、2007度年末からの予定です。

新BIS規制を受けた新しい自己資本比率規制が内部監査に与える影響は、いくつか考えられます。

1）第2の柱には、銀行が行う「内部統制の検証」という項目があり、そのなかで「自己資本評価プロセスを効果的に管理するには、独立した検証と、適切な場合には、内部監査もしくは外部監査の関与が必要となる」とあります。したがって現在自己資本の計算や評価を監査していないのであれば、監査計画に盛り込む必要があります。
2）信用リスクのリスクウェートが変わるので、審査部の監査を行うときにその変更が適切になされているかを監査する必要があります。またリスクウェートの計算がシステム化されている場合は、システム変更を含めたシステム監査が必要になります。
3）オペレーショナルリスクで先進的計測手法を使う場合は、計測に使用されるデータの正確性およびリスク測定方法の精緻性を、基準に照らし合わせて監査する必要があります。
4）第3の柱では定期的な開示が予定されているので、開示される前の定期的なレビュー等も考慮した監査計画の策定をする必要があります。
5）上記の、信用リスクおよびオペレーショナルリスクの監査を行う人材の育成も必要です。

3. 金融検査の高度化

預金等受入金融機関に係る検査マニュアルが1999年7月に発出されて以来、金融庁（当時は金融監督庁）は、検査マニュアルを実践すべく検査手法を高度化させてきました。金融庁の金融検査の変化は、金融庁が毎年取りまとめている「金融庁の一年」を精読すると理解できます。

まず検査の人員に関しては、金融庁になった2000年度は、検査局が319人で財務局の検査担当者567人の合計886人でした。その後、毎年職員数は増加し、2003年度では金融庁の検査局が460人で財務局の検査担当者577人

図表1.4　金融検査職員数の推移
（人）

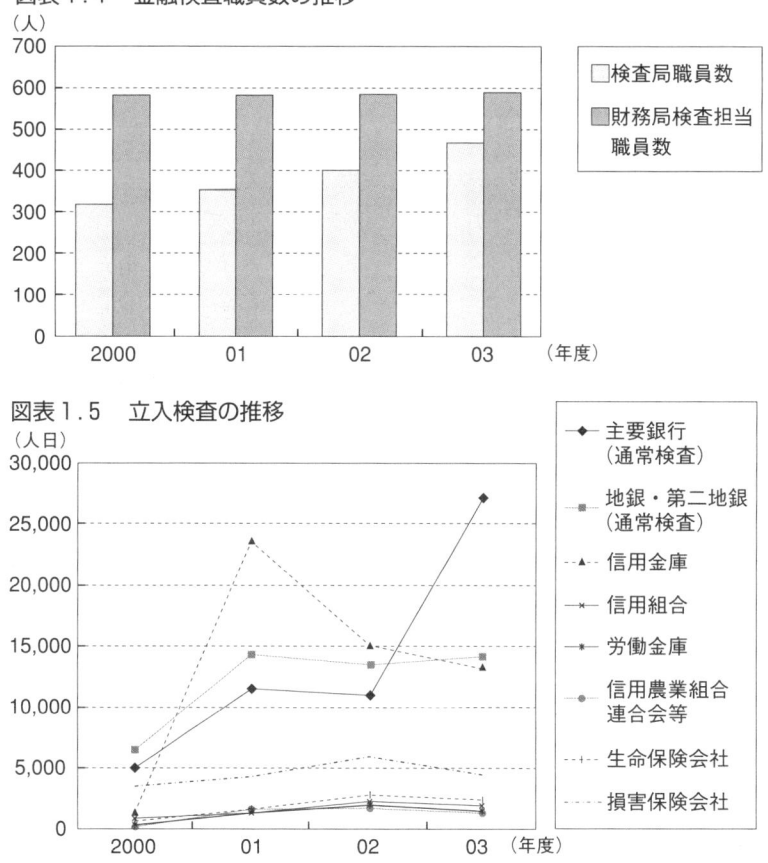

□ 検査局職員数
■ 財務局検査担当職員数

図表1.5　立入検査の推移
（人日）

- 主要銀行（通常検査）
- 地銀・第二地銀（通常検査）
- 信用金庫
- 信用組合
- 労働金庫
- 信用農業組合連合会等
- 生命保険会社
- 損害保険会社

の合計1,037人となり、4年前と比較すると2割弱の増加です。毎年の増員数は、図表1.4のグラフにあります。

　この間に検査部門も拡充されました。主要行を担当する部門が1部門、保険会社の担当が1部門、証券会社、投資信託委託会社等の担当が1部門と、日本郵政公社と政策金融機関の担当が2部門それぞれ増え、2000年度の16部門から2003年度には21部門になりました。また金融検査の質的向上のため、検査指導官やオンサイトならびにオフサイトの検査モニター制度を導入しています。加えて、検査監理機能の充実や検査官の研修強化も進展してい

ます。

　一方、通常検査における立入検査の時間と人員の総数の推移をみてみましょう（図表1.5）。これは金融機関の業態・業種ごとに各年度の1社当りの平均立入日数に平均投入人員を掛けて、さらに実施検査数を乗じたものです。やはり全体的には増加傾向にあることがみてとれます。

　通常検査に加え特定の目的に絞った検査が増加しています。2001年度にはインターネット取引に関するシステム監査や、ペイオフに備えての名寄せデータの実態把握の検査を行っています。2002年度は「金融再生プログラム」が掲げた主要行における資産査定の厳格化の徹底を図るべく、特別検査で債務者区分の厳格な検証を行っています。

　また特定の銀行には、ガバナンスの検査やシステム統合リスクの検査も行っています。2003年には、大口債務者に着目した特別検査とそのフォローアップや、法令遵守の検査も行いました。

　というわけで、金融庁の検査は、量的にも質的にも向上しているのです。

　では、内部監査に関する検査はどうでしょうか？　序章では、2005年7月から適用される「金融検査に関する基本指針」のなかで、内部監査がいかに重視されているかを紹介しましたが、実際の検査でもこの傾向は顕著になっています。たとえば2001年度の「金融庁の一年」において、今後の金融検査体制整備については、以下の記述がみられます。

> 　また、内部監査体制や市場リスク、システムリスクといった専門性の高い分野については民間出身の専門家を登用した専門班を別途編成し、各グループを横断的に検査する。

　つまり、内部監査やシステムリスクは専門性の高い分野なので、しっかり検査できるように体制をつくりますという意思表示です。そして2002年度の「銀行に対する検査」の検査実施状況の概要には、以下の記述がみえます。

> 　また、内部監査や市場リスク、システムリスクといった専門性の高い分野については、民間出身の専門家を登用した専門班を別途編成し、各グループ

> を横断的に専門性の高い検査を実施した。

　事実、現在の通常検査では、必ず内部監査を担当する検査官がいて、内部監査の活動を「金融検査マニュアル」のリスク管理態勢の内部監査に沿って、詳細に検査します。たとえ書類だけきれいに整えていても、そこに書いてある内容と実践に重大な乖離があれば、三段表（指摘事項の書式）が渡されることを覚悟してください。次のような、2003年度における証券会社に対する検査結果のように書かれてしまうかもしれません。

> 内部監査が形式的なものとなっていることなどから有効に機能していないほか、内部監査により把握された不備事項に対するフォローアップが不十分な事例が認められる。

　監査部門長にとっては致命的ともいえる指摘であり、身の振り方を考えなければならなくなるような内容です。また上記の検査結果にもあるように、フォローアップに関する指摘も多くみられます。2001度から03年度までの検査結果のなかに、内部監査に関する指摘事項は23ありますが、そのうちの12がフォローアップについての不備に言及しています。

　また、それに関して、さらに耳の痛い指摘が、2000年度の損害保険会社の結果にあります。

> 指摘事項について、原因発生の十分な検討・分析が行われていないことや原因分析のフィードバックが不十分なことから、同様の指摘が繰り返し行われている。

　これは、監査が表面的で原因究明を怠っている、という専門家としてはあるまじき行為です。まず、内部監査の基礎となる規程やミッション、手続等を見直し、自社の規程の内容に疑問があれば、迷わず日本内部監査協会が発行している「内部監査基準」をご覧になり、自社の規程等と比べてください。そして足りないところがあれば補足して、何よりも書いたことを遂行してください。そのなかで最も大切な要素が、リスクベースの内部監査を行うとい

うことはいうまでもありません。ビジネスにはリスクがあり、そのリスクを管理するために内部統制が存在します。ですから、内部監査はその内部統制の適切性や有効性を評価するにあたり、リスクを理解していなければなりません。したがって監査計画を作成する基礎はリスク評価であり、監査プログラムもリスクを考えてつくられていなければなりません。そうしないと、以下のような指摘をされてしまいます。

> 内部監査は、事務ミスなどの不備事項中心の監査にとどまっているほか、制度の在り方や諸規則の要否、個別規程の内容の妥当性などが監査対象外となっている。(2003年度　保険会社に対する検査)
>
> 内部監査において、業務管理や内部管理の適切性、有効性を検証する監査が行われていない。(2002年度　保険会社に対する検査)
>
> 内部監査については、営業店の事務不備に係る検証が中心となっており、リスク管理の観点からの監査はいまだ行われていない。(2002年度　銀行に対する検査)
>
> 内部監査について、営業店の現物管理・事務管理状況等の監査を行うにとどまっており、リスク管理の観点からの監査は行われていない。(2000年度　保険会社に対する検査)

また監査計画では、組織のすべての部署や関連組織が監査対象となり、リスク評価の優先順位に従い、すべてを監査する必要があります。そのためには、すべての監査対象を一覧表にし、リスク評価結果と最後に監査した時期を記入し、漏れがないかどうか、常に管理する必要があります。そうすれば、以下のような指摘を受けずにすみます。

> 監査態勢が不十分であることから、長期にわたり監査が実施されていない部署等が認められるほか、フォローアップ態勢が不十分であることから、指摘事項に対する必要な改善措置が実施されていない事例等が認められる。(2003年度　外国金融機関等に対する検査、銀行・信託銀行に対する検査)

また監査計画を十分に遂行するためには、専門性をもった要員が十分に必

要です。専門性は、公認内部監査人（Certified Internal Auditor：CIA）や金融内部監査士、さらに、システム監査を行う公認情報システム監査人（Certified Information Systems Auditor：CISA）の役割も大切です。検査では、システムリスクを担当する検査官がおり、必ずシステム監査について詳細に検査されます。表面的な監査や人員不足では、当然以下のような指摘を受けます。

> 内部監査について、業務に精通した要員が十分に確保されていないことや、業務全般を網羅した検査が実施されていない。（2000年度　生命保険会社に対する検査）
>
> 内部監査が人員の不足などから有効に機能していないほか、管理部門による内部けん制が十分に機能していないものが認められた。（2002年度　証券会社に対する検査）

監査範囲に関しては、金融庁は内部監査に多様な期待をしていると考えられます。単にオペレーショナルリスクに係るリスク管理と内部統制だけではなく、網羅的なリスクと内部統制を監査することが望まれています。検査の指摘事項のなかで、内部監査の守備範囲の不十分な点として以下を掲げています。

> リスク管理債権等のディスクロージャーについて監査部署による検証が十分に機能していない。（2003年度　銀行等に対する検査）
>
> 保険契約の解約処理遅延、転換契約の募集時に係る不祥事故や苦情が増加しているにもかかわらず、これらが対象になっていない。（2003年度　保険会社に対する検査）
>
> 営業拠点に対する監査は、事務取扱の点検が中心となり、保険募集を含むコンプライアンスやリスク管理に関する監査が未実施となっている。（2002年度　保険会社に対する検査）

日本銀行も、「考査の実施方針等について」という書類を毎年度作成しています。そのなかで内部監査に関しては、「考査におけるリスク・カテゴリ

―毎の重点項目」の統合的リスク管理等で触れています。

> 金融機関における内部監査の充実・高度化へ向けた取り組みを後押しする観点から、内部監査に対する経営陣の関与度合い、リスクの所在に応じた監査手法の導入、部署・業務毎のリスクに応じた監査頻度・監査内容の調整、等を含む内部監査体制の整備状況を重点的に確認するとともに、改善の方向について議論を深めていく。(2002年度)

　日本銀行も金融庁同様に、内部監査の適切性と有効性には関心をもっており、金融機関がリスクを基本にした監査を遂行することを期待しています。

　このように、内部監査への当局の期待は年々増大してきています。金融機関としては内部監査部門の機能を強化することにより、株主や当局からの負託に応える体制を整備してゆかなければなりません。

第 2 章

内部監査の進め方

はじめに

　2002年1月、内部監査人協会（IIA）は、内部監査のバイブルと称される「内部監査の専門職的実施のフレームワーク」(通称レッドブック)を改訂しました。このなかで内部監査の目的が、それまでのコントロール主体から、企業のリスクマネジメント、コントロールおよびガバナンスプロセスへと拡大されました。内部監査部が遂行すべき主要業務もまた保証活動（Assurance services）に加え、コンサルティング活動（Consulting services）が新たに創設され、従来の単一的な監査業務から内部監査人の合理的、客観的、独立的な視点からの経営基盤への多面的な貢献が求められるようになりました。

　この章では、レッドブックを基調として、内部監査業務に最低限必要とされる監査の品質を保証する監査プロセスを一つひとつ追っていきます。監査プロセスこそが内部監査の品質を端的に証明するものだからです。もちろん企業規模やビジネスやリスクの種類によって、さらには内部監査部の陣容によって必ずしも監査プロセスは画一的ではありません。しかし、常に内部監査部が達成すべき説明責任を念頭に置き、このプロセスを確実に全うすることによって、内部の関係者のみならず外部の監査人、当局の検査官に対しても、その責任が果たせるはずです。

　また、内部監査の品質維持のために求められる必要な条件、最近のトピックスをもとに、さまざまな角度から内部監査を分析し、その進め方を説明していきます。銀行における不良債権問題が落ち着きつつある一方で、繰り返される個人情報の漏洩問題、企業ぐるみの組織的不正、社会に浸透し新たなビジネスを創造するインターネットに対する侵害の脅威など内部監査部の責務を果たすべき課題は増大しています。金融機関の内部監査業務に携わる者として、ぜひともリスクに応じた内部監査プロセスへの深い理解を身につけたいものです。

1. 内部監査のための基礎整備

(1) 内部監査の基本計画書

　2001年8月に公表されたバーゼル銀行監督委員会の「銀行の内部監査および監督当局と監査人との関係」によれば、内部監査の範囲として、以下のことが含まれています。

- 内部管理システムの適切性および有効性の検証・評価
- リスク管理手続やリスク評価方法の適用状況、有効性の検証
- 電子情報システムの電子バンキング・サービスを含む経営・財務情報システムの検証
- 会計記録、財務報告の正確性や信頼性の検証
- 資産保全手段の評価
- 推定されるリスクに見合った自己資本を評価する内部システムの検証
- 事務処理の経済性と効率性の評価

　このように、広範な内部監査部の役割と責任を果たすために、内部監査部長は、年度ごとに運営方針や内部監査の基本計画書を策定します。

　基本計画書には次の項目が盛り込まれます。

- 内部監査の経営上の位置づけ
- 監査の基本方針
- 監査体制の整備
- 重点的な業務計画
- 人員計画

　経営上の位置づけについては、内部監査が金融機関の経営層に直結していること。すなわち、内部監査部長は取締役会への定期的な報告や社長、頭取への直接の報告経路、あるいは内部監査の専管役員や与信監査、コンプライアンスを統括する担当役員への報告、あるいは社外役員を中心に構成される監査委員会（Audit Committee）に直接報告するといった体制であることを明記する必要があります。

第2章　内部監査の進め方　*63*

監査の基本方針では、後述する内部監査規程に盛り込まれる内容を、監査の目的、監査の対象先という観点から簡潔に述べるのが一般的です。特に、監査対象については、金融機関のすべての組織、人員、施設に聖域を設けない旨を明記することが肝要です。

　監査体制の整備の点では、内部監査規程や運営手続の制定や監査担当者の監査技術の習得や業務知識の向上、あるいは内部監査の公的資格の取得や継続的な教育研修などについて、内部監査部がどのように取り組むかについて極力具体的に述べる必要があります。

　業務計画の例を図表2.1にあげて説明します。

　ここで、業務計画の各項目について簡単に説明します。

1）内部監査部の組織が大きくなると、たとえば50人以上の組織では、一般にいくつかの監査グループに単位分けされることが多いものです。通常、一つの監査グループは10人前後が管理可能な人員といえます。

　　一方で、監査グループの数が多いほど監査手続が多様化し、監査手法の統一が問題となってきます。これは、内部監査部の規模によっても異なりますが、監査の効率性から内部監査手続の統一は避けて通れないテーマとなります。

2）監査計画を策定するにあたり、監査対象拠点のリスク評価を行うのは当然ですが、少なくとも承認されたリスクアセスメントプロセスを構築し、

図表2.1　業務計画の項目（例）

No	項　　目
1	内部監査部における内部監査手続の統一
2	監査計画策定のためのリスク評価プロセスの構築
3	海外監査部門とのグローバリゼーションの推進
4	監査部員の継続的教育制度や公的資格の取得推進
5	IT監査への取組み
6	監査ソフトツールの導入・検討
7	内部監査の品質管理と品質評価
8	内部監査人への適正な人事考課

適切にリスク評価を定期的に実施している内部監査部がどれほどあるでしょうか。リスク評価の手法やモデルは、金融当局検査や外部監査の品質評価で、内部監査部に対して最初に説明を求められる重要な監査手続といえます。リスクの定義、分析、評価、計量化そして要員計画をもとにした内部監査計画の策定手順は、ぜひとも早期に確立したいものです。

3) 海外に営業拠点を構え現地ニーズに即したワールドワイドなビジネスを展開している金融機関では、現地に内部監査部を設置しているところも少なくありません。そのような金融機関では、欧米の先進的な監査手法を取り入れ、監査部門のグローバリゼーションを積極的に推し進めたいものです。

4) 内部監査部の専門性の維持と向上は、内部監査部のモニタリング機能の品質を左右する重要な課題といえます。これは個々の内部監査人の個人の課題としてとらえるのでなく、全社的な内部統制に深く関係する項目として、ぜひとも組織的に取り組むべきテーマといえます。教育・研修制度の構築、予算の確保、個人の課題設定、年間計画への織込み、そして内部監査の公的資格取得へのチャレンジもまた、監査業務を活性化させる意義ある課題です。

5) いまやビジネス社会で情報システムを活用していない組織はほとんどないでしょう。信用リスク、市場リスク、流動性リスクや事務リスクと並びシステムリスクを把握、監視することが経営の重要なリスク管理となっています。それにもかかわらずIT監査すら実施していない金融機関は意外に多いものです。IT監査を実施するにあたり、専門性をもった人的資源を確保し、組織を立ち上げて監査規程や監査マニュアルなどの基盤を整備するのも、内部監査部にとって先送りできない課題です。

6) 内部監査部長にとって、監査ソフトツールの導入は監査業務を効率的に推進するために必要な検討事項といえます。市販の監査ソフトの多くは海外のベンダーですが、数年前から㈱プロティビティ社提供のAutoAuditや中央青山監査法人がサポートするTeamMateなど日本語対応が施されているものも登場しています。監査調書のペーパーレス、データベース化

をはじめとして、監査の進捗管理や日程管理など監査ソフトの効用は小さくありません。将来を見据えた監査業務の生産性の向上を職責とする内部監査部長には、ぜひとも検討してほしい課題です。

7）内部監査の品質管理は、監査の実効性を高める重要な業務といえます。品質管理を行うための手続や基準の策定、チェックリストなどは監査を支える重要な基盤といえます。監査の品質は、まず自らの定常業務のなかで監督され、指導されてこそ維持されていくものです。内部監査人協会の基準では5年に一度は外部の専門家による品質評価を行うことが推奨されています。品質向上への強い熱意と態度を途切らせることなく、この課題にチャレンジしたいものです。

8）内部監査部の適正な人事考課の構築も、重要な課題といえます。一般に、業績貢献度を基準とした人事考課を、そのまま高い専門性が要求される内部監査人に適用するのは、いろいろと問題があります。監査人のモチベーションを高め効果的なインセンティブを設け有効な内部監査を実行させるためには、専門性に裏付けられた実績を公平に評価する高度な人事考課について、内部監査部が自身の問題として検討し、経営に具申していくことも課題です。

このように、内部監査部の業務計画には、内部監査組織が顕在あるいは潜在的に抱えている課題を認識し、それらを部門の明確な主題として具体的なアクションプランを策定していくことが肝要となります。

最後に人員計画ですが、これまでの各項目を反映して効果があがる効率的な監査を実施していくためには、どの程度のマンパワーが必要なのか、マンパワーを確保していくには人事異動の際にどういう人材をどれだけ監査部門に配置する必要があるのかにも言及する必要があります。内部監査の基本計画書が、監査部門の方針であると同時に、金融機関のトップ経営者に内部監査の計画を説明し理解を求め、支援を受ける基本的な声明書であり、取締役会で審議され承認されるべき基本文書です。内部監査部長の手腕が最も問われる、年に一度の計画書といっても過言ではないでしょう。

(2) 内部監査における各職務の役割と責任

「内部監査部門の長は、監査業務が適切に監督されることを確保する責任がある。監督は、業務計画の立案に始まり、精査、評価、報告、フォローアップのすべてにわたって継続する過程である。」(IIA実践要綱2340-1)

これは、内部監査における監督責任は内部監査部長にあり、内部監査部長は適切な手続や方針をもって内部監査業務の遂行にあたらなければならない、ということを意味しています。

それでは、個々の内部監査業務を遂行するうえで、内部監査人にはそれぞれどのような役割と責任があるのでしょうか。内部監査の円滑な実施を図るため、個々の監査ごとに当該内部監査における特定の職務を決める方法があります。各金融機関の内部監査部の規模によって多少異なる場合がありますが、特定の職務はおよそ次のように分類することができます。

1. 主　　　査：当該内部監査の実施責任者
2. 副　主　査：当該内部監査において、自らも監査業務を担当しながらチームの監査業務を支援し主査を補佐担当する者
3. 監査担当者：対象業務の監査担当者

各担当の主な職務内容は、図表2.2のとおりです。

一般に、内部監査業務は、監査チームのチームワークの良し悪しが内部監査の生産性と品質を決定するところがあります。それだけに、個々の監査実施責任者（Auditor in Charge）の役割は重く、経験と専門性が要求される職務といえます。

主査には、オフサイト（監査対象拠点から離れた場所、主に内部監査部のオフィス）での事前事後の調査・分析やドキュメンテーション、オンサイト（被監査対象拠点の往査）で実施される監査手続が内部監査規程や監査運営手続に適切に準拠していることが求められ、それらの結果は内部監査部長へ報告されます。堅実な内部監査業務を運営していくうえで、最終責任者である内部監査部長と主査との緊密なコミュニケーションや主査と監査担当者との役割分担が重要な鍵となります。

第2章　内部監査の進め方

図表2.2　各監査職務の役割

No	職務	主な職務の内容
1	主査	① 個別監査計画書の作成 ② 監査の担当業務の割当て ③ 監査プログラムの承認 ④ 監査の拠点宛予告通知 ⑤ 当該内部監査の進捗管理 ⑥ 往査期間中の内部打合せ開催 ⑦ 往査期間中の拠点責任者との折衝 ⑧ 改善指摘事項に対する内部の調整 ⑨ 監査講評会の開催（議事録作成） ⑩ 監査結果評定案の作成 ⑪ 監査報告書の作成 ⑫ 監査調書のレビューと承認 ⑬ タイムシートの取りまとめ ⑭ 改善指摘事項のフォローアップ
2	副主査	① 前回監査および当局検査結果の配布 ② 現地政情不安、社会情勢の調査 ③ ホテルの手配、交通手段のアレンジ ④ 監査分担表の作成 ⑤ 監査通知書の準備 ⑥ 監査対象拠点の組織と業務の確認 ⑦ 事前提出依頼資料の内容確認
3	監査担当者	① 監査担当業務のリスク分野の特定 ② 監査プログラムの作成 ③ 業務監査の実施 ④ 改善指摘事項の検出、改善提案の取りまとめ ⑤ 監査調書の整備

(3) 内部監査の種類と実施方法

　COSOによれば、統制環境（Control Environment）、リスク評価（Risk Assessment）、統制活動（Control Activities）、情報と伝達（Information and Communications）、監視活動（Monitoring）という内部統制の構成要素があります。各構成要素の舞台で行われる具体的な経営方針、組織体制、行動規範、規程や手続、職務権限、リスク管理委員会やコンプライアンス会議などの重

要会議、報告経路、人事計画といった全般的な内部統制に関し、内部監査部がその監視の範囲と対象を定めたものが内部監査の種類となります。監査の種類は、監査対象を組織の活動単位とするか特定の業務活動とするか、あるいは個別のシステムや商品（プロダクト）をターゲットとするかによって異なります。また、経営の要請に基づく特別の目的をもつ監査もあります。各監査は被監査拠点への予告の有無で、さらに予告方式と抜打ち方式とに分類されます。

　内部監査部長は、自らが所属する金融機関の業務の種類や内容、総合的なリスク評価を通じて、内部監査の有効性を実現するために監査の種類と実施方法を選択することになります。

① 監査の種類

　総合監査は、拠点全体の内部統制を評価するので監査の対象業務は、預金／融資／外為／総務／人事のほか、資金／為替／デリバティブの市場業務、勘定系、決済系、通信系などシステムを含むすべての分野にわたります。そのため、監査チームの人員も通常それなりの規模になります。拠点全体をカバーする監査計画書およびリスクフォーカスされた業務別の監査項目が監査

図表2.3　監査の種類と内容

監査の種類	監査の内容
総合監査	拠点の全般内部統制を検証する総合的な監査
部門別監査	拠点内の特定の業務や部門に焦点を当てた監査
フォローアップ監査	重要不備事項の改善状況確認を目的とした監査
特別監査	経営者の指示に基づく特別監査
重点監査	現物、重要物や財務諸表の有り高確認に的を絞った監査
テーマ別監査	特別のテーマに基づく監査（例．特定の商品）
個別システム監査	特定の個別システムの有効性、完全性、可用性などに焦点を当てたシステム監査
企画開発監査	企画あるいは開発段階でのシステム事前監査
新商品事前監査	新商品や新プロダクトの統制環境を事前検証する監査

の主眼となります。部門別監査は、被監査拠点内の特定の業務や部門に焦点を当てた監査で、総合監査より内部統制の状況を深く掘り下げた監査を実施できるという利点があります。

フォローアップ監査は、前回の総合監査の評価結果が不芳の拠点に関し、重要改善指摘事項の対応状況を再検証するための監査です。緊急の対応を要する重要度"高"の改善事項については3カ月後をメドに、また重要度"中"のそれは6カ月程度の対応期間を考慮してフォローアップ監査を実施します。特別監査は、経営者による緊急の要請や特別の目的をもった監査を指します。重点監査は、現物や契約書等重要書類あるいは貸出金、仮払金仮受金等の主要科目の残高確認、情報文書やデータの保管状況等の確認作業を重点項目として行う監査です。不正への牽制が目的の一つといえます。

テーマ別監査は、一つのテーマに基づく監査で、たとえば銀行に解禁された証券仲介業務をテーマとして取り上げて、その適切性や個人情報や社内情報など情報セキュリティの管理態勢、危機管理（コンティンジェンシープラン）などの内部統制全般に焦点を当てる監査です。

個別システム監査および企画開発監査は、システム監査の一種であり、いずれもある特定システムの全般統制（General control）やアプリケーション・コントロール、あるいは導入が予定される新システムの企画開発段階でのシステムセキュリティやアクセスコントロール、データバックアップ、ドキュメンテーション等の妥当性をレビューするものです。新商品事前監査は、特に商品の新規開発が頻繁な市場関係のプロダクトなどの事前レビュー、すなわち、商品開発の適切性や関連法規への適合性、オペレーション事務、マニュアルやシステム対応などを開発担当部門から独立した内部監査人が検証します。

② 監査の頻度と実施方法

これらの監査の種類に応じて、監査頻度と実施方法がどのように決定されるかを例示したものです。図表2.4では、実施方法として「予告」通知と「抜打ち」の2方式をあげています。

図表2.4　監査の実施方法

監査の種類	監査の頻度	実施方法
総合監査	リスク評価	予告
部門別監査	リスク評価	予告
フォローアップ監査	前回監査結果	予告／抜打ち
特別監査	随時	予告／抜打ち
重点監査	随時	抜打ち
テーマ別監査	随時	予告
個別システム監査	リスク評価	予告
企画開発監査	随時	予告
新商品事前監査	随時	予告

　総合監査と部門別監査は、リスク評価の結果でその監査頻度を決め、予告通知で行います。これらの監査は、リスクベース監査の典型といえ、監査の有効性はリスク評価プロセスの良しあしで大きく変わってきます。

　フォローアップ監査は、前回監査の結果次第でその実査の要否が決められます。実施方法は、改善指摘事項の内容によりますが、予告方式より抜打ち方式のほうが効果的な場合もあります。内部統制の重大な欠陥と是正措置が明らかな場合に適用されます。

　一般に、是正措置に時間を要する改善指摘事項は、フォローアップの適切な実施時期を考慮する必要があります。特別監査は、監査内容と目的によって、予告方式ないし抜打ち方式が決められます。重点監査は、どちらかというと規程や事務手続への遵守状況を検証する検査的意味合いが濃く、監査拠点の日頃の管理状況を確認するという目的を達成するには、抜打ち方式のほうが効果的といえます。

　テーマ別監査、個別システム監査、企画開発監査、新商品事前監査などは予告方式で問題はないでしょう。銀行業務は、勘定系システム、ディーリング系システム、顧客管理システム、情報系システムなどすべての処理がシステム化されているといっても過言ではありません。個別システム監査の監査対象は、膨大な数にのぼります。したがって、個別システム監査を実施する

場合には、総合監査同様、個々システムの重要性、脆弱性、業務への影響度などのリスク評価を実施することが望まれます。

このように、内部監査の役割を正しく理解し、その実効性を追求するために、内部監査部長はビジネスや組織に適合させて監査の種類や実施方法を弾力的に採用していくことが求められるわけです。

(4) 内部監査規程と内部監査マニュアル

内部監査を実施するために、内部監査部は規模、組織やビジネスに応じて、さまざまな規程やマニュアルが必要となります。通常、内部監査部の憲章としての最上位の規程である内部監査規程（Audit Charter）を定め、次に監査を実施するための具体的な監査手続を記載した内部監査規程細則、すなわち運営手続を決定し、最後に業務別の標準的な監査点検書といえる内部監査マニュアルを策定します。各規定の位置づけを図示すると図表2.5のようになります。

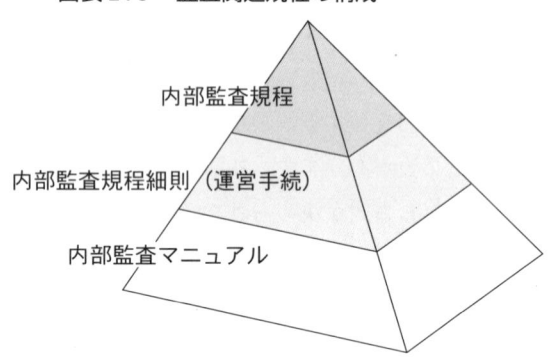

図表2.5　監査関連規程の構成

（ピラミッド図：上から「内部監査規程」、「内部監査規程細則（運営手続）」、「内部監査マニュアル」）

(5) 内部監査規程（Audit Charter）

2001年8月のバーゼル銀行監督委員会のペーパーによれば、「原則6　各々の銀行は、銀行内の内部監査機能の地位と権限を強化する内部監査規程を備えているべきである」とされています。

内部監査規程の記載項目はおおよそ次のようなものです。
1．内部監査機能の目的および範囲
2．内部監査部の組織上の位置づけ
3．内部監査部の独立性と客観性
4．内部監査部の権限、責任範囲および他の管理機能との関係
5．内部監査部の長のアカウンタビリティー
6．内部監査部の情報等の入手体制
7．内部監査の実施体制
8．内部監査部の報告体制

内部監査の目的には、内部統制の有効性を評価するリスクベースの監査を採択する旨の内部監査の基本原則を織り込みます。また、内部監査部の独立性について、内部監査人の監査の対象業務からの独立性と企業体の内部における地位および権限を具体的に明記するようにします。内部監査の遂行のために必要と認められる場合、いつでも組織内のあらゆる部門、役職員、施設にアクセスすることができる点を必ず明記しなければなりません。

内部監査の実施体制には、リスク評価プロセスを前提とする内部監査計画の企画立案が含まれます。内部監査規程は、内部監査部によって制定され、定期的な見直しが必要とされます。改訂された規程は取締役会あるいは監査委員会によってその内容が承認され、組織内全員に周知される必要があります。

IIA「内部監査の専門職的実施のフレームワーク」に新たに追加された内部監査部のコンサルティング活動や助言活動に関しては、特に条件、制限、役割と範囲などについて、内部監査規程に明記されるべきです。

(6) 内部監査規程細則（運営手続）

内部監査規程については、別途細則を定めることがあります。
図表2.6は内部監査規程細則の例です。
内部監査規程細則（運営手続）は、規程の目的から始まり年度ごとに作成される内部監査の基本方針、リスク評価の方法、内部監査の種類、内部監査

図表2.6　内部監査規程細則（運営手続）の主な内容

1. 運営手続の目的
2. 内部監査の基本方針
3. リスクベース監査
4. リスク評価の実施
5. 内部監査の種類
6. 内部監査部の役割と責任
7. 内部監査計画書
8. 内部監査計画書の再評価
9. 内部監査の実施（個別監査計画書、リスクマトリクス）
10. 内部監査結果の評価
11. 内部監査結果の報告と通知
12. 監査調書
13. 改善指摘事項のフォローアップ
14. 監査ツールの開発と導入
15. 専門的教育・研修
16. 外部監査
17. 運営手続の改廃

計画書の策定と見直し手続、内部監査の実施、評価、報告、通知、フォローアップなどそれらの具体的な手続を記載します。

最後に、規程の改廃項目では、内部監査規程細則は内部監査部長の承認を得るものとし、改廃の履歴を記録します。

(7) 内部監査マニュアル

内部監査マニュアルとは、監査対象業務ごとの一般的な監査の手続を述べたものです。つまり、監査プログラムの総称というわけです。内部監査部の規模や組織によりますが、たとえば、本部業務監査グループ、グループ会社監査や、海外業務監査、システム監査、市場監査など監査グループが多岐にわたる場合は、それぞれの監査グループごとに対象業務の内部監査マニュアルを作成します。

監査拠点の主な監査対象業務を図表2.7にあげてみました。それぞれの業務に対して監査マニュアルが準備されることになります。

内部監査マニュアルには、監査対象業務の監査手続とともに、監査に必要

な被監査拠点の情報やデータの種類を記述しておくと、利便性の高い使い勝手の良い監査ツールとなります。図表2.8に例を掲げますので参考にしてください。

図表2.7 内部監査マニュアルの対象業務（例）

Ⅰ．財務関連	Ⅱ．市場関連	Ⅲ．情報システム関連
1. マネジメント 2. 預　　金 3. 会　　計 4. 融　　資 5. 外　　為 6. 送　　金 7. 資　　金 8. 総　　務 9. コンプライアンス 10. 当局報告 11. 人　　事 12. 税　　務	1. リスクマネジメント 2. フロントオフィス 　（トレーディング） 3. フロントオフィス 　（バンキング） 4. ミドルオフィス 5. バックオフィス	1. 勘定系システム 2. 決済系システム 3. ディーリングシステム 4. ネットワーク 5. 情報セキュリティ 6. システム企画と開発 7. 外部業務委託 8. EUC 　（End User Computing） 9. 災害復旧と業務継続 　（DR/BCP）

図表2.8 内部監査マニュアル－監査手続

○○○銀行　　内部監査部
Ⅰ.財務関連　3.会計業務
【拠点の基本情報・データ】 1. 拠点および会計部門の組織図と報告ライン 2. 会計部門職員の職務記述書 3. 拠点および会計部門の運営方針と今年度の業務計画書 4. 会計マニュアルと規程集一覧 5. 月次会計報告書 6. 実績損益額表と損益補正明細表 7. 当局宛報告一覧表 8. 仮受金仮払金承認簿 9. その他資産、その他負債明細書 　　　　　　　　　⋮
【監査手続】 1. 拠点組織図の更新状況や業務の報告ラインの正当性を確認する。 2. 会計部門職員の職務記述書は、組織図や権限付与の状況と整合性がとれているかを検証する。 3. 前回監査の改善指摘事項は、管理者によって適切にフォローされているか

> を評価する。
> 4. 会計マニュアルや規程は適切に承認されたものか、また会計部門の実際の業務処理はマニュアル等に則ったものかを確認する。
> 5. 承認、照合事務などの職責分離は適切に維持されているか
> ︙

　このように、内部監査規程、内部監査規定細則（運営手続）および内部監査マニュアルについて、それぞれの規程の体系や記載内容を整理し、策定することによって、有効で効率的な内部監査業務の実現が可能となります。特に、内部監査マニュアルは、監査対象の取扱業務全般について監査手続を網羅し、毎年１回は定期的に見直されなければ業務の変化についていくことができません。

2. 内部監査実施の手順

(1) リスクアセスメント（リスク評価）

　ここではリスクアセスメントを実際に行う際の進め方を詳しく説明します。

　リスクの定義は「経営目的（Business objectives）の達成を脅かすあらゆる不確実性」とされていますが、要は企業の目的を達成するうえで悪影響を与えるさまざまな要因を意味します。

　それでは、リスクを評価する、とはどういうことなのでしょうか。また、リスク評価と個別に作成する監査計画書に織り込むリスクフォーカスとの相違は何か。リスク評価を行う時期、リスク評価の計量化はどのように行えばよいのでしょうか。

　一般にリスク評価とは、「効率的かつ実効性ある内部監査を実施するために、被監査拠点に内在するリスクを定期的に分析し評価し、監査の頻度や優先度を決めること」といわれています。

　リスク評価のプロセスはおおよそ次のようになります（図表2.9）。

図表2.9 リスク評価のプロセス

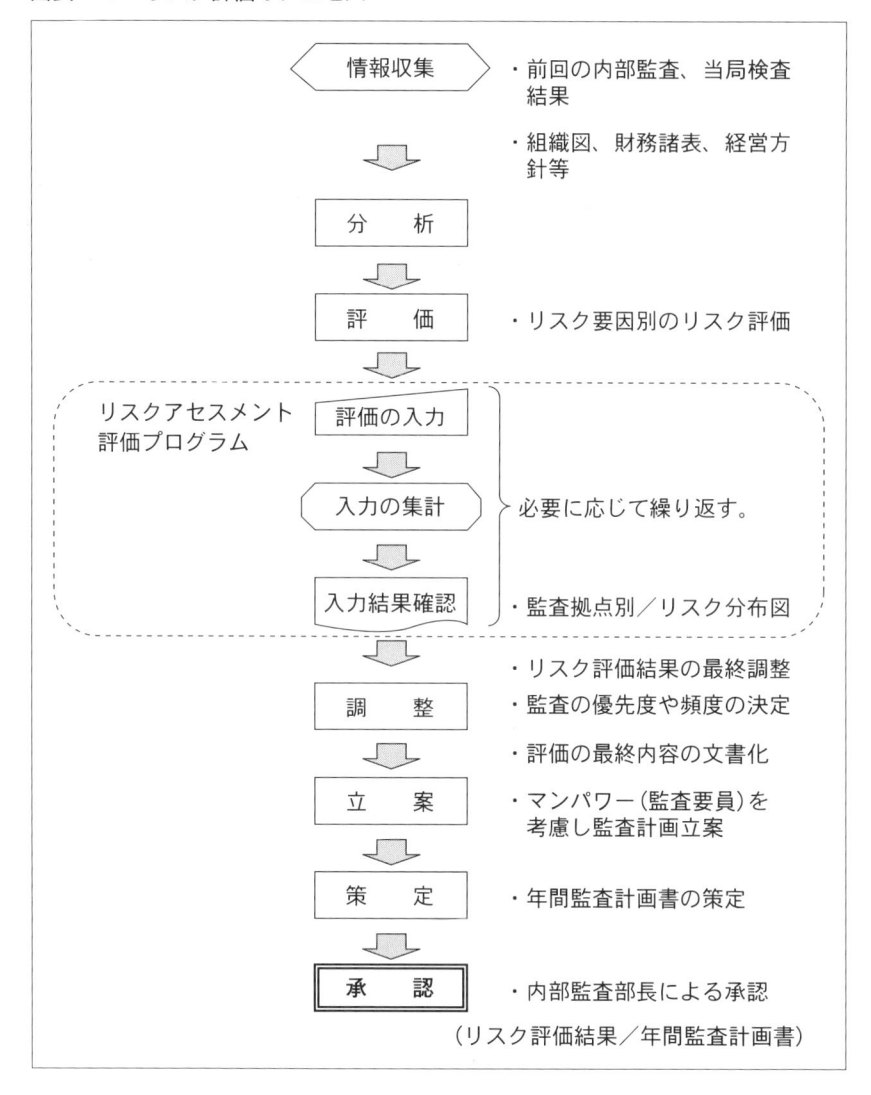

```
情報収集 ─ ・前回の内部監査、当局検査結果
   ↓    ・組織図、財務諸表、経営方針等
  分 析
   ↓
  評 価  ─ ・リスク要因別のリスク評価
   ↓
┌─────────────────────────┐
│ リスクアセスメント  評価の入力         │
│ 評価プログラム    ↓              │
│          入力の集計 ─ 必要に応じて繰り返す。│
│            ↓              │
│          入力結果確認 ─ ・監査拠点別／リスク分布図│
└─────────────────────────┘
   ↓
  調 整  ─ ・リスク評価結果の最終調整
         ・監査の優先度や頻度の決定
   ↓    ・評価の最終内容の文書化
  立 案  ─ ・マンパワー(監査要員)を考慮し監査計画立案
   ↓
  策 定  ─ ・年間監査計画書の策定
   ↓
  承 認  ─ ・内部監査部長による承認
         (リスク評価結果／年間監査計画書)
```

① リスクの種類による評価

　評価されるリスクには、どのようなものがあるでしょうか。たとえば金融庁金融検査マニュアルで述べられているリスクの種類は、次のとおりです。
1）信用リスク

2）市場関連リスク

3）流動性リスク

4）事務リスク

5）システムリスク

また、バーゼル銀行監督委員会で引用されているリスクは次の9種類です。

1）信用リスク

2）カントリーリスク

3）トランスファーリスク

4）マーケットリスク

5）金利リスク

6）流動性リスク

7）オペレーショナルリスク

8）法務リスク

9）レピュテーショナルリスク（評判リスク）

これらリスクを特定の基準のもとに評価したサンプルを、図表2.10にあげました。

また、図表2.11は各リスクを（a）起きた時のインパクト（影響度）と

図表2.10　リスク種類別評価（サンプルa）

	信用リスク	市場リスク	流動性リスク	事務リスク	システムリスク	評点合計
拠点①	3	2	2	1	2	10
拠点②	1	1	1	3	1	7
⋮						
⋮						
⋮						
拠点⑩	2	3	3	3	2	13

（注）リスクは信用リスクからシステムリスクまで5種類を想定。リスク評価区分は、「3（高位），2（中位），1（低位），0（なし）」の4段階で、評点合計の高い拠点は総合リスクが大きく監査の優先度も高くなる。

(b) 起きる可能性（発生頻度）を加味して評価したものです。リスク評価区分は同じ4段階としました。

　一般に、リスク評価は横軸にリスクの分類、縦軸に監査対象単位を置くとわかりやすくなります。リスク評価シート表にまとめると図表2.12のようになります。
　ここでは、図表2.12のサンプルcで示したリスク評価の対象とするリスク分類をビジネスリスクとコントロールリスクとに分けることにします。
　ビジネスリスクとは、ビジネスに固有のリスクで、補完的なコントロールがないときに重大なエラーが発生しやすくなるリスクを指します。ビジネスリスクはビジネスの特質や環境などによって発生します。また、ビジネスの特質は財務、業務、法令等に深く関連し、商品や業務の特質、重要性や市場、監督当局に大きく影響を受けます。
　一方、コントロールリスクとは、ビジネスリスクを管理する内部統制システムそのものが組織の重大なエラーを適切に予防または発見できないリスクを指します。企業目的を達成するために構築されるさまざまな内部統制が、

図表2.11　影響度・発生頻度考慮後リスク種類別評価（サンプルb）

	信用リスク			市場リスク			流動性リスク			事務リスク			システムリスク			評点合計
	影響度	発生頻度	計	影響度	発生頻度	計	影響度	発生頻度	計	影響度	発生頻度	計	影響度	発生頻度	計	
拠点①	1	1	1	1	1	1	2	2	4	3	3	9	2	2	4	19
拠点②	1	1	1	2	2	4	1	1	1	2	1	2	2	2	4	12
⋮																
⋮																
⋮																
拠点⑩	2	2	4	3	3	9	2	2	4	2	2	4	3	3	9	30

図表2.12　監査対象拠点のリスク評価シート表

縦軸\横軸			リスクの分類				
		評価の方法					
例①監査対象拠点単位	例②監査対象業務単位	サンプルa　リスク種類で評価					
		サンプルb　リスク種類を各々影響度と発生頻度で評価					
		サンプルc　各リスクを固有リスクとコントロールリスクで評価					

日々のオペレーションにおいて機能しているかを監査では検証します。

　それでは、ビジネスリスクとコントロールリスクの具体的な項目はどのようなものがあるでしょうか。図表2.13にそのサンプルを示します。

　図表2.13のサンプルでは、ビジネスリスクに7項目、コントロールリスクに9項目選択しています。各リスク項目は、監査対象全体のビジネスの特性や内部統制の状況を偏りなく、網羅するように選ぶようにします。対象拠点ごとにリスク項目をそのつど変更することも選択肢の一つですが、対象拠点が多いと非効率になります。逆に、監査対象の特性やビジネスが極端に異なる場合には1種類のリスク項目だと柔軟性に欠ける面があります。内部監査部門にとって、リスク項目の選択は監査対象を分析する指針のようなものです。

　各リスク項目のリスク度を評価するうえで、リスク項目ごとの評価定義シートが必要となります。すなわち、リスク項目ごとにリスク度の「高位」

図表2.13　ビジネスリスクとコントロールリスク

	ビジネスリスク《リスク項目》		コントロールリスク《リスク項目》
1	信用リスク	1	管理者の継続性と専門性
2	決済事務リスク	2	前回当局検査と内部監査の結果
3	市場リスク	3	組織構造の適切性と責任体制の明確化
4	流動性リスク	4	事務、財務、法令遵守の管理手続の妥当性
5	法務／当局リスク	5	経営情報システムの妥当性
6	商品・業務の新しさと複雑性	6	職員の質と能力
7	資産残高の規模	7	システムの妥当性（含む緊急時対策）
		8	システムの規模と特性
		9	システムへの依存度

図表2.14　リスク項目と比較荷重の関係

リスク評価		
評価区分	内　容	比較荷重
高位	リスク度が高位	1.00倍
中位	リスク度が中位	0.50倍
低位	リスク度が低位	0.25倍
なし	リスクなし	0.00倍

「中位」「低位」「なし」それぞれの状況を簡潔に定義することです。

　次に、リスク項目ごとにリスクウェートをつけます。リスクウェートは各リスク項目間の比較荷重を示すものです。たとえば、ビジネスリスクとコントロールリスクを各々10点満点とし、ビジネスリスクの各項目にこの10点を配分します。配分率は各項目のリスク度に応じて決めます。コントロールリスクも同様です。

　このリスクウェートは、被監査拠点ごとにすべて変えることは、きめ細かい評価が可能となる反面、作業負荷がきわめて大きくなります。したがって、監査対象の業務特性を類型化し、いくつかのリスクウェートのパターンをもつことが効果的です。

各リスク項目の評価と比較荷重の関係を図で示すと図表2.14のようになります。

ビジネスリスクとコントロールリスクのリスク配分も考える必要があります。監査の主たる目的は内部統制の有効性の検証であり、ビジネスリスクよりもコントロールリスクにリスク配分を傾斜させてもかまいません。

たとえば、両者の配分率を次のようにします。

　　　ビジネスリスク　40％　：　60％　コントロールリスク

これは、各リスク項目の評価を比較荷重で評点したビジネスリスク、コントロールリスクの合計点をビジネスリスク4割、コントロールリスク6割で引直しを行うという意味です。

② 総合リスク評価

具体的に、各項目別のリスクウェーと評価結果に基づく、比較荷重による評価点を示してみましょう（図表2.15）。

リスク評価は監査対象拠点の総合的なリスク度を把握するために1拠点1評価とします。次に、ビジネスリスクとコントロールリスクの配分率引直し後の最終評点（端数切上げ）を使い、監査頻度マトリクスに基づき監査頻度を決定します（図表2.16）。

図表2.15　ビジネスリスクの評価結果例

リスク項目	リスクウェート	リスク評価		項目別評価点
		評価区分	比較荷重	
信用リスク	1.0	低位	0.25倍	0.250
決済事務リスク	2.0	高位	1.00倍	2.000
市場リスク	1.0	中位	0.50倍	0.500
⋮	⋮	⋮	⋮	⋮
⋮	⋮	⋮	評点合計	⋮
	（計10点）			
				4.500
		ビジネスリスクのリスク配分率：40％		1.800

図表2.16　総合リスク評価結果に基づく監査頻度マトリクス表例

ビジネスリスク 　　　　　　　評点計	4.500
（リスク配分率：40％）引直し後評点①	1.800
コントロールリスク 　　　　　評点計	8.300
（リスク配分率：60％）引直し後評点②	4.980
総合リスク 　　　　　評点計①＋②	6.780

評点計	監査頻度（年間隔）
7-10	1
4-6	2
1-3	3

　この例では、監査対象拠点の総合評点が6.780となりました。端数切上げ後は総計7点となりますから、監査頻度は1年に1回と決定されるわけです。本店本部を監査対象としたリスクアセスメントの具体例を図表2.17にあげました。当然のことながら各本部の業務分掌や内部統制状況によって評価結果は異なってきます。

　このようにして決められた監査頻度は絶対的なものではなく、調整されることもあります。すなわち、いくつかの監査対象拠点にとっては、リスクに直接関連しない特別な事情のために、監査頻度の調整が必要となる場合があります。参考までに例をあげます。

- 経営の判断によりリスク評価結果の頻度より監査頻度を上げる場合
- 監査当局の指示により1年ごとに監査を実施する場合
- 内部監査との連係を重視した外部監査人の依頼に基づく監査の実施

　また、監査頻度の調整が発生した場合はその理論的根拠を書面で残すようにする必要があります。

③　承　認

　リスク評価の結果は内部監査部長に報告され、その承認を受けます。さら

図表2.17　本部別リスクアセスメント結果一覧表

2006年度　監査対象本部別リスクアセスメント結果一覧表

本部監査グループ

監査対象本部	監査頻度	評点合計*切り上げ	評点合計	ビジネスリスク 40%	コントロールリスク 60%	ビジネスリスク（（　）はリスクウェート）								コントロールリスク（（　）はリスクウェート）									
						信用リスク (2.0)	決済事務リスク (2.0)	市場リスク (1.0)	流動性リスク (1.0)	法務当局リスク (3.0)	商品業務の新しさ複雑性 (1.0)	資産残高の規模 (1.0)	ビジネスリスク評点合計 10.0	管理者の継続性と専門性 (2.0)	前回当局/内部監査の結果 (1.0)	組織構造と責任体制 (2.0)	事務等管理手続の適切性 (1.5)	経営情報システムの適切性 (0.5)	職員の質と能力 (1.0)	システムの妥当性 (0.5)	システムの規模と特性 (0.5)	システムへの依存度 (1.0)	コントロールリスク評点合計 10.0
リスク統括部	1	7	6.8	1.8	5	0.5	1	0.5	0.5	1.5	0.5	0	4.5	2	0.5	2	0.75	0.5	1	0.25	0.25	1	8.3
市場営業部	1	7	6.3	2.8	3.5	1	1	0.5	0.5	3	0	0.5	7	1	0	2	0.75	0.25	0.5	0.5	0.5	0.5	5.8
システム部	1	7	6.1	2.2	3.9	0.5	0.5	0.25	0.25	3	0.5	0.5	5.5	2	0.5	1	0.75	0.5	1	0.25	0.25	0.25	6.5
審査部	2	6	5.3	1.5	3.8	0.25	0.5	0	0	3	0	0	3.8	2	0	2	0.75	0.25	0.5	0.25	0.25	0.25	6.3
事務統括部	2	6	5.3	1.2	4.1	0.25	0	0	0	1.5	0	0.25	3	2	0	1	1.5	0.25	0.5	0.25	0.25	0.5	6.8
国際部	2	6	5.2	2	3.2	0.25	0.5	0.25	0.25	3	0	0.25	5	1	1	0	0.75	0.25	0.5	0.25	0.25	0.25	5.3
総務部	2	6	5.1	1.3	3.8	0	0	0	0	3	0	0.25	3.3	2	0.5	1	1.5	0.25	0.5	0	0	0.25	6.3
人事部	2	4	3.9	1.2	2.7	0	0.5	0	0	3	0	0	3	1	0	0.5	1.5	0.25	0.5	0	0	0	4.5
経営企画部	2	4	3.8	1.5	2.3	0	0	0	0	3	0.5	0.25	3.8	1	0.25	0.5	0.75	0.5	0.5	0	0	0.25	3.8
情報システム企画部	2	4	3.5	0.9	2.6	0	0.5	0	0	1.5	0	0.25	2.3	2	0.5	0	0.75	0	0.25	0.13	0.25	0.13	4.4
法務部	3	3	2.3	0.6	1.7	0	0	0	0	1.5	0	0	1.5	1	0	1	0	0.25	0.5	0	0	0	2.8

監査拠点数　11

に、情報収集された拠点関連文書を含むリスク評価プロセスにおける資料は、内部監査部にとって年間監査計画を策定する重要な証憑となるので、年間監査計画書とともに監査関連文書として保存する必要があります。

　監査対象に対するリスク評価は毎年実施します。リスク評価モデルの有効性を維持するために、被監査拠点の組織や経営環境の変化に合わせ、年1回見直しを行います。そして、見直しをふまえて改訂を行った場合は、内部監査部長の承認を得ます。

　内部監査を行ううえで、リスク評価は大変重要なステップです。翌年度の年度監査計画を立案・策定する年度末には、過去の監査調書の見直し、その後の組織やビジネスあるいは経営方針の変更等最新の情報を入手し、監査対象拠点の記録を更新する必要があります。それらの情報をもとに、監査頻度と優先度を決定するリスク評価のプロセスを構築していかなければなりません。

(2) 内部監査計画書の立案

① 年度監査計画のタイムスケジュール

　内部監査部門にとって、年間の監査計画を策定することは重要なことです。当り前のように聞こえますが、1年に1回監査を行うという基本方針のもと、監査対象を各月平均的に振り分ける程度の計画ですませている金融機関もあるようです。豊富な監査資源が与えられていればそれも可能ですが、通常は本部部門をはじめとして内外の営業拠点、各リスクの管理態勢、コンプライアンス管理態勢、情報システムなど監査の対象範囲は非常に多岐にわたります。毎年すべての監査対象に対して実施することは不可能に近いといえます。

　監査対象部門の把握と特定、予備調書からリスク評価、個別監査計画書の策定、監査の実施、監査報告書そして改善指摘事項のフォローアップと内部監査の監査手続はおおむね定型化されるべきでしょう。監査の年度計画のタイムスケジュールはだいたい図表2.18のようになります。

　内部監査部の規模にかかわらず、監査計画は内部監査部長によって作成さ

図表2.18　年度監査計画のタイムスケジュール

X年3月	□監査部運営基本方針の策定 □監査マニュアルの改訂 □リスク評価手法の見直し ○監査対象の予備調査 ○リスク評価の実施 ○マンパワー（監査要員）の測定 ○年度監査計画の策定 　（月別監査計画と所要人員）
4月 6月 ︙	◇個別監査の実施 　◆事前準備（監査資料の作成） 　　・個別監査計画書 　　・監査プログラム 　　・リスクマトリクス表 　◆監査予告通知書 　◆往査 　　・監査実施通知書 　　・監査（面談、調査、分析、評価、監査調書等） 　　・監査講評会の開催 　◆事後作業 　　・監査報告書の取りまとめ 　　・監査結果の評定 　　・監査結果の報告、通知 　　・監査調書の作成 　◆フォローアップ ◇個別監査の実施 翌四半期（7−9月）の監査計画の見直し
X＋1年3月	

れ、監査年度内に定期的に経営環境やビジネスの変化に応じて見直しされる必要があります。

② マンパワー（監査要員）の考慮

　前項で説明したリスク評価の結果で、監査対象の頻度、優先度は決定されますが、監査計画を策定するうえでもう一つ重要な決定要素があります。そ

図表2.19　人員面からみた監査可能日数

監査対象拠点		50拠点		
監査人員		10名（監査部長、監査部員9名）		
Ⅰ．年間実働日数	①	2,600人日		（52週×5日×10人）
内訳：運営管理		60	〃	（60日×1人）
会議・出張		40	〃	（4日×10人）
研修（社内）		50	〃	（5日×10人）
（外部）		50	〃	（5日×10人）
資格試験		20	〃	（2日×10人）
休暇（連続）		50	〃	（5日×10人）
（一般）		50	〃	（5日×10人）
（私用）		20	〃	（2日×10人）
小計	②	340	〃	
監査可能日数	③	2,260	〃	（①－②）
1拠点当りの監査日数		45.2	〃	（③÷50拠点）

れはマンパワーです。通常、内部監査部の監査資源（リソース）は限られています。内部監査部の適正人員がどのくらいかは、なかなかむずかしい問題です。業種別にビジネス規模の何％程度が標準かぐらいは、ビジネス統計で算出することは可能でしょうが、あくまでも目安にすぎません。

日本内部監査協会が調査集計した「2003年度監査白書」（「月刊監査研究」2004年11月臨時特別号）には、業種別、資本の額別や従業員数別に内部監査担当部門の人員数が示されています。業種別にみると、金融機関では3名以下が182社中69社（37.9％）、また10名から49名が64社（35.2％）となっています。日本では、総じて内部監査の人員は少ない傾向にあります。

ここで問題としたいのは、立案された年度監査計画が内部監査部のリソースを考慮した場合、はたして現実的なものかどうかということです。図表2.19の例で説明しましょう。

最終行の45.2人日が1拠点当りの監査延べ日数です。たとえば10人全員で総合監査を実施する場合、1監査当りの平均所要日数は平均5日弱（10×4.5＝45人日）となります。もっとも、拠点の規模もさまざまですから、すべての拠点を常に10人総動員で監査を行うことは現実にはないでしょう。

第2章　内部監査の進め方　*87*

逆に、これらの日数には、事前に行う監査の予備調査や往査から帰部後に作成する監査報告書や監査調書に要する時間、すなわちオフサイトでの作業も含まれていますから、オンサイトでの往査時間はもっと少なくなるかもしれません。

次に、昨年度の監査実績と年度監査計画を立案する際に算出された監査可能日数を今年度に予定する監査の種類ごとに配分したものが図表2.20です。

まず、監査日数の実績把握に欠かせないのが監査調書の一つであるタイムシートです。タイムシートの具体例は「監査調書」の項に示しますので、そちらを参照してください。タイムシートは、監査に費やした実績日数を提供する重要な記録となるばかりでなく、各監査へのリソース配分の貴重な情報源です。

図表2.20の例では、昨年度の監査実施時に記録したタイムシートの分析を行ったところ、1監査当りの平均監査日数は60人日となっています。これは3人で監査を行った場合、20日すなわち約1カ月所要したことを示します。

一方、図表2.19で算出された監査可能日数は年間で2,260人日です。昨年度の監査実績から算出すると、監査件数は年間で最大37.6回となります。いうまでもありませんが、これは現在の監査リソースに変化がないことを前提としています。

図表2.20　1監査当りの所要日数とマンパワーの配分計画

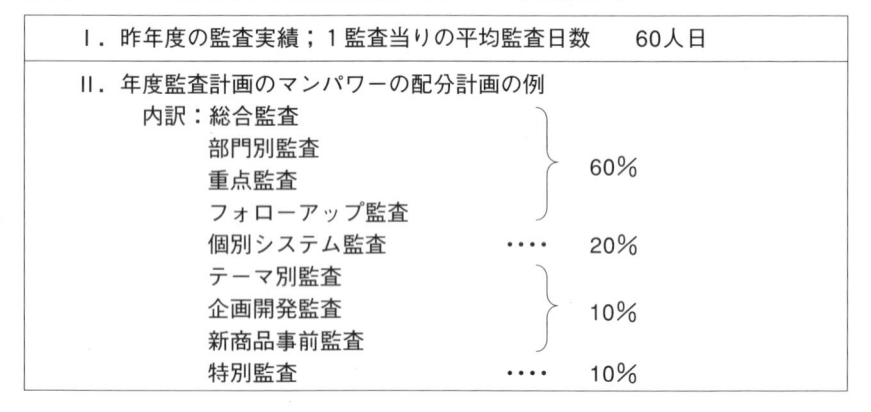

I. 昨年度の監査実績；1監査当りの平均監査日数　　60人日
II. 年度監査計画のマンパワーの配分計画の例 　　　内訳：総合監査 　　　　　　部門別監査 　　　　　　重点監査　　　　　　　　　　　　60％ 　　　　　　フォローアップ監査 　　　　　　個別システム監査　　　　････　20％ 　　　　　　テーマ別監査 　　　　　　企画開発監査　　　　　　　　　10％ 　　　　　　新商品事前監査 　　　　　　特別監査　　　　　　　　････　10％

前項で監査の種類を紹介しましたが、図表2.20のⅢで年度監査計画のマンパワーの配分計画の例を示しました。総合監査からフォローアップ監査までを一般監査として全マンパワーの60％を充てています。情報システムの経営への重要性を考慮して20％、テーマ別監査と企画開発監査、新商品事前監査などのプロジェクト監査を合わせて10％、最後に経営の要請に基づく特別監査に10％を充てることにします。

　これらの比率は、企業規模やビジネスの内容、内部監査部のリソースや経営の意向などにより変化します。通常、年度監査計画を策定する前に面談などで経営の意見、意向をふまえることは、有効な監査計画を立案するために必要です。よしんば具体的な要望が期初に示されなくとも、期中に特別な事情が発生することはあります。そのために、監査リソースを確保しておく必要があります。

　このように監査の所要日数の実績を記録することによって、リソースの適正配分が可能となり、翌年度の監査の種類ごとに実現性のあるアカウンタビリティを満たす監査計画を作成することができます。

　リスク評価の結果およびタイムシートを参照したマンパワーを勘案して作成された年度監査計画書のサンプルは、図表2.21のようなものとなります。留意する点として、監査サイクルの異なる監査対象拠点を初年度に過不足なく配分することがあげられます。すなわち、総合リスクが高位であるため毎年監査を実施する拠点（本部）、中位で2年に1回実施する先、低位で3年に1回というように、リスク評価された監査対象拠点を、初年度、2年目、3年目とバランスよく割り振ることが重要です。

　ここでは、3月時点での監査対象拠点の組織、ビジネスを判定して作成された年間の監査計画となっています。4月以降監査新年度が開始された後に、拠点組織やビジネスや新システム導入といった拠点側の変更、あるいは金融当局検査入検通知等で計画された監査時期が重なる場合もあります。それらを考慮して、四半期ごとに当初の監査計画の見直しを行うことが必要です。監査計画は内部監査部の監査活動の実現であり、方向性でもあります。論拠に基づいた確かなプランを立てたいものです。

図表2.21　年度監査計画書例

監査対象部門 \ 監査実施月	平成X年							平成X＋1年		
	4月	5月	6月	7月	8月	9月	……	1月	2月	3月
【総合監査/部門別監査など】										
経営企画部　　　（中位）								○		
総　務　部　　　（中位）						○				
リスク統括部　　（高位）	○									
法　務　部　　　（低位）								○		
審　査　部　　　（中位）			○							
情報システム企画部（中位）	○									
人　事　部　　　（中位）									○	
市場営業部　　　（高位）				○						
国　際　部　　　（中位）										○
事務統括部　　　（中位）					○					
システム部　　　（高位）		○								
【テーマ別監査/企画開発監査など】										
情報セキュリティ監査			○							
危機管理態勢の監査						○				

③　個別監査計画書の策定（Audit Planning Memorandum、APM）

　内部監査のすべての対象拠点に対するリスク評価を行うことによって、年度監査計画が策定されます。当初起案された年度監査計画は四半期ごとに再評価を行い、次四半期の3カ月間の臨店計画は、内部監査部長の承認を得ることによって効力を発揮します。

　個別監査計画書は、通常、監査の予告通知と前後して、監査拠点の現在の収集された情報をもとに内部監査業務の開始に先立って作成されます。個別監査計画書は、Audit Planning Memorandum（以下、APM）と呼ばれ、当該監査の責任者である監査実施責任者（Auditor in Charge）が作成義務を負います。完成の後、監査実施責任者および作成に携わったすべての監査担当者が署名をし、内部監査部長によって承認されます。

　個別監査計画書には、監査目標、監査範囲、監査拠点の内部統制環境や統

制活動、前回当局検査および内部監査の結果と改善措置などの情報、想定される主要なリスク、外部監査人との調整、監査チームのメンバーと担当業務そして被監査拠点の主な責任者、監査期間と監査完了予定日などを取りまとめて記載します。そして、この個別監査計画書は、個別監査プログラム（⑤参照）へと詳細が引き継がれます。

　一般に、日本の銀行の内部監査部では、B4判などの表形式にまとめて作成することが多いようです。紙面の制約から、記載内容は簡潔でかつ緻密なコンパクトなものとなります。一方、欧米の金融機関では、APMはA4判ないしはレターサイズの文章形式で書くのが一般的なようです。

　いずれの場合でも、個別監査計画書は、内部監査部の監査への方針や監査手続、リスクの考え方などが示される、重要な監査調書ということができます。

　図表2.22と2.23に、個別監査計画書およびAPM（英語）のサンプルを例示してみました。どちらもそれぞれ利点があり、甲乙はつけられませんが、個別監査の計画書策定の重要性を理解し、ぜひとも定着化させたいものです。計画書内容の事前レビューが必要であるのはいうまでもありません。

④　内部監査の予告通知

　金融庁の金融検査マニュアルでは、公表当初、「検査については、たとえば抜打ちとする等実効ある検査を実施しているか」とされていましたが、改正後はこの文言は削除されました。実際に監査の主たる目的が、企業の内部統制の適切性や妥当性の検証であるとすると、監査を抜打ち方式で行ったときの効率性が、予告方式のときと比べてはるかに劣ることは確かです。

　COSOを基本とした金融検査マニュアルが公表された後、抜打ち監査へのこだわりをもつ経営者は少なくなったと思われます。内部監査部によるリスクの管理態勢の有効性や適切性の検証は、現場の管理者の協力があってはじめて効率的な監査が可能となります。その意味で、被監査拠点への事前予告通知による内部監査の実施は、被監査拠点にとっても内部管理状況をもう一度見直す効果もあるといえます。

第2章　内部監査の進め方

図表2.22　個別監査計画書の例

個別監査計画書

1．監査概要

監査拠点	○○○銀行△△△支店	監査期間	4/10〜4/21
監査主査	近藤　孝幸	監査人員	5名

2．拠点概要

監査拠点の業務内容	
預金、融資、外為、送金、資金・為替	
拠点の所管範囲	
香港、広州、上海、蘇州	

3．前回監査以降の主要変更点

組　　織	本年1月、送金課を仕向送金と被仕向送金にチーム編成。	
行　　員	増　　減	融資課員1名増員
	支店長席の異動	昨年12月新支店長着任
新規取扱商品の有無（前検以降）	特になし	
与信先の移管・被移管の有無	特になし	

4．監査の範囲（リスクフォーカスする項目）

預　　金	①	一時預り・未扱いの取扱管理
	②	便宜扱いの承認、管理
融　　資	①	コントロールシートの更新管理
	②	ミドルオフィスの職務分離
外　　為	①	輸入書類便宜扱いの承認とフォロー
	②	L/C接受アメンドの取扱い
送　　金	①	P/O承認とリリース権限の分離状況
	②	テレフォントランスファー契約の承認
資金・為替	①	ディーラー権限とポジション・損益管理
	②	ミドルオフィスの牽制機能の適切性の検証

5．事故・事務ミス等

資金コストの発生	資金コスト一覧表参照。
事務ミスの趨勢	自店ミスによる更正取消は逓減傾向を示す。

6．前回の監査結果（2005年6月6日〜6月17日）

評　　定	良　　好
総合所見	いくつかの改善指摘があるが、重要不備なし。
主要指摘事項	融資コントロールシート更新未済ほか

7．直近の当局検査および外部監査の結果

現地金融当局	Satisfactory	実施時期	2004.2
主要指摘事項	与信管理の強化		
外部監査人	な　　し	実施時期	な　　し
主要指摘事項	な　　し		

図表2.23　APMの例

Audit Planning Memorandum

I. Introduction
This memorandum outlines our audit plan for the examination of ○○○ Bank, △△△Branch. Our examination will include a review and tests of Deposits, Loan, Trade Finance, Money Transfer, Money Market and F/X as of the close business March 31,2006.
Additionally, we will be following up on the prior audit and regulatory issues. We will adhere to this plan provided that evidence we find during our examination does not necessitate any changes.

II. Business Background and Area Overview
1. Area Functional Overview
    A) Deposits
        a)Products and Services
        b)Main Policy
        c)Other Functional Areas
    continue to B)Loan, C)Trade Finance, D)Money Transfer, and E)Money Market and F/X.
2. Major Systems Used
    A) Deposits, B), C), D), and E)
3. Prior Audit Findings and Management's Responces
    A) Deposits, B), C), D), and E)
4. Key Risks
    A) Deposits, B), C), D), and E)
        a)Operational Risk
        b)Legal Risk
        c)System Risk
        d)Regulatory Compliance
        e)Business Recovery Risk
5. Audit Approach: Scope, Objectives and Testing Strategy
    A) Deposits, B), C), D), and E)
6. Coordination with External Auditors
    No formal coodination with our external auditor is required at this time. We will contact these parties for assisstance if needed.
7. Audit Administration
    A) Audit Team Personnel and Responsibilities
8. Audit Timing
    We expect pre-planning to begin the week of April 3,2006. The obtaining and recording our detail understanding should begin the week of April 10,2006, with testing to begin the same week and expect to complete our tetsing and summarize our findings with area management on April 21,2006.
9. Key Audit Contacts and Responsibilities
10. Fraud Awareness
11. Report Distribution
    Mr.I.Suzuki, General Manager
    Mr.H.Kondo, Joint General Manager in charge of Business Operations

Prepared by :　　　　　　　Signature
　　　　　　　　　　　　　Patricia Pinto
　　　　　　　　　　　　　Internal Auditor
　　　　　　　　　　　　　（順次、すべてのAuditorが署名を行う。）
Approved by :　　　　　　　Signature
　　　　　　　　　　　　　Takayuki Kondo
　　　　　　　　　　　　　Auditor in charge

しかし、監査の種類によっては抜打ち方式が効果的な結果をもたらす場合もあります。前節の「(3) 内部監査の種類と実施方法」の項を参照してください。

内部監査実施を予告する場合の留意点に関し、まとめてみました。

1) 予告通知の時期

通常、監査実施の1カ月から2週間ほど前が適当と思われます。通知を受けた被監査拠点による関連資料準備期間も考慮に入れる必要があります。

2) 予告通知する内容

「監査実施予告書」と「事前提出資料一覧表」からなります。

監査実施予告書の記載内容は、おおよそ次のとおりです。
- 監査実施責任者の氏名
- 監査基準日
- 往査期間（開始予定日と終了予定日）
- 内部監査の種類

監査基準日とは、その日現在で内部統制状況を検証し保証する日付をいいます。したがって、通常、「前回監査以降」という場合は、前回監査の基準日の翌日から今回監査基準日までの期間を指します。金融機関によっては監査基準日を採用していないところもあるようですが、監査人にとってはサンプリングの抽出期間であるとか、被監査拠点では資料を準備するための基準日、そして最終的に監査報告書を受け取る者にとっては、いつ時点の報告であるかを理解する意味で、監査基準日を設けることをお勧めします。

事前準備資料は監査業務によって異なりますが、いくつかサンプルとして次にあげてみました。

全般事項に関する資料
- 拠点組織図
- 職員の職務記述書（ジョブディスクリプション）
- 拠点運営方針と各種手続書

- 今年度の業務計画書 ……………………………等

業務別の事前準備資料
- a．預金業務関連
  - 職務明細書と権限一覧表
  - マニュアルと手続書
  - 事務運営計画実績表
  - 当局宛報告一覧表と期限管理表 …………………等
- b．融資業務関連
  - 融資方針書
  - 拠点長与信枠表
  - 融資一覧表と担当者リスト
  - 拠点長特認簿 ………………………………等
- c．送金業務関連
  - 入出力電文のログ記録
  - テレフォントランスファーのアグリーメント一覧
  - 決済システムへのアクセス権限リスト
  - 連続休暇の方針と取得状況
  - SWIFT／Test-Key コントロール ………………等
- d．コンプライアンス関連
  - コンプライアンス会議の議事録
  - 法令遵守規程の一覧表
  - 社内コンプライアンス研修の開催実績
  - 外部監査指摘事項のフォロー状況 ………………等
- e．人事関連
  - 採用方針と採用手続
  - 社員教育研修の枠組みと実績
  - 人事データの保守と管理方法
  - 人事システムへのアクセスセキュリティと災害対策 ……等

3）予告監査対象拠点の選択

第2章　内部監査の進め方

年度監査計画書を基本とし、見直しされた直近の四半期ごとの監査計画書に基づき、監査対象拠点を選択します。

4）予告通知の様式

監査対象拠点の拠点長に対して、制定の「監査実施予告書」により監査実施責任者から通知します。

⑤ 個別監査プログラム

「内部監査マニュアル」と「個別監査プログラム」、どちらも似たような名前ですね。内部監査マニュアルは前節で説明しましたが、監査対象業務ごとに標準的な監査の手順を述べたものです。一方、個別監査プログラムは、対象業務がもつリスクに焦点を絞った個別具体的な監査手順を述べたものです。

あなたの金融機関では、内部監査マニュアル、個別監査プログラムどちらの手続が整備されていますか？「いや、検査点検書やチェックリストなら使っているが、監査プログラムなんて聞いたこともない。それって、なんですか……」と、答えるあなたの金融機関では、本当にリスクベースの監査を行っているのか疑問です。対象業務の監査プログラムがなくて、潜在するリスクの軽重を重視したリスクフォーカスをどのように説明できるというのでしょうか。

少し、厳しい言い方になってしまいましたが、個別監査プログラムこそが、ビジネスリスクをいかに有効に管理統制しているかを、内部監査人が検証できる『虎の巻』といえます。そして、その監査プログラムは内部監査人である、あなた自身がつくるものなのです。

内部監査の担当業務に付随するビジネスリスク、コントロールリスクを分析し、リスクが高いと判断した項目を順番に書き上げます。次に、評価の判断材料となりうる内部文書、経営情報システム、コンピュータ出力帳票、そして責任者とのインタビューなどを記述します。監査日程は当然、限られていますから、リスクフォーカスが重要な監査の指針となります。このような理由から、個別監査プログラムは金融当局検査や外部監査に対する重要な監

査調書の一つともなるのです。

「内部監査の専門職的実施のフレームワーク」（IIA基準）によると、監査計画には次のことが含まれなければなりません。
1) 監査実施の過程で情報を収集、分析、解釈し、文書化するための内部監査人の監査手続の記述
2) 監査業務の目的の記述
3) 監査のそれぞれの段階において、監査目標を達成するために必要な監査範囲と程度
4) 検討されるべき技術的な側面、リスク、プロセス、取引
5) 必要とされるテストの内容と範囲
6) 監査計画は、監査業務の開始に先立って作成され、また必要に応じ、監査実施の過程で修正される。

業務監査では、まず個別内部監査計画書でこれらの項目を明確にする必要があります。内部監査を行う業務に対する監査目標——上記2）と3）——は、そのなかでも特に重要な項目です。個別監査プログラムは、これら監査目標を具体的に記述したものといえます。

> 「監査実施計画では、保証業務の実施過程で、情報を識別し、分析、評価、記録のための手続を明確にしなければならない。監査目標や業務範囲に関連したすべての事項の情報を収集しなければならない。内部監査人は情報を識別し、調査するにあたり分析的な手続を用いる。分析的な監査手続は、監査業務の過程で収集された情報を評価するのに効率的で有効的な方法を内部監査人に提供する。」「評価は、内部監査人によって識別され作成された想定に基づく情報との比較によって得られる。」（IIA基準）

個別監査プログラムやリスクマトリクス表（後述）には、想定されるリスクへの個々業務手続とリスクの種類、そして内部監査人が判断した内部統制のあるべき状況をリンクさせ、監査手続を記載していきます。通常、個々の業務には、取引の発生から、書類の徴求、顧客確認、契約書交付、起票、承

認、記帳、ポジションの確認、リコンサイルと時系列的な多くの事務手続が定められています。リスクベース監査では、内部監査人はそれらすべての事務手続を一つひとつ検証する必要はありません。一連の取引のなかで、また業務そのものが、どのような固有なリスクを内包し、そのリスクをどの程度統制（コントロール）する必要があるかを、監査を実施する前に検討します。

そのため、監査前に相当な準備期間が必要になります。

内部監査業務に専門性が求められる理由の一つが、そこにあるといえるでしょう。そうして作成された内部監査プログラムは、監査実施責任者（Auditor in Charge）によって事前にレビューされ、承認されなくてはなりません。監査プログラムを作成しても、それが監査人の独断と偏見で作成されたものでは、有効な監査手続とはなりません。そのために、監査実施責任者への説明とその承認が必要となるわけです。

次に、内部監査プログラムのサンプルを図表2.24に例示しました。様式は特にこだわる必要はありません。重要なのは記載の内容です。

記載内容を簡単に順に説明します。

まず、1）～3）の項目は、監査事前準備の段階で作成します。

1）Ref #（リスクマトリクス#）：プログラムのテスト項目番号（リスクマトリクス表の該当番号）
2）テスト項目：リスクフォーカスされたテスト項目の種類
3）テスト内容：テストする具体的な手続

以下の4）～9）は監査開始後、適宜、監査調書として作成していきます。

4）対象範囲：テストする対象の期間の範囲
5）対象調書：検証する関連内部文書等
6）サンプルサイズ：対象範囲におけるサンプルの大きさ
7）関連W/P：内部監査人によって作成された関連監査調書の番号
8）改善指摘事項の有無：「有・無」を記述する。
9）指摘事項通知票 Ref #：指摘「有」の場合の通知票番号

内部監査プログラムの重要性を理解し、明日からでも作成することをお勧めします。

図表 2.24 個別監査プログラムの例

個 別 監 査 プ ロ グ ラ ム
(監査テスト項目記述書)

監査対象拠点名：本部部門
監査業務　　　：審査部
監査基準日　　：2006/6/30

Ref# (リスクマトリクス#)	テスト項目	テスト内容	対象範囲	対象資料	サンプルサイズ	関連W/P	改善指摘事項の有無	指摘事項通知票Ref#
PR1 (1a)	信用リスク管理組織と体制	組織図と業務分掌を入手し下記を検証する。 1. 組織図・業務分掌は更新すみか。 2. 業務分掌と業務実態を比較検証する。 3. 相違ある場合は責任者へ確認する。	部全体	組織図業務分掌	該当すべて	T1-3	無	ー
PR2 (2a)	職責分離	職務記述書を入手し次のことを確認する。 1. 職務記述書は更新すみか。 2. リスク管理または審査を担当する者の職務記述書を検証する。 3. 営業推進に業務している場合は責任者へ確認する。	該当課すべて	職務記述書	当該者全員	T4-5	有	RCW1
		往査の前に記述作成する。			オンサイトでの監査開始後、記録している。			

第2章　内部監査の進め方

⑥　リスクマトリクス表（内部統制のリスク評価表）

いま、内部監査部はある特定の拠点、業務、あるいはシステムに対する内部監査の実施を計画しています。期初に策定された年度監査計画に基づき、次回予定されている業務監査のアクションプランの作成です。

リスクベース監査では、どのようなステップを踏むのでしょうか。これまでの復習も兼ねて監査のプロセスを簡単に説明することにします。

1）個別監査計画書の作成

最初に、拠点が営む業務へのリスク評価を実施し、焦点を当てるべき分野を特定します。リスクベース監査では、すべての業務を満遍なく均等の時間配分で監査を行う必要はありません。また、監査人は業務別に内部監査マニュアルに掲載されているすべての項目について、改善指摘事項の件数があたかも有能な監査人である証であるかのように、一つずつこなしていく必要もありません。監査実施責任者は、被監査拠点の組織、営業活動、システム構成などの情報を事前に収集し、本部営業統括部門への面談や前回の監査結果、金融当局検査結果などを参考にして、個別監査計画書を作成します。

個別監査計画書には、監査目標、監査範囲、監査拠点の内部統制環境や統制活動、そして前回の当局検査や内部監査の結果と改善措置などの情報、想定される主なリスク、外部監査人との調整、監査チームのメンバーと担当業務、そして監査拠点の主要業務の責任者、監査期間と監査完了日予定日などを記載します。個別監査計画書は、これから行う監査への方針を記述した、いわば所信表明のようなものです（図表 2.22）。

2）監査プログラムの作成

個別監査計画書から具体的な監査手続を詳細に記したものが、監査プログラムです。監査プログラムには、内部統制（インターナルコントロール）に対する監査目標や具体的な監査手続が記載されることになります。監査担当者は、事前に策定された個別監査計画書に基づき、業務別に個々のオペレーションに対しリスクの高低を判断し、フォーカスする分野を特定します。そして、リスクが高いと判断、あるいは想定されたオペレーション

の検証項目などを監査マニュアルから抽出して、今回の被監査拠点への監査プログラムを策定します。

　当然のことながら、監査資源や監査に使える時間は限られています。効率的かつ有効な内部監査を実施するためには、監査プログラムの内容が大きく影響することはいうまでもありません。通常、外部監査人による内部監査部の品質管理レビューで、まず注目されるのがこの監査プログラムの有無と内容といえます。

　この監査プログラムは、監査の具体的な手続を記述したものであり、リスクフォーカスされた業務に関し、監査担当者による検証過程と検証結果などの活動履歴を記します。今回、監査の対象となる業務の前回の監査プログラムを参照することは、昨年度の監査焦点に対する検証項目とその結果が理解でき、大変役に立ちます。通常、監査プログラムには、検証を要する事由、すなわち、業務に存在する、あるいは潜在的なリスクの内容と種類に関する情報は詳述しません（図表2.24）。

3）リスクマトリクス表の作成

　監査プログラムと密接な関係にあるのがリスクマトリクス表です。

　企業活動には、必ず目的があります。利潤追求、社会的責任を果たす、企業と個人の成長など、業種は異なってもその目的はあまり変わりません。そこで、企業目的や目標を達成するためのビジネスに伴う固有のリスクを考える必要があります。また、企業にはそのリスクを低減させるために構築される、さまざまな管理体制があります。管理の脆弱性を示すコントロールリスクを含め、これから監査の対象とする拠点業務のリスクを整理し、一覧表に取りまとめたものが、内部統制のリスク評価表ともいえるリスクマトリクス表です。このリスクマトリクス表には、監査担当者のその業務内容やあるべき管理手続への理解や付随するリスクへの認識と洞察が示されます。

　信用リスク、市場リスク、流動性リスク、事務リスク、法務リスク、システムリスク、評判リスクなど、ビジネスを営むうえで、構築された組織や管理体制や定められた手続に対し、どのようなリスクがそこに潜むのか、

監査担当者は監査前の準備段階で、その内容に関し熟考します。監査プログラム同様、前回の監査調書にファイルされているこのリスクマトリクス表は、今回の担当業務の監査を行ううえで、大変重要な情報を与えてくれます。

　さて、皆さんの金融機関では、このリスクマトリクス表は作成されていますか。日本の金融機関でも、監査手続の一環として、リスクマトリクス表を作成するところが増えてきています。監査ソフトを導入した金融機関では、すでに監査手続として組み入れているところもあるようです。

　リスクマトリクス表は、作成することが目的ではありません。監査を実施する際、監査担当者は監査実施（往査）前に対象業務のリスクを明らかにし、そのリスクを防止するためのあるべき手続（コントロール）を想定します。そして、リスクと手続（リスクマトリクス）を定められた様式に記述します。そのようにして事前に作成されたリスクマトリクス表が監査実施責任者によって承認されたものであるかどうかが、重要なポイントとなります。

　それでは、リスクマトリクス表のサンプルを示しましょう（図表2.25）。
　このリスクマトリクス表は、監査対象の業務単位ごとに作成します。
　たとえば、ある営業拠点の総合監査で、その対象業務が、①預金、②融資、③外為、④資金・為替、⑤オフバランス取引、⑥送金、⑦総務、⑧会計、⑨人事、⑩コンプライアンス・当局報告、⑪マネジメントに分類された場合、それぞれの業務ごとに作成します。それでは、項目ごとに説明します。

a．「リスクマトリクスのリファレンス番号」
　監査終了後に監査調書のレビューが容易となるように、業務単位に採番します（図表2.26）。

b．「リスク内容」
　業務別に想定されるリスクの種類を順に書き上げていきます。それらは、監査プログラムに記載される検証項目のリスク分類と一致し、具体的な監査手続へと受け継がれます。換言すれば、リスクベース監査では、リ

図表2.25　リスクマトリクス表の例

リスクマトリクス表							
BLARM－Business, Legal, Asset Risk Matrix							
監査対象　：本部部門 監査業務　：審査部 監査基準日：2006/6/30							
リスクマトリクス リファレンス#	リスク内容	リスク 種類	リスクコントロール	評価結果	改善指摘事項 リファレンス	監査調書 リファレンス
1a	信用リスク管理を業務分掌とする組織・陣容の脆弱さから起こるリスク	経営 リスク	・業務分掌に合致した組織・陣容が確保され適切な体制が構築されている。 ・レポーティングラインは明確、担当者の知識経験は適切な水準を維持。	組織・分掌・陣容・報告体系は適切に機能。	ー	T1-3
2a	信用リスク体制の不十分な職責分離から発生する損失	信用 リスク	・営業推進と審査機能の職責分離は適切に維持されている。 ・リスク管理部門は与信活動から独立しリスクは適切に管理されている。	一部に兼務が認められ改善を要する。	RCW1	T4-5
3a	クレジットポリシーや与信モニタリングマニュアル等リスク管理規程の承認遅延や未更新に起因するリスク	事務 リスク	・与信の基本理念や運営方針を定めたクレジットポリシー等の管理規程は適切に制定されている。 ・規程の承認手続や更新手続は適正に行われている。			
4a	不十分なモニタリング体制や報告体制から発生する損失	信用 リスク	・与信健全性維持のため信用リスクのモニタリングを経常的に実施。 ・モニタリング結果は適時に経営に報告され適切な対応がとられる。			
5a	与信申請承認システムやモニタリングシステムの被災による業務継続不能から生ずるリスク	システム リスク	・被災時の危機管理対策は構築され承認されている。 ・定期的に対策の有効性がテストされ書面で結果が残されている。			
⋮	⋮	⋮	⋮			

スクを想定されない事項は、監査プログラムの対象とはならない、ともいえます。金融検査マニュアルが発出される以前、多くの金融機関で行われた事務手続遵守状況の検査では、検査プログラムの多くが事務規程から作成されていました。

　いま、あなたの金融機関の監査プログラムは、このようにリスクマトリクス表との関連を意識して作成されていますか。リスクマトリクスと監査プログラムの関連性を明記するために、監査プログラムの検証項目のリファレンスの下部に、上述のリスクマトリクスのリファレンス番号を記載すると、わかりやすいものとなります。

c.「リスク種類」
　リスク内容のリスク種類を記載します。
d.「リスクコントロール」
　想定されるリスクに対する、あるべきコントロールを記します。被監査拠点がどうコントロールを実施しているかではありません。リスクを軽減するためにどうすべきか、あるべき管理状況を記述します。

「リスクマトリクスのリファレンス番号」から「リスクコントロール」

図表2.26　リスクマトリクスのリファレンス番号（営業拠点の場合）

業　務　名	記号	数値
預　　金	DP	1a
融　　資	LO	1a
外　　為	FX	1a
資金／為替	MO	1a
オフバランス	OB	1a
送　　金	MT	1a
総　　務	GA	1a
会　　計	AC	1a
人　　事	HR	1a
コンプライアンス・当局報告	CO	1a
マネジメント	MG	1a

までの 4 項目は、オンサイトでの監査を実施する前に準備します。すなわち、オフサイトでの作業となります。「評価結果」「改善指摘事項リファレンス」「監査調書リファレンス」は、オンサイトの監査で実際の調査、検証を行った結果を各項目別に記していきます。評価結果は、あるべきコントロールに対する実際の管理状況を比較し、適切（Adequate）・不適切（Inadequate）などと、その結果を記録します。

このように、リスクベース監査で最も監査担当者の真価が問われ、かつ、高い専門性を必要とする作業がこのリスクマトリクス表の作成です。個別監査計画表、リスクフォーカスに基づくリスクマトリクス表と監査プログラムの関連性、リスクマトリクス表の意味、意義がご理解いただけたと思います。

(3) 往　　査

① 往査のステップ

被監査拠点に対する事前の情報収集、前回の監査調書や監査結果、現地金融当局検査や外部監査での指摘事項と改善是正措置などをもとにして、個別監査計画書が策定されました。個別監査計画書に記された拠点業務に内在するリスクを想定して、リスクマトリクス表と監査プログラムが各監査担当者によって作成されます。また、監査日程は次のように決められます。すなわち、まずビジネスリスク、コントロールリスクを鍵として拠点のリスク評価を行います。そのリスク評価に基づき、監査拠点の監査頻度と優先度が決定されます。監査部門のマンパワーを勘案し立案された年度監査計画に基づき、その拠点の監査日程つまり、要員と日数が具体的に決められていきます。

このように説明しますと、「なんだ、当り前のことじゃないか……」と思われるかもしれませんが、実際にやってみると、これがなかなかむずかしいのです。

何がむずかしいのか。まず、リスク評価を、あるフレームワーク（枠組み）のもとに実施している金融機関は、それほど多くはないと思われます。マンパワーを勘案し、といいましたが、マンパワーを算出するには、個別監査ご

とにオフサイトならびにオンサイトにおけるタイムシート（監査調書の項で詳述）を作成する必要があります。所要マンパワーのデータを蓄積するためです。そのような所要時間の蓄積データもなく、リスクフォーカスもせず、事前のリスクマトリクス表も策定せず、一般的な監査マニュアルはあっても監査プログラムもない状況下で、拠点を訪問し、一生懸命にただ忙しく、多くの残業時間を費やすような監査を行ってはいませんか？

そのような監査は、COSOの内部統制の包括的フレームワーク、金融検査マニュアル、バーゼル銀行監督委員会の銀行組織における内部管理体制のフレームワークに説明されているリスクベース監査とはいえません。

オンサイトでの監査を進めるまでに、このような重要な監査過程があることをご理解ください。監査は現場に行って、何か指摘らしいものを残せばよいというものではありません。

往査のステップはおおよそ次のようになります。

1）キックオフミーティング
2）テスティング（検証、レビュー、面談）
3）監査ミーティング

通常、往査では、初日にキックオフミーティングと呼ばれる会議を被監査拠点の責任者と行います。そこでは、監査の目的、監査のメンバーと担当業務の紹介、監査日程、監査講評会（Exit Meeting）の開催予定などを説明し、提出依頼資料の手交（事前依頼資料を除く）、被監査拠点側の各業務責任者との顔合せなどを行います。監査書類の守秘義務遵守の観点から、監査期間中の監査人が使用している部屋への無断立入禁止することも重要な事柄です。

次に、監査が実際に開始（テスティング）されると、監査実施責任者（Auditor in Charge）は被監査拠点責任者との面談を通じ、経営方針や業績の進捗、組織上の問題点、本部所管部との連携、人事、特に海外拠点の場合は現地ローカル人事上の問題、新システムの導入・更改、緊急時対策、コンプライアンスなどの統制状況を聴取します。実際の内部統制状況を把握するためです。

ここで、監査を効果的に進めるためのツールを一つ紹介します。テスティングで監査担当者が内部管理の態勢に疑問を抱いた事項に関し、その状況事実を確実に行う「発見事項確認票」（図表2.27）です。これは、検出された事実が後日覆されないために、内部監査人によって確認された事実を往査期間中に文書で被監査拠点の業務責任者に回答を求めるものです。

　監査メンバーに経験の浅い監査担当者が加わる場合に、効果的な方法をもう一つあげます。監査実施責任者は、往査期間に実施する監査プログラムの日程表（図表2.28）を、監査担当者へ事前に作成させるというものです。限られた時間に効率よく漏れなく監査業務を進めるために監査担当者と事前に

図表2.27　発見事項確認票の例

		作成日	
	発見事項確認票		
確認票番号	監査ID＋001〜		
内部監査対象	審査部		
内部監査項目	職責分離		
発　見　事　項			
監査担当者		確認日	
拠　点　回　答			
回答責任者		回答日	

図表2.28　監査日程表の例

監査日程表		
監査担当者	近藤　英幸	
被監査部署	審　査　部	
監査期間	○○月XX日～○○月XX日	
往査日程	監査項目	主たる監査活動
1日(月)	・キックオフミーティング	・業務分掌・組織体制の確認 ・業務運営方針と手続書の精読
2日(火)	・組織・運営体制	・職務記述書と職責分離の検証
3日(水) 4日(木)	・リスク認識	・主任審査役との面談 ・信用リスク管理手法レビュー
5日(金) 8日(月)	・規程・手続	・規定の整備状況の確認 ・審査管理手続の承認状況
9日(火)	・報告態勢	・信用リスクのモニタリング結果の報告
10日(水)	・モニタリング	・与信モニタリングシステムの適切性
11日(木)	・コンプライアンス ・障害対策	・情報文書・顧客データ管理の実施状況 ・バックアップと業務継続 ・発見事実の確認・取りまとめ
12日(金)	・監査講評会	・監査講評会議事録作成

じっくり打合せをします。

　各業務の監査に関連する情報は、監査期間中に行われる定例打合せ（監査ミーティング）で監査担当者へ伝えられます。監査実施責任者は、監査の進捗状況やなんらかの重要なリスクを含む不備事項が検出された場合のフォローや被監査拠点との調整を主な責務としています。その意味で、監査実施責任者も監査担当者とともに、オンサイト監査への参加が必要となってきます。

　監査期間中の監査チームによる定例打合せは重要です。監査担当者が監査プログラムに従って、どのような監査状況にあるか、順調に進捗しているか、監査のアプローチは適切か、拠点とのコミュニケーションに問題はないかなどを判断するためです。

　日本の金融機関における内部監査では、一般に監査調書の効果的な作成が課題といえます。往査期間中に、業務責任者との面談、管理資料の閲覧、分析、監査項目ごとの評価結果などを、手際よく監査調書にまとめるよう監査担当者を指導することも、監査実施責任者の重要な役割といえます。

　監査実施責任者が監査日数の多くを拠点責任者や担当者との面接に費やす

ことが多いのも日本の監査の特徴です。もっぱら、本店人事部の強い要請がその理由のようですが、限られた日数でのリスクベース監査の監査目標の遂行、監査担当者への助言、拠点責任者との意見調整、さらに個々監査担当者の進捗管理など、オンサイトでの監査実施責任者の責任義務は多々あり、それらを考慮すると、改善を要する事項と思われます。

② 監査講評会

往査の最終日に行われるのが、監査講評会です。最終的な監査報告書は、後日、個々の改善指摘事項に対する拠点側の回答を付して内部監査部長および監査報告会を経て、正式に発行されます。

監査講評会（Exit Meeting）の一般的な目的に次のような事柄があります。
1）被監査拠点協力への謝辞
2）被監査責任者への通知
3）監査意見や結論の表明
4）監査での関心事、問題点の表明
5）監査報告と改善指摘事項への拠点回答時期の確認

監査講評会は、監査の最終結論を示すものではないので、特に出張を伴う遠隔地の場合、オンサイトの最終日に行われます。監査の進捗状況や監査講評会準備のためオンサイト終了後、数日経ってから行うこともまれにあるようですが、監査日程は限られており、しかもオフサイトワークや次の監査の準備も控えていることから、あまりお勧めできません。

監査講評会を成功させる要因として次の5点が重要です。
- 報告書の作成（Establish Report）
- 専門性　　　（Professionalism）
- 熱意　　　　（Enthusiasm）
- 組織　　　　（Organization）
- 管理　　　　（Control）

監査講評会はその主催者である内部監査部のコーディネートによるものですので、現場監査実施責任者の手腕が問われるものといえます。

監査講評会を計画する場合、監査実施責任者は何に留意したらよいのでしょうか。まず、出席者です。以前、筆者（近藤）がニューヨークで米国人オーディター（監査人）と内部監査の業務に携わっていた際、オーディターと拠点責任者、担当者の多数が参加した監査講評会（Exit Meeting）を目にしました。

　監査実施責任者（Auditor in Charge）の開講の挨拶の後、各オーディターによる改善指摘事項と存在するリスクの説明とそれに対するそれぞれの拠点責任者の弁明と反論が長々と続き、監査講評会の目的が必ずしも効果的に達成されているとは思えませんでした。監査講評会への出席は、内部監査部は監査に携わった者全員、あるいは同一の業務を複数で担当した場合はそのうちの主な監査担当者一人でよいと思われます。拠点側は、内部管理部門の責任者と各業務の責任者といったところでしょうか。

　参加する人数に加え、出席者の構成についても、内部監査部が主体的に提案すべきでしょう。拠点組織が大きくなればなるほど、拠点責任者は通常多くの出席者を望む傾向があります。少人数で監査結果を深く話し合うか、また逆に、拠点内での情宣効果をねらい多くの人に参加してもらうようにするかは、監査実施責任者の腕のみせどころでもあります。

　次は、開催場所です。出席者数によりますが、内部監査部と拠点責任者が対峙可能なある程度のスペースは必要となってくるでしょう。

　発表する内容とその順番は、監査講評会の重要な事柄です。オンサイトの監査で判明した改善指摘事項のうち、潜在的なリスクが高く、拠点が最も緊急に対応を要する事項を優先的に説明するほうが効果的でしょう。どの指摘を、客観的な事実を示し最も早く伝えるか、ということです。

　この場面で、前提として一つ重要なことがあります。それは、往査期間に監査担当者が内部管理の状況に懸念を抱いた事項に関する事実確認を、拠点の業務責任者とすでに終えているということです。万一、監査報告書を取りまとめる最終の段階で双方の認識相違が判明した場合は、事実確認という監査業務の最も基本的な作業がやり直しとなってしまいます。そのために先に説明した発見事項確認票を交付し、事実に関する回答を業務責任者から入手

することが大変重要な意味をもつことになります。

また、講評会開催に先がけ内部監査部の個々の説明責任を事前に決めることも大切です。内部で事前に十分打合せを行い、重要な改善指摘事項の証左の確認や、監査講評会で監査拠点側から提起されるであろう問題を事前に想定することなども重要です。監査実施責任者は、確実な計画性と用意周到な準備を行って、監査報告会の効果をあげるよう心がけましょう。

(4) 監査結果の改善指摘事項と評定
① 改善指摘事項の発見

リスクベースの監査では、改善指摘事項の件数が直接評定に結びつくことはありません。たとえば、50件の改善指摘事項が5件のそれより、内部統制が劣っている、あるいは潜在するリスクが必ず高いことを意味するとは限りません。

リスクベース監査では改善指摘事項の内容が問題となります。これまで実施されていた事務検査では、伝票類の証印もれ、書類の保管方法相違や徴求書類不備など社内事務規程に違反する取扱いは、すべて指摘事項として記録され、その指摘件数は監査対象の業務全体で何ページにも及ぶことがあります。もっとも、そのような指摘件数の多寡はオペレーションの質を示す指標ともいえ、リスクベース監査でも違反の程度が著しく、件数も多い場合は、健全な内部統制の乱れとして、オペレーション上問題ありと考えられます。

しかしご存知のように、金融検査マニュアルが発出されて以降、日本の金融機関の内部検査は事務検査からリスクベースの監査へと、180度の方向転換を実現してきました。それまで、事務検査のベテラン検査員だった人が、新たに内部統制の有効性、妥当性を評価する内部監査人（インターナルオーディター）として、異なる役割を担うことになったわけです。

そこでは、従来、自らの指摘事項を正当化してくれた事務手続は万能ではありません。不備事項を発見するには、まず内部統制とはそもそも何であるかを学ぶ必要があります。COSO ERM (Enterprise Risk Management) の内部統制フレームワークでは、経営管理に八つのステップがあると定義してい

ます。統制環境としての「内部環境」「目的の設定」、リスク評価における「事象の識別」「リスクの評価」「リスクへの対応」、そして「統制活動」「情報と伝達」最後に「監視活動（モニタリング）」です（詳しくは、第1章1.(3)参照）。内部監査人は、それぞれの統制状況を、監査拠点の所在地、経営規模、ビジネス、組織構造などを勘案して、適正レベルを判断していくことになります。改善指摘事項も、単に所管本部によって策定された手続を正確に遵守しているかどうかは問題にはなりません。通常、内部監査では事務を含む経営管理態勢に対し、想定されるリスクへの、あるべき管理状況と実際の管理態勢との比較によって、評価が行われます。しかし、それだけではまだ改善指摘事項とするには不十分です。

　コントロールには、予防的コントロール（Preventive Control）、発見的コントロール（Detective Control）、補完的コントロール（Compensating Control）があります。予防的コントロールは、問題が発生する前に予測をし、望ましくない事象が発生することを抑止する活動を行うことです。たとえば「大口の送金を送信する際に担当者による入力に加え、役付者の承認入力が必要である」というのは、予防的コントロールの例です。発見的コントロールは、発生してしまった望ましくない事象を事後の確認や精査を通じて発見し是正することを指します。たとえば「一日の送金記録を見直して送信内容に誤りがないか確認する」というのは、発見的コントロールの例です。補完的コントロールとは、エラーや不正に結びつくコントロール上の弱さを低減させるような種類の内部統制といえます。つまり、被監査拠点の責任者によって、ある特定のリスクが認識され、直接的な防止策をコストやマンパワーの理由から採用できない場合は、代替手段を講じることもありうるわけです。そのような場合は、1回、あるいは一人の担当者へのインタビューだけでは、適切性評価の結論は出せません。

　通常、指摘事項は十分にして正当かつ適切な有用な情報が必要とされます。言葉を換えれば、慎重にして業務に精通した人が、同じ結論に到達するに十分な事実に基づき、妥当で説得力のあるものでなければなりません。監査担当者は自身の指摘事項に対し常にアカウンタビリティ（説明責任）を負って

います。監査担当者であるあなたが、適切な監査技法を使用し、正当な情報のもとに、コントロールの脆弱性を指摘するわけです。

その際、事前に作成されたリスクマトリクス表や監査プログラムがあなたの助けをしてくれます。オンサイトでの往査で、監査担当者の判断の拠り所となるのがこれらの監査調書です。繰り返しますが、リスクマトリクス表や監査プログラムなしで、どのような監査を行えるのでしょうか。内部監査におけるすべての改善指摘事項がそれらを判定の基準としているわけです。

② 改善指摘事項へのリスク度付与

改善指摘事項には、1件ごとに発生頻度と影響度を想定したリスク度を付すやり方があります。つまり、改善指摘事項の管理体制は、事務リスク、市場リスク、法務リスクやシステムリスクなど該当するリスクを考えた場合、はたしてその組織にとって重要性は高いのか、低いのかを表すわけです。最終的に監査報告書をまとめる段階で、各業務別に検出された改善指摘事項のうち、どの弱点が最も内部統制へのリスク度が高く、経営責任者にとって喫緊に取り組むべき課題となるかを判定するためです。リスク度の判定基準の一例を次に示します。

1）High（高リスク）
- 健全かつ安全なオペレーションを維持するうえで、きわめて重大な損失の危険がある
- 方針や手続書が存在せず、そのことがきわめて高いリスクをもたらす
- 市場取引や融資業務で重大かつ頻繁に承認限度額を超過する
- 頻繁な承認権限の逸脱行為が認められる
- 不適切な職責分離違反が認められる
- 前回監査指摘事項が反復されている

2）Medium（中リスク）
- 健全かつ安全なオペレーションを維持するに重大な指摘がある
- 方針や手続書はあるものの、内容が古く更新されていない
- 市場取引などで承認限度額の超過事例が散見される

- 不適切な承認が行われた事例がある
- 管理責任者による不適切、不十分な管理状況が認められる
- オペレーションが定められた方針や手続書に準拠していない

3）Low（低リスク）
- 健全かつ安全なオペレーションを維持するうえで、軽微な指摘が認められる
- 方針や手続書は適切に更新されているが承認されていない
- 市場取引などで軽微な単独の承認限度額の超過事例が認められる
- 体制として職責分離は維持されているが、休暇時に引継者が業務を代替する場合に職責分離が損なわれる
- 管理体制そのものでなく、例外事項として認められる指摘がある
- オペレーションは方針や手続書に準拠しているが、未承認の異例処理が認められる

　これらの定義は、絶対的な判定基準ではなく、一つの目安と考えてください。個々の改善指摘が検出される理由、状況はさまざまです。監査では、組織に即した判定基準が必要となります。あなたの金融機関でも、これらを参考として作成してみてください。改善指摘事項を記載する監査指摘票のサンプルを図表2.29に示しました。監査指摘票には、検出された事実の記載、リスク度、指摘事項に対する監査人の改善勧告、そして拠点責任者の指摘・改善勧告に対する回答を記入します。これらの監査指摘票は極力、オンサイト（往査先）で完成させるようにします。最も重要な指摘事項の事実確認が、現場から離れたオフサイトでは時間がかかってしまうからです。

　さて、監査評定です。最終の監査評定には、改善指摘事項の件数は問題とならないと述べました。評定は、改善指摘事項に付されたリスク度が判定の基準となります。リスクベース監査では、あくまで内部統制の潜在的なリスクを嗅ぎ分け、経営者へ助言するものです。個々の監査担当者によって判定されたリスク度を総体的に判断し、その結果、どの改善指摘事項が最も健全かつ安全な経営を脅かすかを示すわけです。一つの判定基準として監査評定サンプルを次に示します。

図表2.29　監査指摘票の例

		【指摘票Ref#】　HR01
個別監査指摘票			

監査拠点名	○○○銀行△△△支店	監査担当者：	近藤　康子
監査業務	人事部	作成日：	2006.4.20

監査項目	採用業務	監査Ref#	HR1a
指摘事項 (事実の記載)	(発見された事実や内部統制への影響等) 採用条件を提示し、人材斡旋業者(エージェント)への応募者募集の業務委託を締結しているのは、現状1社のみとなっている。適時、適切な採用を実現するには1社では非効率で、かつ社内公募制度がないため、社員の職能拡大の機会がない。	リスク度	M
改善勧告	(指摘事項に対する内部監査人の意見) 効率的な採用、幅広い人材開拓と社員へのインセンティブ高揚のため、まず一定期間社内からの異動募集の後、外部複数のエージェントを利用することが望ましい。		
被監査拠点 の回答	社内公募の制度を積極的に取り入れるよう、本社所管部へ検討依頼を行いたい。また、外部エージェントは複数の業者と契約し、質の高い応募者の確保に努めたい。		

（注記：指摘事項に対するリスク度を記載する。）

監査評定は5段階で表しています。

1）優（Strong）

　　組織や管理は適切で効果的に行われており、方針や手続や社内規程、現地法令などに準拠している。報告すべき改善指摘事項はなく、経営者によって強い管理体制が維持されている。

2）良（Satisfactory）

　　いくつかの改善指摘事項があげられているが、補完的コントロールが存在し損失発生のリスクはさほど高くない。オペレーションは、方針や手続や社内規程、現地法令などに略準拠し運用されている。

3）可（Fair）

　　補完的コントロールは損失や問題発生の防止に十分ではない。いくつかの改善指摘事項と改善勧告は、該当業務の管理低下を防止するために責任者による早急な対応が求められる。改善指摘事項にいくつかの高リスク（H）と中リスク（M）が含まれ、かつ前回監査指摘事項の未対応項目が認められる。この評定結果が想定される場合は、監査実施責任者は往査終了に先立ち、拠点責任者へ事前に内容を伝える。

4）不可（Weak）

　　組織の管理体制は不適切で、オペレーションも方針や手続、社内規程、法令などを遵守していない。多くの改善指摘事項が記録され、リスクの高い特定の業務にきわめて重大な指摘が含まれる。いくつかの重要な高リスク（H）が検出され、そのうちの一つないし二つは、金融機関に対して重大な財務損失や評判リスクをもたらす。多くのケースにおいて、基本的かつ補完的コントロールの欠如がオペレーションの問題や損失を引き起こすであろう。内部監査部によるフォロー監査が必要となる。

5）きわめて不良（Unsatisfactory）

　　組織の管理体制は不十分かつ不適切で、オペレーションは方針や手続、社内規程、法令などをほとんど遵守していない。金融機関は、基本的かつ補完的コントロールがないために、きわめて重大な財務、法務や事務リスクを被る危険性がある。経営管理者には、そのコントロールの欠如による影響度を判断する能力がない。監査報告書にはある特定の業務に対するきわめて重大な指摘が記録され、厳しい改善勧告に対し、本部を巻き込んだ早急な抜本的な改善対応が求められる。内部監査部による継続的なフォローを要する。

　このように、監査指摘事項と監査評定は、業務のもつリスクと密接に関連します。特に、最終的な監査評定は改善指摘の件数ではなく、業務別に検出された改善指摘事項のリスク度に基づき評価され、内部統制の弱点への警告として監査報告書で報告されます。

(5) 内部監査報告書と監査調書

① 内部監査報告書

　最終日の監査講評会が予定どおり開催され、往査も無事終了。監査担当者の改善指摘事項や改善勧告は基本的に拠点責任者の理解が得られ、監査実施責任者はほっと一息つきたいところです。しかしながら、監査実施責任者にとっては、これからが監査報告書の取りまとめという内部監査の大きな山場を迎えます。

　通常、金融当局検査や外部監査では、最初に提出を求められる監査資料が監査報告書です。監査報告書は監査のプロセスを簡潔に要約し、対内的にも対外的にも内部監査の品質を表すものといえます。その内容は冗長すぎても簡略すぎてもいけません。経営者に対し、内部統制の事態や状況に対する的確な認識を求め、脆弱性を知らしめ、改善対応を要する事項を明確にします。監査報告書では、事前にオフサイトで作成された監査プログラム、リスクマトリクス表やオンサイトで記録された監査指摘票を参考にして、拠点の内部統制全体の管理状況を評価し、最終評定を決めます。

　監査報告書に関するIIA基準では、次のように説明されています。

> 「内部監査部門の長は、適切な者に対して監査結果を周知しなければならない。監査結果について正当な考慮を払うことができる者に最終結果を報告する責任がある。これは、監査報告書が、是正措置をとる立場あるいは是正措置の実施を確保する立場にある人々に配布されるべきことを意味する。」
> 「内部監査人は、監査業務の報告の最終版を提出する前に、適切な経営管理者層と、結論や改善勧告の内容について討議すべきである。討議は、通常、監査業務実施の過程で、あるいは監査業務終了後のミーティング（監査講評会）で行われる。……」

　具体的には、討議は個別に監査指摘票を手交するときや、往査最終日に開催する監査講評会を通じて行われます。それは、事実確認や誤解がないことを相互に検証することに役立つからです。このプロセスを経ていない場合、後で発行される監査報告書に記載される検出事項の事実に関し、被監査拠点との間で意見相違が起きることが考えられます。

> 「伝達（監査報告書）は、正確、客観的、明瞭、簡潔、建設的、完全かつ適時なものでなければならない。」

　正確な報告とは、誤謬と遺漏がなく基礎となる事実に忠実な報告を意味します。客観的な報告とは、不偏にして侵害のない公正な報告を指し、検出事項や結論、また内部監査人によって提案される改善勧告には先入観を含んだものであってはいけません。
　明瞭な報告とは、容易に理解され論理的な報告をいいます。必要以上の監査専門用語の使用は避けたほうが賢明です。
　簡潔な報告とは、微細、冗長にならず的確な言葉で要点を絞った報告書です。建設的な報告とは、監査報告書の内容や改善勧告が付加価値を含み、被監査拠点や組織体のために役立つような報告です。
　完全な報告とは、報告を受ける者にとって重要な情報が欠落しておらず、勧告や結論を支持するのに関連のある重要な情報や発見事項を含んだものをいいます。適時な報告とは、決められた報告期限に遅れることなく、タイムリーに発行される報告書を指し、勧告に対する措置を講ずる者が十分な検討を行える、時宜を得た報告をいいます。

　監査報告書には、監査の目的、範囲、結果が示されていなければなりません。監査の目的では、なぜその監査が実施されたのか、監査で何を達成しようとしたのか、監査の目標を明示します。実施された内部監査業務の内容や範囲について記載しなければなりません。結果としては、発見事項、結論、改善勧告を記載します。
　監査発見事項は、「どうあるべきか」と「どうあるのか」を比較して検出されます。監査プログラムやリスクマトリクス表が役に立ちます。両者の間に差異があるかないかが、内部監査人として監査報告書を取りまとめる基礎となります。
　また、監査報告書には、監査担当者による改善勧告や是正措置を記載します。内部監査人の結論や改善勧告に対する被監査拠点の見解を監査報告書に

記載することも効果的です。要するに、検出された事実の確認、内部統制の適否の判断・結論や改善勧告の適切性などが被監査拠点からの反応で解明されるわけです。

最終監査報告書は監査実施責任者によって署名が行われ、内部監査部長によって承認されなくてはなりません。そして、取締役会、監査委員会、社長や被監査拠点長に対し発行され、業務担当の経営管理者に写しが配布されます。

監査報告書のサンプルを図表2.30に示します。特に海外拠点の監査の場合、現地金融当局に監査報告書を提出する場合がありますので、記載される内容や項目は、IIA基準に準ずる構成で作成されることが望まれます。

図表2.30 　監査報告書の例

〈p.1〉

厳秘扱

○○○銀行
香港支店

監査報告書
送金業務／コンプライアンス業務

2006年3月31日現在

香港支店
　支店長　　鈴木　一郎
　副支店長　佐々木　浩

＊本報告書の取扱いにはご注意いただき、特にメール転送、コピー等にはご配慮ください。

第2章　内部監査の進め方

監査報告書は、通常、次の3部構成で作成されます。

第1部	:	監査要約	(Executive Summary)
第2部	:	結　論	(Conclusion)
第3部	:	改善指摘事項	(Audit Issues)

　第1部「監査要約」には、①監査対象業務名、②監査期間、③監査基準日、④監査目標、⑤業務別監査目的、⑥経営責任者が内部統制のうえで最も緊急に取り組むべき重要課題が記載されます。

　第2部「結論」では、全体ないし業務ごとの評定と内部監査人の意見を記載します。評定グレードは金融機関によって異なりますが、前項では5段階で示しています。評定の後には、被監査拠点に対する謝辞と監査講評会の監査部門、被監査拠点両者の出席者を記載します。

　第3部「改善指摘事項」では、①検出された事実、内部監査人の結論、②改善勧告、③経営管理者による勧告に対する改善措置などを、業務別に改善指摘事項のうちリスクの高い項目から記載していきます。内部監査人の結論では、参考として前項で説明したリスク度（H・M・L）を表示するのもよいでしょう。

　②　監査調書（ワーキングペーパー）

　監査調書は内部監査報告書に記載された改善指摘事項の裏付けを示すばかりでなく、当初策定された個別監査計画書に基づく監査目標が適正に達成されたかどうかを証明しうる重要な文書です。内部監査のプロセス全般を金融庁、日銀や海外の金融当局または外部監査人などの第三者に証明する監査調書の作成は、内部監査の過程のなかでも最も大切な手続であると同時に、最も改善を求められる部分かもしれません。その監査調書の完成度次第で、内部監査の有効性や完全性が評価されるといっても過言ではありません。金融機関の内部監査部そして内部監査に携わっている者はその重要性を十分に認識し、初期の監査計画の段階から監査のドキュメンテーションが始まっていることを知る必要があります。

<p.2>

I. 監査要約（Executive Summary）

　内部監査部は2006年3月31日を基準日として、香港支店の送金業務とコンプライアンス業務の内部管理態勢の適切性と有効性の評価の監査を実施した。監査は2006年4月10日から4月21日の期間に実施され、監査範囲は次のとおりである。

送金業務
- 職責分離
- テレフォントランスファー
- 電信鍵・SWIFT鍵
- 送金システムのアクセス管理
- 緊急時の業務継続

コンプライアンス業務
- 法令遵守態勢と組織
- コンプライアンスオフィサー
- コンプライアンス委員会
- 金融当局報告

　それぞれの業務の主な監査項目は次の項目を含むものとする。

送金業務
- 運営方針と事務手続の適切性
- 業務処理の正確性、完全性
- 取扱伝票と勘定残高の整合性
- RTGS、SWIFT、EXIMBILLS等利用システムのアクセス管理
- 送金エラー、送金ミス発生時の処理の適切性
- 前回監査や当局検査の改善指摘事項のフォローアップ

コンプライアンス業務
- コンプライアンスの方針と手続の妥当性
- コンプライアンス委員会の開催と議事録
- コンプライアンスオフィサーの職務内容と報告経路
- コンプライアンスの社員教育と研修体制
- 当局報告の正確性と適時性

　支店責任者は内部管理態勢の有効性を維持するために次の点に関し、喫緊の課題として取り組むべきである。
1. 送金業務における職責分離の強化
2. コンプライアンスオフィサーの職務内容の見直しと独立性の確保

> <p.3>
>
> ## II.結論（Conclusion）
>
> 　緊急を要する喫緊の改善課題は認められるが、送金業務とコンプライアンス業務の内部管理態勢の適切性と有効性は「良」（Satisfactory）と評価した。
>
> 　監査結果の概要について4月21日香港支店責任者と打合せを実施した。監査期間を通じ、支店の内部監査業務への理解と協力体制に感謝するとともに、内部監査部は今後の検討課題への改善計画に対する助言活動を続けるものである。
>
> | | | |
> |---|---|---|
> | 支店責任者 | 鈴木　一郎 | 支店長 |
> | | 佐々木　浩 | 副支店長 |
> | 監査チーム | 近藤　孝幸 | 監査実施責任者 |
> | | Ada　Chuang | 監査担当者 |
> | | Patricia　Pinto | 監査担当者 |
>
> —2—

　監査調書は、監査資料としての管理調書（Administrative File）、永久調書（Permanent File）、監査証跡のテスティング調書（Testing File）の3種類に分類されます。監査調書の構成、様式、内容は金融機関によって、また監査業務によって異なる場合がありますが、おおよそ図2.31に掲げた事項は文書化される必要があります。

　監査調書のなかで次に掲げるものは監査固有の文書といえます。

1）監査プログラム（P–3）

　　金融機関によっては監査点検書あるいは監査手続書とも呼ばれ、業務別にリスクフォーカスされた内容に基づき作成されるものです。

2）監査証跡関連文書（T–4…）

　　内部統制の妥当性と有効性の検証結果と監査担当者による評価を示す記録です。監査のために入手された内部文書や情報、インタビュー議事録、内部管理に関する質問書、チェックリスト、説明書、内部文書のコピー等が該当します。業務別監査プログラムの項目ごとにそれらを整理し、監査

<p.4>

Ⅲ.改善指摘事項（Audit Issues）

送金業務
1. 職責分離の強化　　　　　　　　　　　　　　　リスク度：高

　送金業務課に属する管理者2名は、EXIMBILLSシステムに関し、支払指図書作成、支払データ入力、SWIFTシステムへの入力データのリリース承認の権限を有している。適正な送金業務を遂行するうえで、維持されるべき職責分離が確保されていない。

《想定されるリスク》
　不正な送金事故の発生や財務的損失につながる可能性が認められる。

《改善提案》
　支払指図書作成、データ入力、リリース承認機能は、それぞれ職責を分離する態勢を早期に構築する必要がある。

《支店回答》
　提案内容に同意し、送金業務に係る職責分離を促進するために新しい手続を構築する。
　　　　　　　　　　　　　　　　　　　　　対応期限：2006年6月末

2. 署名権限者リスト（Authorized signatories）　　　リスク度：中

　通信システム課は、他課からの送金依頼書を受理する際、支払指図書や送金依頼書の正当性を確認するこれら取引の承認署名権限者リスト（Authorized signatories）を保有していない。また、署名権限者リストは転勤等人事異動が反映されておらず、最新のものとなっていない。

《想定されるリスク》
　送金依頼に対する牽制機能が働かず、不正な送金依頼が実行され、財務的損失を被る可能性がある。

《改善提案》
　安全で効率的な送金業務を促進するために、署名権限者リストを適時に更新し、通信システム課はその写しを保持するべきである。

《支店回答》
　改善提案の趣旨に賛同し、可及的速やかに署名権限者リストを更新のうえ、通信システム課に提供することにより、送金業務の牽制機能を強化する。
　　　　　　　　　　　　　　　　　　　　　対応期限：2006年7月末

図表2.31　監査調書の事項例

種　　類	内　　容	W/P Ref #
管理調書 Administrative File	個別監査計画書	A-1
	監査実施予告書／監査実施通知書	A-2
	事前準備資料一覧表	A-3
	タイムシート	A-4
	拠点回答書	A-5
	改善指摘事項の明細（原本）	A-6
	前回指摘事項のフォローアップ表	A-7
	監査打合せ議事録	A-8
	⋮	⋮
永久調書 Permanent File	監査報告書	P-1
	リスクマトリクス表	P-2
	監査プログラム	P-3
	改善指摘事項一覧表	P-4
	前回監査結果報告書（写）	P-5
	拠点組織図	P-6
	職務記述書	P-7
	経営計画書／業務計画書	P-8
	方針と手続書（ポリシー＆プロシージャー）	P-9
	⋮	⋮
テスティング調書 Testing File	監査プログラムのテスト結果取りまとめ表	T-1
	検証テストの結果と結論	T-2
	改善指摘事項の明細（写）	T-3
	監査証跡関連文書	T-4
	⋮	⋮

担当者の評価コメントを記入します。

　一般に、テスティング調書に使用される監査調書の様式とサイズは、監査終了後に実施される監査責任者による調書のレビューとその後のファイリング、保管を考えると、内部監査部で統一したほうが望ましいでしょう。参考として、監査調書のサンプル（図表2.32）をご覧ください。

3）タイムシート（A-4）

図表2.32　監査調書の例

```
                                              監査調書Ref# T10
                    監 査 調 書

被監査拠点名  ○○○銀行△△△支店    監査担当者   T.K
監査業務名    送金業務              作 成 日    4/12/06
監査期間      4/10/06-4/21/06

《監査項目名》                        項目No.    A1-01


          記入要領(下記の内容を適宜記録する)

          1. 事実の記載(必要に応じ証拠資料を貼付する)
          2. 監査担当者の所見・コメント
          3. 評価(適切・不適切)
          4. 改善提案
                                    等
```

　オフサイトの事前準備や事後の監査報告書作成、そしてオンサイトでの往査を含む監査の総所要時間を記録したものです。残念ながら、日本の金融機関の内部監査部で、タイムシートを作成しているところは、まだそれほど多くはありません。

　タイムシート作成の目的は、翌年度の監査計画を策定する際のマンパワー測定の重要なデータとなるばかりでなく、年度監査計画の妥当性を証明するものといえます。図表2.33のタイムシートのサンプルをご覧ください。通常、タイムシーとは監査担当者ごとに1週間単位で作成します。個別監査に関するすべての所要時間を記入するもので、同図表の下部にあるように監査の作業項目を一覧にしておくと記入が容易になります。

　事前準備としての計画書作成、内部の事前打合せ、業務内容の調査、そしてオンサイトでの検証作業、業務責任者へのインタビュー、監査チーム内で

第2章　内部監査の進め方　*125*

図表2.33　タイムシートの例

内部監査タイムシート

日付:＿＿＿＿＿＿

被監査拠点:＿＿＿＿＿＿
監査担当者:＿＿＿＿＿＿
監査週:　／　－　／

	作　業　項　目	所要時間							時間計
		日	月	火	水	木	金	土	
1									
2									
3									
4									
5									
6									
7									
8									
9									
10									
11									
12									
13									
14									
15									
16									
17									
18									
19									
20									
	日別所要時間計	0.0	0.0	0.0	0.0	0.0	0.0	0.0	0.0

《作業項目表》

	作　業　項　目（適宜追加可）		研　修・休　暇　関　連
1	事前準備（組織、業務の習得等）	16	内部研修・勉強会
2	監査計画書作成	17	外部セミナー
3	監査プログラム・リスクマトリクス表作成	18	
4	往査（資料分析、テスティング等）	19	休日
5	キックオフミーティング	20	休暇
6	被監査拠点との打合せ（面談等）	21	病欠
7	監査チーム内の打合せ	22	私用
8	監査講評会	23	早退
9	監査報告書作成・レビュー	24	
10	監査調書作成・レビュー	25	
11	監査報告会（内部監査部長）		
12	監査委員会報告/役員報告会		
13	フォローアップ		
14			
15	移動時間		

の打合せ、監査講評会、本部に戻った後に作成する監査報告書、監査調書等内部監査の項目ごとの所要時間を「1.0時間」や「1.5時間」と、時間単位で記録していきます。監査担当者ごとに記録されたタイムシートは、個別監査終了後、集計され、累計された合計所要時間が次回の監査計画立案時の基礎データとなります。

　このように作成された監査調書は、監査実施責任者によってレビューを受け、承認されて重要な内部文書となります。それらは紙、フロッピーディスク、磁気テープあるいはサーバー等のデータファイルで規定された期間保管される必要があります。監査調書がデータファイルの場合は、データファイルへのアクセス制限やバックアップにも留意する必要があります。

　また、監査調書は、管理調書、永久調書、テスティング調書別にインデックスを付し、後日のレビューを容易にし、権限を授与された者のみに閲覧が認められるようにします。したがって、それ以外の者の閲覧は内部監査部長の承認を得る必要があります。

(6) 指摘事項のフォローアップ

　監査報告書が被監査拠点に発行された後、内部監査人は、報告された監査指摘事項に対し、適切な措置がとられているかどうかを確認する必要があります。内部監査人が内部統制の脆弱性を発見し指摘に残し、経営責任者は内部監査人の改善勧告を受け入れ、組織の見直しや事務手続を改訂して終わりという、単純なパターンばかりとは限りません。

　内部監査人には、検出された改善指摘事項に対し、経営責任者によってとられた措置を評価する責任があります。ここが重要なポイントです。そのために、内部監査人によるフォローアップが実施されなくてはなりません。

　しかしながら、すべての指摘事項に対し、監査終了後の一定期間経過後に、必ずフォローアップを行う必要があるということではありません。リスク度「L」の軽微な指摘事項は、次回監査実施時に、対応状況を確認するだけで十分である場合が多いのも事実です。逆に、リスク度「H」というきわめて重大な指摘事項で、かつ早急な是正措置が求められる指摘のフォローアップ

が1年後の監査のときでは遅すぎます。

　一般に、フォローアップの内容、時期、程度は、内部監査部長によって決定されます。フォローアップの重要性は、内部監査運営手続などの基本規程のなかで定められ、フォローアップ監査の採用や実施の方法などが決められます。フォローアップでは、報告された監査指摘事項に対して、経営責任者によってとられた措置の妥当性、有効性、適時性を確認します。

　フォローアップ監査は、その改善指摘事項の重要性にかんがみて、3カ月ないしは6カ月後などの実施時期が決められます。すべての監査指摘事項が経営責任者によって必ず改善されるとは限りません。経営責任者によっては、指摘事項の内容がもたらすリスクの程度に対するコストや効果を算定し、報告された内容をあえて是正しないというリスクを選択する場合があるからです。

　内部監査では、前回監査と同様の再指摘事項が発見される場合があります。そのような場合にも、監査指摘票などの通知書を作成する前に、監査担当者は業務担当責任者に改善されない経緯や理由を確かめる必要があります。　管理責任者が前回の指摘事項に対し、綿密に改善策を検討した結果、リスクテイクする結論を出す場合があるからです。

　IIAの基準では、内部監査部のフォローアップ手続を決定するにあたり、次の留意点をあげています。
1）報告された発見事項の重要性
2）報告された状況を是正するために必要な効果と費用の程度
3）是正措置をとらなかったときに生ずるかもしれないリスク
4）是正措置の複雑性
5）必要な期間

　内部監査部の資源は限られています。リスク評価によって作成された年間監査スケジュールを計画どおりに消化するのは、それほど簡単なことではありません。フォローアップやフォローアップ監査に、どの程度の資源を投入するかは、内部監査部の運営にとって、重要な事項ともいえます。

　定型化された様式を使用して、フォローアップの効果をあげる場合もあり

図表2.34　重要指摘事項改善計画書の例

			日付：
内部監査部長			○○○支店長 （被監査拠点長）

重要指摘事項の改善計画書
《2006年4月監査実施》

No	改善指摘事項	対応責任者	改善措置	対応時期（年月予定）	対応結果	対応確認印

ます。重要な改善指摘事項を対象として、経営管理者にそのフォローアップも確認させ内部監査部に報告させるわけです（図表2.34）。

　このように、経営管理者には報告された改善指摘事項に対し、とるべき適切な措置を決定する責任があります。一方、内部監査部は、改善指摘事項として報告された内部統制の脆弱性を、適時に解決するために経営管理者が採用した対策の結果を評価する責任があります。その意味で、内部監査部でもフォローアップの状況を管理し、重要な指摘事項に対し定期的に取締役会や監査役委員会に報告することが望まれます。

　内部監査部が行うフォローアップの体制、手続やフォローアップの監査実績は、金融当局の内部監査部に対する最も関心の高いテーマの一つです。監査プロセス全体の最終ステージともいえるこのフォローアッププロセスは、監査スケジュール同様、計画的な対応が求められる重要な責務と考えてもよいでしょう。

3. 内部監査の品質を保つために

(1) 継続的な専門的教育
① 内部監査の専門性

> 「内部監査人は、継続的な専門能力の研鑽を通じて、知識、技能その他の能力を高めなければならない。」「内部監査人は自らの熟達した専門能力を維持するために、継続的な自己教育を行う責任を有している。内部監査人は内部監査基準、手続および監査技法に関する内容改訂や最新の動向について精通していなければならない。継続的な自己教育は、専門職団体への加盟および参加、会議・セミナー・大学の講義・社内の教育プログラムへの出席、および調査プロジェクトへの参加などを通じて行われる。」(内部監査人協会(IIA)実践要綱1230 − 1)

　内部監査を実施するうえで、基本的な監査技術や専門的な知識が必要なことはいうまでもありません。特にリスクベースの監査では、COSOやバーゼル銀行監督委員会で定義されている内部統制の枠組みの理解をはじめとして、金融検査マニュアル、内部監査の専門職的実施のフレームワーク（レッドブック：The Professional Practices Framework）、リスクの分類と定義、内部監査の独立性と客観性、監査プロセスの基本的な理解など内部監査人に求められる水準はますます高度化しています。

　ときどきこのような理論面を軽視してひたすら実践経験のみを重視する人も見受けられますが、内部監査の素地がなく実務経験のみでは内部監査人としての標準的な判断や評価基準をもつことはむずかしいでしょう。ドライバーの飛距離と正確性に悩みをもつゴルファーがグリップやドライバーヘッドの角度、フォロースルーの基本を知ることなく、闇雲に練習に励むのと似たり寄ったりの結果となります。

　一方で、実務経験の伴わない監査理論は宝の持ち腐れであり、生きた理論は実践でこそ証明され、理論の価値を増幅させ、奥行きの深い味わいのある理論を蓄積することが可能となります。

さらに、監査対象となる被監査拠点の業務内容はもとより、経営方針、組織、手続、陣容、情報システム等への幅広い理解も必要となります。よく内部監査を志す人から尋ねられることがあります。

「内部監査の専門性とは何でしょうか。」

「リスクベースの監査とはどのようなものでしょうか。」

「これまで事務規程遵守の検査に長く携わってきましたが、監査マニュアルを新しく作成するにはどうすれば良いのでしょうか。」

いま、世界にCIA（公認内部監査人）の資格保有者はおよそ5万人です。一般に、欧米では、内部監査が職業として社会に認知されており、金融機関においても社内にコンプライアンスオフィサーやコントローラー同様、独立したインターナルオーディター（内部監査人）がいます。企業規模によって内部監査部門の陣容も当然異なりますが、インターナルオーディターはいろいろな企業でキャリアを重ね、監査技術を鍛え、ビジネスに顕在ないし潜在するリスクを嗅ぎ分ける感性を磨いています。

海外に営業拠点をもつ日本の金融機関では、プロの現地インターナルオーディターが支店の内部監査人として駐在しているところも多いと思われます。これらのインターナルオーディターは、いわゆる銀行員というよりも、内部監査の専門家です。抽象的な表現ですが、先の質問にはいつも、こう答えることにしています。

「あなたの海外の支店で活躍しているプロのインターナルオーディターと、対等に監査の話ができますか。できれば、あなたは内部監査の分野において相当な専門性を有していると判断できます。」

すなわち、第1に、リスク評価のプロセスから最終改善指摘事項のフォローアップまでの監査過程を理解していること。第2に、被監査部門（Auditee）、内部統制（Internal Control）、リスク評価（Risk Assessment）、監査調書（Audit Working Papers）、予防的コントロール（Preventive Control）等の監査の専門用語（Terminology）に精通していること。第3に、内部監査部の独立性、客観性を理解していること。第4に、監査計画書、監査調書、監査報告書等の記載要件を理解していること等が会話の前提となるからで

す。さらに、各国主要金融当局のグローバルな内部監査の動向にも関心をもつことなどもあげられます。

② レベルアップ手段

監査の専門性を高めるために、自己啓発も含めどのような研鑽が必要なのでしょうか。内部監査人としての専門的な公的資格取得へのチャレンジを促進するのも、内部監査部のレベルアップを図る有効な手段といえます。

通常、研修には自己啓発、相互啓発を目的とした社内研修、そして外部の集合研修への参加と3種類あります。

専門性を高めるための自己啓発にお薦めするのが、次のテキストです。

1）The Professional Practices Framework

　　The Institute of Internal Auditors（内部監査人協会）発行

　　〈邦訳〉「内部監査の専門職的実施のフレームワーク－2002年版」

　　　　　（日本内部監査協会発行）

　　通称レッドブックと呼ばれ、内部監査のバイブル的手引書。2002年1月改訂版が発行された。監査部門に従事する者にとっては必読書の1冊。

2）内部統制の統合的フレームワーク

　　（Internal Control － Integrated Framework）

　　〈邦訳〉『内部統制の統合的枠組み－理論編／ツール編』

　　　　　（鳥羽至英・八田進二・高田敏文共著、白桃書房）

　　1992年トレッドウェイ委員会組織委員会から公表された、通称「COSOリポート」。企業の内部統制に関するフレームワークを体系的に取りまとめた報告書。2005年12月金融庁企業会計審議会から公表された「財務報告に係る内部統制の評価及び監査の基準のあり方について」で内部統制の基本的枠組みとして採用された。

3）銀行組織における内部管理体制のフレームワーク

　　（Framework for Internal Control Systems in Banking Organizations）

　　バーゼル銀行監督委員会から1998年に公表され、内部管理体制に関する基本的な枠組みが詳述されたもの。

4）銀行の内部監査および監督当局と監査人との関係

　（Internal audit in banks and the supervisor's relationship with auditors）

　　バーゼル銀行監督委員会から2001年8月公表された、銀行監督当局の内部監査、監督当局と内部・外部監査人の関係に関する基本ガイダンス。

5）『新しい金融検査と内部監査』（木村　剛著、経済法令研究会）

　　金融検査マニュアルや内部監査の枠組み発展の歴史的な背景や内部監査理論を解説した手引書。内部監査の組織論や企業統治との関連等解説の範囲は広範。

　これら内外のテキストは、内部監査の理念・理論を学ぶうえで、大変役に立つものです。ぜひ、一読してみてください。

　日本内部監査協会、金融情報システムセンターや㈳金融財政事情研究会、経済法令研究会等が主催する外部研修講座に継続的に参加することも効果があります。たとえば、次のコースなどが開催されています。

- 「内部監査基礎講座」（日本内部監査協会）
- 「統制自己評価（CSA）実践セミナー」（日本内部監査協会）
- 「金融内部監査人養成スクール」（㈳金融財政事情研究会）
- 「金融内部監査士養成集中講座」（経済法令研究会）

日本の外部研修講座は、どちらかというと解説や監査理論に関するテーマ

図表2.35　内部監査部門の研修カリキュラム例

研修コース＼内部監査の構成要員	監査部長	監査責任者 経験10年	監査人A 経験5年	監査人B 経験3年	監査人C 経験1カ月	監査人D 情報システム
Operational Auditing			＊	＊	＊	
Skills for the New AIC				＊		＊
Audit Report Writing				＊	＊	
BPR for Auditors	＊					
Interviewing Skills				＊	＊	
Assessing Risk		＊	＊			
Introduction to CSA						＊
Auditing Information Systems						＊
⋮						

（注）　上記研修コースの各例は、IIA主催のものを参考とした。
　　　各構成要員下部の＊印は、該当研修コースへのエントリー。

図表2.36　内部監査人の自己評価シート例

監査業務の専門性向上への課題に対する自己評価シート

作成日：

氏名：
年度：
担当業務：

		理解十分 （研修不要）	部分理解 （研修必要）	理解不十分 （研修必須）
I.内部監査の基礎知識		（該当個所にチェックマークを記入する。）		
T1	□金融当局・関連規定（金融庁検査マニュアルの考え方と内容）			
T2	□バーゼル銀行監督委員会内部監査関連報告書			
T3	□内部監査の専門職的実施のフレームワーク：IIA			
T4	□内部統制の統合的枠組み（理論編/ツール編）：COSO			
T5	□金融商品や証券業務内容の理解			
T6	□内部監査論（内部監査のプロセス）			
T7	□リスク管理			
T8	□コンプライアンス			
T9	□信用リスク			
T10	□市場関連リスク／流動性リスク			
T11	□事務リスク			
T12	□財務情報			
II.システム監査関連				
S1	○システムリスク			
S2	○情報システム監査のプロセス			
S3	○情報システムの運営・計画・組織			
S4	○情報システムの技術的インフラストラクチャと運用業務			
S5	○情報資産保護（論理的・物理的アクセスとネットワークセキュリティ）			
S6	○災害復旧とビジネス継続			
S7	○ビジネスアプリケーションシステムの開発・購入・導入・維持管理			
S8	○情報システムのビジネスプロセス評価とリスクマネジメント			
III.監査の専門性・技術・管理業務				
A1	◇コミュニケーション技術（インタビュー・プレゼンテーション技術等）			
A2	◇Writing Skill			
A3	◇ウォークスルー、サンプリング等監査技術			
A4	◇内部監査の品質管理			
A5	◇リスクアセスメントと年度監査計画			
A6	◇リーダーシップ			
A7	◇対人関係・チームワーク			
A8	◇組織の活用と時間管理技術（優先順位と計画性・実行力）			
IV.その他の分野（自己申告）				
○1				
○2				
○3				
○4				
○5				

個別具体的な研修等に関する参加希望：

が多いように思われます。一方、欧米やアジアの内部監査人協会が主催する研修では、内部監査における監査技術や監査手法に関する専門的なコースが準備されています。海外研修は費用の面で制約が大きく、なかなか実現するにはむずかしいものがありますが、海外出張等の機会をとらえて参加するなど、積極的に推進する価値があります。内部監査の経歴年数による研修コースの一例をあげてみました（図表2.35）。

内部、外部を問わず、研修に参加した場合には、主催者、講義内容や時間等どのような研修を受講したかを記録しておく必要があります。外部監査や当局検査の際に、内部監査人の教育に力を入れている証左として必要だからです。また、個人としては、後述する取得資格CIA等のCPE（継続的専門能力開発制度）の維持に必要な資料となります。

内部監査人自身が自らの監査業務で補強すべき課題を明確にする自己評価シートを参考までに紹介します。この「監査業務の専門性向上への課題に対する自己評価シート」（図表2.36）は、毎年期初に1年間の課題を自己申告するもので、内部監査部長の承認のもと、課題対象とした項目を中心に研鑽していくことになります。内部監査部長は、自身を含めすべての監査メンバーに申告させ、部として組織的な研修体系の基礎資料とするのも効果的な活用方法といえるでしょう。

このように、経常的な内部監査の実践と同時に、金融環境や社会環境に敏感に反応した付加価値の高い内部監査を維持するには、外部の専門的な情報や最新の監査技術を身に付ける、たゆみない努力が必要とされます。

(2) 金融機関業務の変化への対応

事務手続の遵守状況の検証からリスクベースの監査への変化は、従来の内部監査部の組織、陣容の変化をもたらします。すでに国内の多くの金融機関では事務集中センター、外為事務の集中部門、アグリーメントや契約書の保管、ローンセンター、情報システム関連等国内営業店業務の集中化や子会社を設立してのアウトソーシング化が進み、高度化された顧客ニーズへのサービス向上の観点から、営業拠点の組織のあり方が見直されてきました。

従来、店頭窓口ないしは企業訪問等得意先担当者を通じて受け入れられた顧客依頼書は、その場で形式不備やマネーローンダリングなどの本人確認等基本的な項目が点検された後、後方事務に回付され、起票、承認、記帳、発行、ファイル、その後の照会、残高証明事務等が行われてきました。つまり、預金・為替、外為、融資等一連の事務処理が一箇所の営業拠点に集中され、リスクが発生する所在も限定されていました。

　しかしながら、事務部門の分社化の傾向はリスクの所在、責任部署をも分散化しました。この傾向は現在の金融機関を取り巻く環境を考えると、今後ますます進行していくと思われます。

　このような経営環境の変化が進むなかで、当然のことながら、内部監査部も、組織や事務手続の変更に応じて柔軟にその陣容を変化させる必要が出てきます。すなわち、存在するリスクの移転に、内部監査部内の監査グループの人的資源配分も連動させる必要があるということです。

　図表2.37は、大規模な金融機関の内部監査部の組織を例示したものです。もちろん、金融機関の規模によって異なりますが、市場部門や情報システム等のリスク別ないしは営業部門別に監査グループを組成しているところが多いようです。監査の有効性や効率性の観点から内部監査部の組織をグループ化して、監査の実効性を高めようということです。

　リスクが個々の国内営業部店の組織から、分社化された事務センター、ビ

図表2.37　内部監査部の組織例

グループ名	所管事項
企画グループ	監査の基本施策、業務計画、品質管理、研修等
海外監査グループ	海外拠点の監査に関する事項
市場監査グループ	市場リスク関連の監査に関する事項
システム監査グループ	情報システムの監査に関する事項
本部監査グループ	本店各部の検査に関する事項
関連会社監査グループ	連結、持分等関連会社の監査に関する事項
国内検査グループ	国内営業部店の検査の実施に関する事項
業務検査グループ	業務検査、事故処理に関する事項

ジネスサービス、外為事務集中部門、ローン事務、情報システム部門等銀行本体の外に移転される場合には、それまでの組織を前提とした内部監査部の人員構成では被監査部門の実態にそぐわない状況が予想されます。

　すなわち、内部事務の事務フローおよび責任部署の変化により事務集中センター等の関連会社を担当する監査グループの重要性が今後、ますます大きくなっていくと思われます。

　金融検査マニュアルでも、次のような指摘をしています。

> 「内部監査は、金融機関の全ての業務を監査対象としているか。また、連結対象子会社及び持分法適用会社の業務については、法令等に抵触しない範囲で監査対象としているか。内部監査の対象とできない連結対象子会社及び持分法適用会社の業務並びに外部に委託した業務については、当該業務の所管部門等による管理状況を監査対象としているか。」（リスク管理態勢Ⅲ．内部監査2(2)②）

　関連会社の新たな創設に伴う金融機関の業務リスクの変化に、内部監査部も十分に呼応しなくてはなりません。

　被監査部門の業務の多様性が多岐にわたり、独立したモニタリング機能としての内部監査部の責任がますます重要となってきています。装置産業部門である市場関連本部の現業本部や、ますます高度化、専門化する情報システムの分野も内部統制の重要性が増してきています。インターネットを通じ、お客様へ直接システム商品のサービスを提供している本部部門や国内営業店に対するシステム監査もその規模、範囲が拡大され、論理的、物理的な総合アクセス管理、重要データのバックアップや緊急時のコンティンジェンシープラン等が重要な監査フォーカスの鍵となってきています。このようなビジネス環境の変化のなかで、監査グループの割り切った所管区分では完全にカバーできない領域も当然出てくることが予想されます。

　このように、適切なリスク評価のプロセスが効率的、効果的な内部監査を可能とし、そのための柔軟性ある資源配分が内部監査の品質を決定する鍵となるでしょう。内部監査の技術や専門性の向上も大きな課題ではあります

が、監査グループの既存の枠を乗り越え、拠点のリスクを重視した部門に監査資源を大胆に傾斜できれば、全体としてかなりの資源の削減が可能となり、かつ監査の効率化が期待できると思われます。

4. システム監査

(1) システム監査の重要性

　金融機関のみならず一般企業にとって、経営環境における情報システムが占める存在価値がますます増加しています。最近、盛んに使われる「ITガバナンス」や「IT戦略」といった用語は、情報技術がこれまでの単に必要不可欠な経営基盤という存在を超えた、経営方針や市場開拓、コーポレートガバナンスと一体となった先端的な位置づけに変化したことを意味しています。いまや個人情報保護法などの新たな法規制や天変地異、あるいは不正行為をはじめとする人災に対するコンティンジェンシープラン、開発されたビジネスモデルやグローバルに広がるビジネス展開、M&A等にみられる情報システムの統合・融合など、情報システムへの多大な投資やIT組織の構築、さらには体制の整備そのものが経営戦略と密接に結びついているといってさしつかえないでしょう。もとより企業が経営情報の開示責任や自己説明責任といった社会的責務を果たしていくうえでも、社内の情報システムは大きな役割を担っています。

　金融機関に目を向けると、顧客へのサービスの提供と経営情報の管理・活用を図るために情報システムは欠かせません。情報システムの種類をプロセスで分類すると、フロントオフィス、ミドルオフィス、バックオフィスで利用されるシステム、取引商品別には、預金、融資、ローン、外為、為替、外国証券、投資信託など、また、サービスを提供する拠点として、営業店、営業本部、ATM設置コーナー、コールセンター、コンビニエンスストア、インターネットなどの仮想店舗などがあげられます。

このような情報システムの開発、運用、保守などの基盤を支えるインフラとしては、システム開発センター、コンピュータ運用センター、ヘルプデスクなどがあり、利用形態もインハウス、アウトソーシングとバリエーションがあります。情報システムが取り扱う情報データの種類は、財務情報、顧客情報、社内情報などの重要情報があります。勘定系システム、ディーリング系システム、決済系システム、情報系システム、そしてインターネットやイントラネットを利用した社内外の通信系システムを含め、いまや、情報システムに依存していない金融機関は皆無といってよいでしょう。このことを社内の内部統制において監視機能の重要な職責を担う内部監査の立場からみると、情報システムの監査目標や対象が、膨大かつ広範囲にわたっていると認識することが必要となります。

　日本内部監査協会が実施した監査総合実態調査に基づく「2003年度監査白書」では、これら社内に装備されている情報システムやデータに対し、システム監査を実施している金融機関は約64％で、これは回答した全事業会社の47％を大きく上回っています（図2.38）。
　しかしながら、この数値は、金融機関が社会から期待される内部統制の水準の高さを思えば、決して高いものとはいえません。金融庁は、公表した金融検査マニュアルで、システムリスクを「コンピュータシステムのダウン又は誤作動等、システムの不備等に伴い金融機関が損失を被るリスク、さらにコンピュータが不正に使用されることにより金融機関が損失を被るリスク」

図表2.38　情報システム監査の実施の有無

	実施済	未実施	累　計
生　保	10	2	12
損　保	11	1	12
金　融	111	73	184
計	132	76	208
（比率）	63.5%	36.5%	100.0%

出所：日本内部監査協会「2003年度監査白書」第80表抜粋

と定義しています。すなわち、社内に装備されるコンピュータの不具合が原因で、対外的、対内的に物理的、財務的、あるいは株価下落による企業価値の損失から、評判リスクや社会的知名度の下落と有形、無形の被害を被るということです。そのために、これら情報システムに求められる可用性、機密性、完全性を脅かす脅威について、内部監査部が担うモニタリング機能で継続的に監視する必要があります。

社内のシステムリスク管理態勢を確立するうえで、システムリスクを管轄する所管部あるいはリスク統括部に類する組織・体制の構築が求められます。リスク管理の基本は、リスクの存在を認識することから始まります。そのためには、情報システムの棚卸作業やシステム基本台帳の整備が必要です。次に、社内に装備されるシステム単位に、所管部はリスク評価基準に基づくリスク評価を実施し、経営にその結果を報告することにより、必要とされる対策等を講じます。システム監査の監査目標にまず掲げたいのが、このシステムリスク管理態勢の適切性と有効性の評価です。

(2) システム監査の体制整備

システム監査を実施していくうえで、いくつかの整備すべき点があります。先に述べた具体的な内部監査のプロセスは、通常、システム監査と業務監査でさほど異なることはありませんが、対象となる監査目標や監査範囲、そしてシステム固有の業務に求められる職務分担があります。たとえば、システム開発とオペレーション運用業務、データ入力などの業務オペレータとセキュリティ管理者、コンピュータオペレータとデータベース管理者など分離される職責などがありますので、監査業務の過程で検証すべき項目は多岐にわたります。

これらの監査業務を遂行するため情報システム監査人には、ビジネスの経験が比較的重視される業務監査人とは異なったシステム固有の専門知識やIT関連の実務経験が要求されます。後述するいくつかの監査基準には、ITのシステム開発ライフサイクル（SDLC）に則った専門用語が多く使われています。それらを理解することなく、システム監査における保証業務

(Assurance engagements）はむろんのこと、監査におけるコンサルティング業務を遂行することは、むずかしいでしょう。それを解決するために、なんらかの特別な研修や研鑽、学習が必要となってきます。図表2.39は、情報システム監査を実施するうえで、専門のシステム監査人を配置している比率を表したものです。生保、損保を含む金融機関では、全体の約57％の会社が内部または外部から専門スタッフを配属させています。まだ半分を超えたばかりですが、社内に装備されたシステムのさまざまなリスクに対する危惧、構築されたリスク管理と対峙するうえで監視機能を重視していこうとする経営者の考えがうかがえます。

通常、システム監査の対象となるIT関連の監査目標や監査範囲はすべて、システム監査人でなくては確かな保証業務ができないわけではありません。業務プロセスに近い入力管理（インプットコントロール）や、コンピュータ出力データの信頼性や出力帳票の取扱いなどの出力管理（アウトプットコントロール）、システムへのアクセスを許容するユーザID、パスワード等のセキュリティ管理、エンド・ユーザ・コンピューティング（EUC）などの有効性や妥当性の検証は、業務監査でリスク管理の基本や内部統制の目的を理解している内部監査人であれば、さほどむずかしいことではありません。

図表2.40は、情報システム監査の実施の方法を示しています。情報システムのみを監査の対象として、業務監査と切り離してシステム監査を単独で実施しているか、あるいは業務監査の一環として情報システムもフォーカス

図表2.39　内部監査担当部門によって行われる情報システム監査のための専門スタッフの配置

	配置済	未配置	累　計
生　保	4	2	6
損　保	5	4	9
金　融	43	34	77
計	52	40	92
(比率)	56.5%	43.5%	100.0%

出所：日本内部監査協会「2003年度監査白書」第82表抜粋

図表2.40　情報システム監査の取組方法

	IT監査単独	業務監査の一環	併　用	累　計
生　保	1	0	5	6
損　保	3	3	3	9
金　融	16	32	28	76
計	20	35	36	91
（比率）	22.0%	38.5%	39.5%	100.0%

出所：日本内部監査協会「2003年度監査白書」第84表抜粋

しているか、両者の併用かということです。

　この調査結果では、システム分野の単独での監査は22％、業務監査の一環あるいはそれらの併用で監査を実施している会社は実に78％に達しています。これは、システム監査の人的資源の不足と業務監査人の専門性の高さが関係しているように思われます。

　本章ではこれまで、年度監査計画の策定時における、リスクアセスメントモデル構築の重要性、そして、個別監査における監査プログラムやリスクマトリクス表の作成の必要性を述べてきました。システム監査も例外ではありません。少なくとも社内における情報システムの棚卸に基づく全社的な情報システムを対象とした年度監査計画を策定するためのリスクアセスメントモデルはなくてはなりません。監査対象の優先度や監査頻度を適正に求め、監査の有効性や効率性を高めるためにリスク評価を実施するわけです。評価の基準となるリスク項目を図表2.41にあげますので、参考にしてください。

　システム監査の専門性を有する人的資源の確保も大きな課題です。社内や外部で開催されるセミナーや講座に積極的に参加するほか、日頃からシステム監査人に求められる特質を整理し、人事部との密接な連携を図ることも必要でしょう。社内で適任者の調達が困難な場合は、外部の監査法人やコンサルティングファームにアウトソーシングやコソーシングの導入を検討することが、内部監査部長の責務となります。

図表2.41 システムリスクの評価項目

1．ビジネスリスクの評価項目		
	ビジネスリスクの項目	リスクの評価内容
1	情報システムのタイプ・複雑性	情報システムの種類、データ種類の複雑性のレベル、処理される取引量や集中度の程度、マニュアルか自動処理か、情報技術の十分性、信頼性、成熟度等
2	システムのサービスレベル（ビジネスへの影響度）	情報システムが提供するサービス機能の充足度やシステムが停止した際のビジネスプロセスへの影響度等
3	他システムとのインタフェース	他システムとの接続の有無、他システムとのインタフェースの種類や数等

2．コントロールリスクの評価項目		
	コントロールリスクの項目	リスクの評価内容
1	情報セキュリティ	情報資産に対する管理体制は確立されているか。運用は規程や諸規則に準拠して行われているか。定期的なモニタリングは実行されているか等を判定する。
2	論理的アクセス	コンピュータ資源の無権限使用等アクセスコントロールやアクセス状況のモニタリング、責任者の役割と責任の明確化等を判定する。
3	物理的アクセス	システムやビジネスデータに対する物理的なアクセスの管理状況や権限の明確化の程度を判定する。
4	オペレーション・マネジメント	情報システムの運用管理状況は適切か。変更管理、障害管理、パフォーマンス管理等を判定する。
5	システム管理者の専門性と適切性	情報システム管理者の専門性やオペレーション理解度、取組状況、経験度等を判定する。
6	災害対策と業務継続（DRP）（BCP）	天災、人災等に起因するシステム障害への災害対策は適切か。業務継続計画は立案され訓練を実施しているか。計画書の妥当性を判定する。
7	前回監査と当局検査の結果	前回監査や当局検査での重要指摘事項の有無や改善状況を判定する。

(3) システム監査の監査基準

　システム監査を実施するうえで、監査基準が必要です。この監査基準は、広く一般に知られたものから、金融庁が検査官向けに作成した検査マニュアルを同庁ホームページなどを通じて広く公表しているものまでさまざまです。監査基準は、個別監査計画を策定する際の監査項目を示すもので、システム監査の事前調査の段階でこれらの項目に関する情報を収集し、その内部管理状況を判定し、監査フォーカスを決めるうえで参考となります。

　日本内部監査協会が調査した結果では、システム監査用のチェックリストを整備し具備している金融機関は全体の58％となっています（図表2.42）。監査基準とチェックリストの厳密な比較はしませんが、各金融機関でシステム監査人用になんらかの標準的なマニュアルの類を作成し活用しているところが多いようです。

　ここでは、そのような監査基準をいくつか紹介します。システム監査人が情報システムの監査を行う際に、監査目標や監査範囲を決定する場合や、各々の監査項目のあるべき管理状況を知るうえで役に立ちます。もちろん、金融機関のビジネスの内容や装備される情報システムの構成や規模に応じて修正する必要はありますが、システム監査マニュアルやチェックリストの類を作成する際に参考にしてください。

- COBIT（Control Objectives for Information and related Technology）　：情報システムコントロール協会
- 金融機関等のシステム監査指針　：㈶金融情報システムセンター
- 金融機関等コンピュータシステムの安全対策基準　：㈶金融情報システムセンター
- Information Technology Examination Handbook　：米国FFIEC
- CISAレビュー技術情報マニュアル　：情報システムコントロール協会
- 預金等受入金融機関に係る検査マニュアル　：金融庁

　㈶金融情報システムセンター（FISC）が発行する「金融機関のシステム監

図表2.42　情報システム監査における常備のチェックリストの有無

	保　有	都度作成	未作成	累　計
生　保	1	4	1	6
損　保	6	2	1	9
金　融	46	26	4	76
計	53	32	6	91
（比率）	58.2%	35.2%	6.6%	100.0%

出所：日本内部監査協会「2003年度監査白書」第85表抜粋

査指針」では、システム監査の対象を金融機関等における情報システムとこれに関連する活動全体を、13の領域に分類しています。すなわち①情報システムの計画と管理、②情報システムリスクの管理、③情報セキュリティ、④システム開発、⑤システム運用、⑥システム利用、⑦入出力等の処理、⑧EUC、⑨ネットワーク、⑩システム資産・資源管理、⑪外部委託、⑫コンティンジェンシープラン、⑬ドキュメンテーションです。そして、それぞれの項目について、監査対象部門を、システム企画部門、システム開発部門、システム運用部門、本部各部門、利用部門、EUC実施部門に分け、13の監査対象項目と被監査部門をマトリクス表で示しています。また各項目についてチェックリスト形式で要点がまとめられていますので、システム監査になじみの薄い内部監査人や、これから本格的にシステム監査を導入しようとする金融機関にとって使いやすい監査基準といえます。

「金融機関等コンピュータシステムの安全対策基準」も、やはりFISCが公表し、コンピュータセンターなどの建物や運用等の安全基準を示したもので、情報処理施設への物理的アクセスやコンピュータの運用業務の指針として利用されています。

米国FFIECが発行する「Information Technology Examination Handbook」は、筆者（近藤）が米国で監査業務に携わっている頃に利用していたもので、米国連銀のシステム検査官（IT examiner）向けのIT監査マニュアルです。日本でいえば、金融庁の金融検査マニュアルに相当するといえるでしょう。記載内容は、①Audit、②Business Continuity Planning、

③ Development and Acquisition、④ E-Banking、⑤ FedLine、⑥ Information Security、⑦ Management、⑧ Operations、⑨ Outsourcing Technology Services、⑩ Retail Payment Systems、⑪ Supervision of Technology Service Providers、⑫ Wholesale Payment Systemsの12項目に分類されています。金融当局の監査基準は、社会の情報システムの技術進歩や先進性の程度を反映し、情報セキュリティの網の目を潜ろうとする不正を防止すべく開発研究されてきたものといえます。その意味でIT技術の先端を行く米国の連銀の監査基準は有益です。

情報システムコントロール協会（ISACA）が発行するCISAレビュー技術情報マニュアルは、公認情報システム監査人（CISA）の資格取得の学習用に刊行されたもので、マニュアル自身は情報システム監査、コントロール、セキュリティなどの専門領域の急激な進歩に遅れることなく毎年改訂されています。システム監査人に必要な情報システムの監査目標となる項目がドメインとして7分野に分類され、多面的に記述されています。システム監査の計画、管理など監査プロセスのいろいろな場面で活用できますので、ぜひ手元に置きたい1冊です。記載されるドメインは、①情報システム監査のプロセス、②情報システムの運営、計画、組織、③技術的インフラストラクチャと運用業務、④情報資産の保護、⑤災害復旧とビジネス継続、⑥ビジネスアプリケーションシステムの開発、購入、導入、維持管理、⑦ビジネスプロセスの評価とリスク管理から構成されています。各ドメインの末尾に専門用語の解説がついており、利便性を高める工夫がなされているのも特徴です。

ここでは、COBITについて詳述することにします。COBITは世界のシステム監査人の監査基準として広く利用されているものです。COBITは、「組織がその目標を達成するのに必要な情報を提供するために、四つのグループ化されたプロセスによって、IT資源が管理される必要がある。」と説明しています。四つのドメインとは、①計画と組織、②取得と実施、③デリバリーとサポート、④モニタリングです（図表2.43）。これらのドメインの各プロセスは、PDCAの管理サイクルと同様、循環することにより、その成熟度を

図表2.43　COBITの四つのドメイン

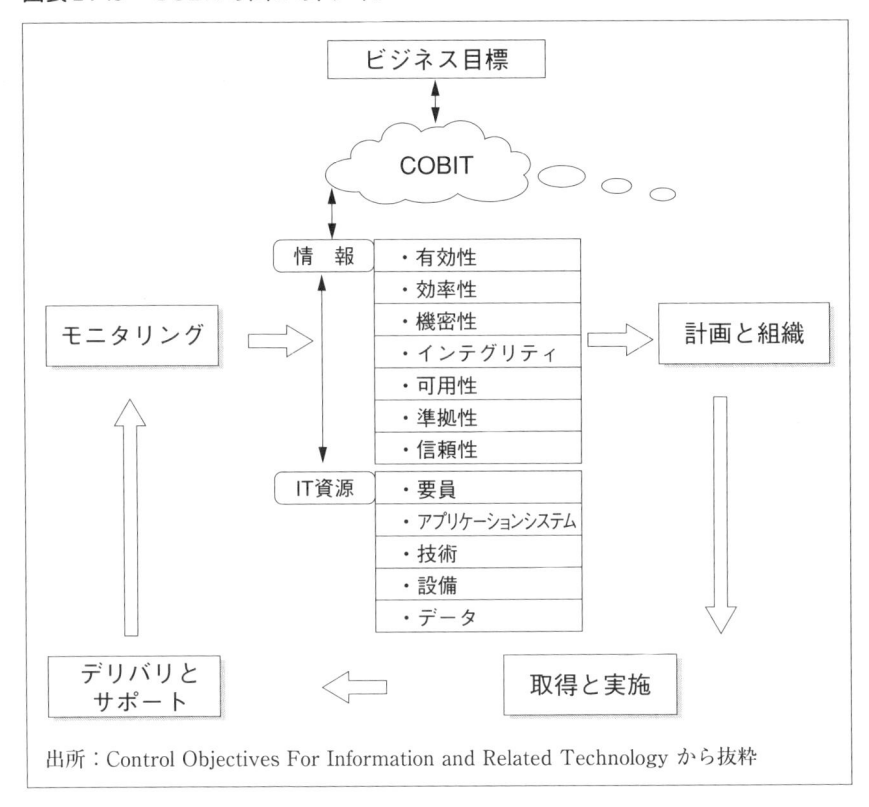

```
                    ビジネス目標
                         ↕
                      (COBIT)
                         ↕
              情　報  ・有効性
                      ・効率性
    モニタリング  →  ・機密性      →  計画と組織
                      ・インテグリティ
                      ・可用性
                      ・準拠性
                      ・信頼性
              IT資源  ・要員
                      ・アプリケーションシステム
                      ・技術
                      ・設備
                      ・データ
    デリバリと  ←              ←  取得と実施
    サポート
出所：Control Objectives For Information and Related Technology から抜粋
```

高めていきます。各々のプロセスは会社レベル、情報サービス機能レベル、ビジネスプロセスオーナーレベルで適用されます。

　情報システムを管理するサイクルとして、四つのドメインには34のプロセスが定義されています（図表2.44）。

　これら情報システムの管理項目に対し、COBITの監査ガイドラインは、システム監査の目標を「管理者にコントロール目標が達成されつつあることを合理的に保証すること、重大なコントロールの弱点がある個所を指摘し、そのリスクを立証すること、是正措置を管理者に助言すること」としています。この目標は、一般の業務監査の目標と変わることはありません。さらに、ITプロセスの監査手順を、①ビジネス要件に関連したリスクと関連するコ

図表2.44　COBITの情報システム管理のドメインとプロセス

ドメイン		プロセス
計画と組織 (PO)	PO1	戦略的なIT計画の定義
	PO2	情報基盤の定義
	PO3	技術指針の決定
	PO4	IT組織と関連の定義
	PO5	IT投資の管理
	PO6	マネジメント目標と指針の伝達
	PO7	人的資源の管理
	PO8	外部要件への準拠性の保証
	PO9	リスク評価
	PO10	プロジェクト管理
	PO11	品質管理
取得と実施 (AI)	AI1	解決法の識別
	AI2	アプリケーションソフトウェアの取得と保守
	AI3	技術基盤の取得と保守
	AI4	ITシステム関連手続の作成と保守
	AI5	システムの認証と導入
	AI6	変更管理
デリバリとサポート (DS)	DS1	サービスレベルの定義
	DS2	第三者機関のサービスの管理
	DS3	性能とキャパシティの管理
	DS4	継続的サービスの保証
	DS5	システムセキュリティの保証
	DS6	コストの識別と賦課
	DS7	ユーザの教育と訓練
	DS8	ITのカスタマーへの支援と助言
	DS9	構成管理
	DS10	問題と障害管理
	DS11	データ管理
	DS12	ファシリティ管理
	DS13	運用管理
モニタリング (M)	M1	プロセスのモニタリング
	M2	内部統制の妥当性の評価
	M3	独立した保証の確保
	M4	独立的監査の提供

出所：Control Objectives For Information and Related Technologyから抜粋

ントロール措置を理解する（識別と文書化）、②表明されたコントロールの適切性を評価する（評価）、③コントロールが表明されたとおり、一貫して継続的に機能しているかどうかをテストすることにより準拠性を検証する（準拠性テスト）、④分析的手法を使用したり代替資料を調べることによりコントロール目標が達成されないときのリスクを実証する（実証性テスト）と、述べています。監査ガイドラインは、34のプロセスの各々について、この四つの監査手順について詳述しており、システム監査人にとって実践的な監査ツールといえます。FISCのシステム監査指針で説明されるチェックリスト形式と異なり、システム監査人としての専門性を要求される監査プログラムに近い内容といえ、システム監査の実施体制を整備した後に、このCOBITの監査ガイドラインをシステム監査の実務指針として採用するのもよいでしょう。

(4) 全般統制とアプリケーション統制

システム監査では、全般統制（general control）とアプリケーション統制（application control）の有効性や妥当性を監査の対象とする方法があります。

① 全般統制

全般統制は、メインフレーム、分散系、パソコン等すべてのコンピュータに適用されます。全般統制は、コンピュータの処理環境内の職務分離等に関連する組織的な管理と、コンピュータ部門内の効率的で有効な業務の遂行を目標とする業務的な管理を指します。システム監査では、まず、次のような職務が適切に分離されているかを検証します。

1）システムアナリスト

コンピュータ情報システムの分析とデザインをする専門家なので、プログラム業務を行うべきではなく、また入出力管理やデータ・ファイルや稼働するプログラム等のアクセスは禁止されるべきです。

2）プログラマー

システムアナリストによって分析、デザインされたシステムのプログラ

ムに関して、コーディングやテストを行います。
3）コンピュータオペレータ
　運用マニュアル等に従ってコンピュータを操作し、情報処理を行います。
4）データ変換オペレータ
　データを用意し、MT等に送信します。主にメインフレームのデータを扱います。
5）ライブラリアン
　マニュアル等の書類やプログラムおよびデータファイル等の維持管理を担当します。

次に、効率的で有効な業務を保証する組織的な管理として、次のような項目があります。

1）バックアップおよびリカバリーの手順や方法
　ここでは、バックアップされているデータをサンプルチェックし、バックアップ手順やチェックポイント手続、およびバックアップファイルにマスターファイルの内容とデータストラクチャを記録するロールバックの完全性と正確さを検証します。二重ロギングの防止に関しては、日々のログに記録されている違反ログのフォローアップ状況のチェックや取引情報の変更前と変更後のイメージのサンプルを照合し、完全性を確認したりします。

2）ホットサイトとコールドサイトのバックアップ施設
　監査では、完全保護システムを含むバックアップ施設の完全さ、適切さや設備の更新頻度を検証します。メインフレームではさほどシステムの変更はありませんが、分散系システムでは頻繁に変更されることが多いため、最新のシステムがバックアップ施設にも設置されていないと、危機発生時に情報処理が継続できなくなるおそれがあります。

3）システム開発ライフサイクル（SDLC：System Development Life Cycle）
　監査の項目として、次のような項目があげられます。
　・システム開発に使用されたシステムのフローチャート図や詳細記述書、入力や出力のフォーム、記録のレイアウトやバックアップの手順等を含

むシステムに関する文書化の適切性の確認。
- プログラムのフローチャート図や詳細を描写した書類、入力や出力のフォーム、記録のレイアウトやオペレータへの指示、および管理等を含むプログラムに関する文書の作成と適切性の検証。
- 経営者およびシステムのユーザを含む情報システム開発委員会（Steering Committee 等）が、必要なシステムやプログラム開発の承認を行い、進捗の確認書類を作成しているか。また、稼働前および稼働後のシステムに対する各種データのテスト結果の検証。
- SDLCから外れて開発されているシステム、またはプログラムの存在確認とその理由の正当性の検証。

4）ハードウェア管理

　ハードウェアの次のような統制が存在して、有効に機能しているかを検証します。

- 境界防止（boundary protection）：プログラムやデータを、同じ情報媒体に入っている別の活動や、プログラムまたはデータからのインタフェースから保護することです。
- 解析ルーティン：システムに組み込まれているハードウェアの問題をチェックする機能。
- デュアル・リード：テープドライブ等の入力機器が入力を比較する目的で2度読み込むこと。
- エコー・チェック：CPUから送られたシグナルを送り返すことにより、確認する。
- パリティ・チェック：データに数字または文字を加え、その和が偶数か奇数かを判断する。

5）システムおよびプログラムへのアクセス管理

　アクセス管理に含まれるのは次のようなものです。

- パスワードおよびユーザID番号
- 特定の機器にアクセスが必要なときにのみアクセス権限を与えるための承認表

- システム・アクセス・ログ

6）物理的なアクセス管理

　ハードウェアやコンピュータ室への物理的なアクセスに対する統制も重要な項目です。通常、ハードウェアやコンピュータ室へのアクセス管理は、カード型のアクセスキーや指紋の照合（Finger print）などで行われ、アクセスの承認手続や継続的な管理状況を精査します。

② アプリケーション統制

　アプリケーション統制は、システムが行う特定の行為に関連している統制で、主に入力の管理、処理の管理、および出力の管理を含みます。

1）入力の管理

　処理を行うデータが、適切な承認を経ていることを確認します。次のような統制が存在し、有効に機能しているかを検証します。

- エディット・チェック
- エラー・リスティング
- フィールド・チェック
- ハッシュ・トータル
- リミット、レンジのチェック
- リーズナブルネス・テスト
- レコード・カウント
- シークエンス・チェック
- オーバー・フロー・テスト

2）処理の管理

　特定の処理を行うアプリケーションが、意図された処理を正確に行っていることを検証します。また、システムやプログラム（アプリケーション）を運用するコンピュータオペレータが、正しく操作手順どおりに処理を行っているかも確認します。

- 二つの処理間のコントロール・トータル（run-to-run control totals）
- 内部ヘッダーおよびトレーラー・ラベル

- コンピュータオペレータが、運用に必要なアプリケーションにのみアクセス権限をもつこと。
- コンソールログなどコンピュータオペレータが行ったすべての操作が記録されること。
- コンピュータオペレータは、必ず二人以上で勤務すること。

3）出力の管理

処理された結果が正確で、承認された関係者のみが出力結果を受け取ることを確認する。次のような出力統制が存在し、有効に機能していることを確認します。
- データ管理グループの存在
- 処理終了マーカー（end of job markers）がついていること
- スプーラー・コントロール
- エラー・レポート

4）監査証跡（Audit trail）

アプリケーションのなかにあるデータに対する変更の記録が、監査証跡です。監査では、監査証跡の存在とその維持期間や閲覧手続等を検証します。

5）エンド・ユーザ・コンピューティング（EUC）

分散系システムやパソコンを用いて、ユーザ自身が作成したアプリケーションを指します。これらの開発は、システム開発ライフサイクルの対象となっていません。また、ユーザ自身が、あるいは同じ業務を担当する従業員が使う目的でつくられているので、アクセスの統制が組み込まれていないケースがほとんどです。システム処理フローの文書化、バックアップデータの取得、バージョン管理、アクセス管理などが監査主眼となります。

6）著作権侵害の問題

プログラム（アプリケーション）の使用に関して、著作権は重要な問題です。従業員が自宅で使っているプログラムを会社で使い、それが他の従業員にコピーされる場合や、インターネットでダウンロードするプログラムは、注意を要します。監査では、著作権の侵害になるようなプログラム

の存在の認識とその対策および、著作権侵害を防止する手続の存在および遵守等を確認します。

(5) システム監査の監査技術

業務監査の精査で行われる手続は、システム監査でも使われます。それはサンプルに基づいた照合や確認のような手続です。しかし、システム監査は業務監査と違い、監査対象がシステムなので、システム監査特有の監査手続もあります。以下で、システム監査特有の手続を説明します。

① システム内およびシステム周りのプロセス・フローチャート

システム監査人は、システム周りの手続およびコンピュータの行う処理ならびに関連する統制を含む、システム全体のプロセスおよび統制のフローチャートを作成します。このフローチャートを作成することにより、システム監査人は被監査部門ならびにシステム部門と、プロセスおよび統制の確認をすることができ、加えて業務担当の監査人との意思疎通を図ることもできます。

フローチャートを作成するためのソフトウェアは、市場にいくつか出回っており（たとえばマイクロソフト社のVISIO）、パソコンでも十分に詳細で効果的なフローチャートが作成できます。新しいシステムを監査する場合は、システム全体のプロセスおよび統制のフローチャートを作成するために時間がかかりますが、一度作成してしまえばその後は変更点のみを修正するだけですむので、監査の効率化にも貢献します。また新任のシステム監査人が、システムのプロセスおよび統制を学ぶ資料としても活用できます。

② テスト・データ

通常の取引データのなかで、テスト用にアプリケーションの統制をさまざまな角度から監査できるように特別に準備された入力データを使用して処理を行い、予想された結果と処理された結果を比較して統制の有効性を確認します。特別に準備された入力データは、通常アプリケーションが処理できる

すべての取引形態とマスターファイルの要素を含みます。準備にはシステムの知識は特に必要ありませんが、大切な点は、特別に準備された入力データがすべての取引形態とマスターファイルの要素を網羅していることです。また監査の対象になるアプリケーションが、常時使用されている最新版であることを確かめる必要があります。通常はバッチ処理を行っているシステムで、この手法が使われます。

③　インテグレイテッド・テスト・ファシリティ（ITF）
　通常に運用されているアプリケーションで、架空の取引のデータ処理を行い、その結果をあらかじめ予想された結果と比較して統制の有効性を確認します。また架空の取引を混入させることは、運用中のアプリケーションを操作しているコンピュータオペレータに知らせずに行われることが多いようです。それにより、日常的な処理のなかの統制を精査することができ、また通常の処理のなかで行われるので、特別な設備やシステムを必要としません。
　ただし、アプリケーションに架空の取引のデータ処理を行わせるので、処理された結果を、実際の取引と間違われないように取り除かなければなりません。また間違いを最小限にとどめるため、架空の取引データの数量も限定的になります。通常はオンラインやリアルタイムで処理を行っているシステムでこの手法が使われます。

④　パラレル・シミュレーション
　通常業務で運用されているアプリケーションと、別の機器のうえで稼働する同じアプリケーションを用意し、さまざまな現実の取引データを二つのアプリケーションで同時に処理させ、その結果を比較・検証します。実際の取引データを使用するので、特別な入力データを準備する必要がなく、また通常業務で運用されているアプリケーションで処理されているデータを、別の機器のうえで稼働する同じアプリケーションで処理するだけなので、監査人がテストを行いたいときにいつでもテストができます。また実際の取引データを使用するので、比較的大量のデータを取り扱うことができます。

しかしパラレル・シミュレーションは、別の機器を用意しなければならないので、機器の性能ならびにアプリケーションの規模により、テストできるアプリケーションの数に制限があります。また別の機器を用意するコストもかかります。さらに別の機器のうえでアプリケーションを稼働させるので、その知識が必要とされます。通常は、データベース管理システム等の監査に使用されます。

⑤　トランザクション・セレクション

通常業務に運用されているアプリケーションとは別の、特殊なコンピュータプログラムにより、通常の取引のデータを再処理し、その結果を目的に応じて抽出または選択します。システム統制の結果をチェックするためのサンプルを大量のデータのなかから抽出する場合や、特定の特性をもったデータを選択するときに使われます。

特定のアプリケーションに対し、プログラムを組む必要があるので、その作成と実施にコストがかかる場合があります。このプログラムは、すべてのシステムに使うことができます。

⑥　エンベディッド・データ・コレクション

通常業務で運用されているアプリケーションから、一定の基準に一致する取引のデータを抽出できるように、あらかじめそのアプリケーションにルーチンを組み込んでおきます。それにより、そのアプリケーションで処理されるすべての取引のデータは、監査の対象になります。もちろんルーチンはアプリケーションごとに作成して組み込まなければならないので、コストはかかります。通常は、オンライン・システムを監査するときに使われます。

⑦　トレーシング

通常業務で運用されているアプリケーションで処理された取引のデータに関して、すべての監査証跡を作成する手続です。すべての監査証跡は、最初の取引のデータ入力から始まり、変更等が加えられた日時や変更者等の情報

が網羅されています。通常監査証跡を追跡することにより、アプリケーションの内部統制を検証することができます。また、システム内の特定のデータに標識をつけて追跡することも可能です。

ただし、監査証跡を十分に解析するために、監査人はアプリケーションのプロセスと統制の知識をもっている必要があり、またすべての監査証跡を残すことにより、アプリケーションの処理時間に負担がかかることもあります。トレーシングは、監査証跡が残っているアプリケーションであれば使うことができます。

⑧ スナップ・ショット

通常業務で運用されているアプリケーションの処理を、ある一時点で切り、その時点で処理された取引のデータを抽出する手続です。抽出されたデータは、一定の時点で計測されるだけなのでデータ自身に影響はありません。また、特定の取引のデータに関する処理の形跡を出力したり、特定の基準に一致した取引のデータも出力できます。この手続は、ソースコードをデバック（プログラム上でエラーを発見し修正する過程のこと）するために役立ちます。また処理の中間値等を知るうえでも、有効です。

ただし、この手続を行うためには、経験のあるデータ処理担当者がルーチンをアプリケーションに組み込まなければならないので、コストはかかります。また、アプリケーションが行う処理にかかる時間も増加します。通常は、大量の取引のデータに関するすべての監査証跡を精査するかわりに使われます。

⑨ マッピング

通常業務で運用されているアプリケーションの稼働状況に関して、実行されていないプログラム中のルーチン、あるプログラム・ルーチンのCPU時間、および特定のルーチンが実行された時間数というような事柄の統計的情報を精査する手続です。これは、監査においてテストされた取引のデータの処理状況を監視するために役立ちます。また通常はあまり使用されていな

第2章 内部監査の進め方　*157*

い、プログラムのなかのルーチンを認識することもできます。ただし、この手続を行うには、アプリケーションの専門家を必要とするので、コストがかかります。

(6) これからの課題

　情報システム監査と聞くと、どうしても食わず嫌いになってしまったり、システムの文字や言葉だけで、監査対象の範囲から敬遠してしまう内部監査人が多いようです。確かに、情報システムは、専門分野に特化した人が、企画、開発、テスト、導入、更改、保守のそれぞれのステージで情報処理業務に携わっています。豊富な業務経験を武器に専門用語を駆使し、内部監査人の質問や問題提起に反論したり、正当性を主張したりします。一方で、自身に情報処理への知識や経験がないことによる気後れから、職責分離についての突っ込んだ質問や、有事における業務継続計画の妥当性、資産管理の有効性、エンド・ユーザ・コンピューティング（EUC）がもつ潜在的なリスクを考慮しない現状肯定的な姿勢では、内部監査人に求められる監視活動において満足な成果を得ることはできません。

　情報システムを利用しない金融機関はありません。インターネットの著しい発展とともに以前にはなかった類の詐欺や横領、そして個人情報の流失など、金融機関の信頼性を損なう不正行為が頻発しています。システム監査人や業務監査人などの内部監査人は、本来、業務の有効性や適切性を検証する立場から、リスク管理態勢の考え方やシステムリスクの潜在的な在り所を嗅覚鋭く嗅ぎ分ける能力に優れ、その知見の維持のために日頃のたゆみない研鑽、研究を求められています。

5. 金融機関内部監査における最近のトピックス

(1) 個人情報保護法と内部監査

　「個人情報の保護に関する法律（以下、個人情報保護法）」への対応も内部

監査部に求められる重要な監査目標です。頻発する個人情報漏洩に関する事故、不正がマスコミを賑わし、被害を受けた会員顧客への賠償コストが社会で話題となりました。企業責任として損害賠償は対症療法としては必要なことですが、社会的責任を果たすために、抜本的な組織体制の整備が求められます。

この法律は、高度情報通信社会の進展に伴う個人情報の有用性に配慮しつつ、個人の権利利益を保護することを目的として、個人情報を取り扱う事業者の遵守すべき義務を定めたものです。2003年5月30日に公布され、2005年4月1日より完全施行されましたが、この規程のなかで、重要と思われる主な項目は図表2.45のとおりです。

また、2004年6月に経済産業省から「個人情報の保護に関する法律についての経済産業分野を対象とするガイドライン」、同年11月に金融庁から「金融分野における個人情報保護に関するガイドラインの安全管理措置等についての実務指針（案）」が公表され、12月には正式に告示されました。これらガイドラインで定義された個人情報を取り扱う企業は、従前以上に個人部門に限らず全部門が保有する個人情報、個人データを洗い出し、自己責任において内部管理体制を構築することが課題となっています。企業の内部管理体制の重要なモニタリング機能を担う内部監査部門として、この個人情報保護法への会社レベルの対応をどう監査活動に組み入れるか、社内体制の新たな目標の構築に対し、経営者からなんらかの示唆や要請あるいは保証を期待されるのは容易に想像できます。

特に、内部監査部は、これら組織的な対応がどこまで整備され、個人情報保護法における利用目的の特定、利用の制限、安全管理措置、委託先の監督、苦情の処理などへの具体的なアクションプランや対応スケジュールがどう策定されているのか等、有事における危機管理を含めた日頃の重要情報への取組態勢を評価することにより、潜在的な個人情報の流失、不正の発生を未然に防ぐ役割を担うといえます。

金融庁公表の実務指針では、「金融分野における個人情報保護に関するガイドライン第10条に定める安全管理措置の実施について」（図表2.46）で、

図表2.45　個人情報保護法の概要

個人情報の保護に関する法律(平成15年法律第57号)		
第四章　個人情報取扱事業者の義務等		
第15条	利用目的の特定	利用の目的をできる限り特定しなければならない
第16条	利用目的による制限	あらかじめ本人の同意を得ないで利用目的の範囲を超えて、個人情報を取り扱ってはならない
第17条	適正な取得	偽りその他不正の手段により取得してはならない
第18条	取得に際しての利用目的の通知等	個人情報を取得した場合は、利用目的を公表している場合を除き、利用目的を本人に通知し、または公表しなければならない
第19条	データの内容の正確性の確保	正確かつ最新の内容に努めなければならない
第20条	安全管理措置	個人データの漏洩、滅失または毀損の防止、安全管理のために必要かつ適切な措置を講じなければならない
第21条	従業者の監督	従業者に個人データを取り扱わせるにあたって、従業者に対する必要かつ適切な監督を行わなければならない
第22条	委託先の監督	委託先への必要かつ適切な監督を行わなければならない
第23条	第三者提供の制限	法令に基づく場合等を除き、あらかじめ本人の同意を得ないで第三者に提供してはならない
第24条	保有個人データに関する事項の公表等	保有個人データに関し、当該個人情報取扱事業者の氏名または名称等本人の知りうる状態に置かなければならない
第25条	開示	本人から開示を求められたときは、遅滞なく開示しなければならない
第31条	苦情の処理	苦情の適切かつ迅速な処理に努めなければならない
第34条	勧告および命令	主務大臣は違反を是正するために必要な措置を勧告することができる
第六章　罰則		
第56条	罰則	主務大臣の命令に違反した者は、6月以下の懲役または30万円以下の罰金に処する
第58条	罰則	法人の代表者または法人もしくは人の代理人、使用人その他の従業者が違反行為をしたときは、行為者を罰するほか、その法人または人に対しても、罰金刑を科する

COSOの内部統制のフレームワークに基づくPDCAの管理サイクルに則ったきめ細かい管理方法が記されています。

この案の内容は、施策、規程、方針が具体的に記述されていることから、個人情報保護法対応への内部監査のアプローチとしては二つ考えられます。すなわち、規程の整備、遵守状況の検証に重点を置くコンプライアンスを主眼とした監査とするか、あるいは、企業規模や業務内容から情報の漏洩や毀損により企業が被る訴訟リスク、評判リスクに対するリスク管理体制ならびにマネジメントシステムの有効性のレビューを監査目標とするかどうかです。内部監査部長の専門性に裏付けられた見識が発揮されるところです。

図表2.46　金融庁が定める金融機関の安全管理措置

```
金融分野における個人情報保護に関するガイドライン第10条に定める
              安全管理措置の実施について
(1) 個人データの安全管理に係る基本方針・取扱規程等の整備
     1. 個人データの安全管理に係る基本方針の整備
     2. 個人データの安全管理に係る取扱規程の整備
     3. 個人データの取扱状況の点検・監査に係る規程の整備
     4. 外部委託に係る規程の整備
(2) 個人データの安全管理措置に係る実施体制の整備
     1. 実施体制の整備に関する組織的安全管理措置
     2. 個人データ管理責任者等の設置
     3. 就業規則等における安全管理措置の整備
     4. 個人データの安全管理に係る取扱規程に従った運用
     5. 個人データの取扱状況を確認できる手段の整備
     6. 個人データの取扱状況の点検・監査体制の整備と実施
     7. 漏洩事案等に対応する体制の整備
     8. 従業者との個人データの非開示契約等の締結
     9. 従業者の安全管理措置の周知徹底、教育および訓練
    10. 従業者による個人データ管理手続の遵守状況の確認
    11. 個人データの利用者の識別および認証
    12. 個人データの管理区分の設定およびアクセス制御
    13. 個人データへのアクセス権限の管理
    14. 個人データの漏洩・毀損等防止策
    15. 個人データへのアクセスの記録および分析
    16. 個人データを取り扱う情報システムの稼働状況の記録および分析
    17. 個人データを取り扱う情報システムの監視および監査
```

体制整備が依然として十分でなく、施行後も引き続き実行計画を遂行する金融機関では、助言、相談、促進、教育、計画といったコンサルティング活動を内部監査部が実施するのも効果的です。ただしこの場合、内部監査の独立性、すなわち事後の内部監査の保証活動への妨げとならぬよう、組織内でなんらかの取決めが必要となります。

　個人情報保護法をCOSOの内部統制のフレームワークに当てはめると、このような社会的にも注目度の高い、換言すれば施行後の漏洩や流失といった事務事故の発生が、著しく企業価値に負の影響を与えることが予想される新立法に対して、内部監査は、第1に統制環境に監査の焦点を当てることが重要になります。個人情報保護法の対応は、単に社内の企画部門や情報セキュリティ委員会を構成する一部の管理部門だけの話ではありません。たとえば、トップダウンによる被災時における全社的な災害対策・業務継続といったスケールで対策を講ずる必要があります。

　法律で定義された個人情報を保有する多くの金融機関では、少なくともそのような重要情報を取り扱うことの潜在的なリスク分析や漏洩した際の財務的損失の把握、有事の対処・マスコミ対応を含めた危機管理などの体制が重要となります。一般に、企業内部で生成される会計情報や顧客情報などの重要情報は、リスクマネジメントの一環として社内の情報セキュリティ委員会など最高位の決議機関で、会社としての統一的な定義や取扱規程が決定されます。そして、具体的な運営方針や情報データに対する会社レベルの指針がミッションステートメントとして公表されます。

　個人情報保護法の対応を、社内で設置されている情報セキュリティ委員会活動の延長線で対応する方法もありますが、この新法は、社内で保有する個人情報の"棚卸し"や個人情報保護責任者の任命、あるいは個人情報の利用目的の社員への周知徹底など、既存の組織では網羅がむずかしい広範な規程となっています。その意味で、既存の組織を活用する場合は、リスク管理部、法務部、コンプライアンス部、事務部、情報システム企画部、経営企画部といった社内の機関部がコアとなるでしょう。そのなかで、経営に直結した経営企画部の指揮のもと、リスク管理部、法務部などが特に重要な役割を担い

ます。内部監査部は、監査を実施するにあたって、これら主管部門の責任者との緊密なコミュニケーションが必要となってきます。

　個人情報保護法を包括した情報セキュリティのポリシーやスタンダードを柱とした個人情報取扱管理規程をはじめとする具体的な規定・ルールなどを整備し、社員全員に周知徹底させる啓蒙計画と報告システムが重要となります。個人情報に対する全社員への倫理観を醸成させる教育研修、不正の動機と機会を摘み取りコンプライアンスを徹底する統制システムもまた不可欠です。

　内部監査では、フロントのみならずバックオフィスや管理部門等広い範囲で存在する個人情報の網羅的な全社レベルでの管理体制の適切性を評価するだけではなく、サービスレベルアグリーメントの締結による外部業務委託先での安全管理の強化や脆弱なインターネットセキュリティによる個人情報のデータ漏洩への助言、個人情報データの保存と消去等内部統制へのコンサルティング活動も付加価値のある監査業務といえます。もちろん、内部監査部もまた、早急に個人情報保護法に対する監査の基本方針と監査手続を構築することが必要です。

(2) インターネットバンキングの内部監査

　2000年10月、日本初のインターネット専業銀行であるジャパンネット銀行が開業しました。その翌2001年6月には外貨預金や住宅ローンなど顧客へのサービス内容を充実させるソニー銀行、さらに、コンビニエンスストア設置のATMでの決済サービスを提供するアイワイバンク銀行、パソコン・携帯電話・PDAを顧客とのチャネルに利用する決済業務特化型銀行のイーバンクが新しいビジネスへ参入してきました。最近では、あおぞら銀行とヤフー、山口県の西京銀行とライブドアなど銀行とインターネット企業との業務提携も相次いで発表され、インターネットの目覚ましい普及と相まって、日本でも金融機関のeビジネスが急速に発展を遂げています。

　インターネットバンキングとは、インターネット上にのみ存在する仮想銀行（サイバーバンク）を指しますが、インターネットを利用した新しいチャ

ネルでの銀行ビジネス、インターネットバンキングの内部監査とはどのようなものでしょうか。

まず、内部監査手続は、おおよそ図表2.47のとおりとなります。

監査手続の重要なポイントは、支店窓口を顧客接点とした既存の銀行との相違点を明確にするための十分な予備調査と、インターネットバンキングの固有のリスクをまとめたリスクマトリクス表の作成といえます。

まず予備調査では、新ビジネスの概要や経営環境、インターネットビジネスを取り巻く社会環境はもとより、監査対象企業の経営方針、業務計画、組織、陣容、手続、システム構成などの情報を収集します。一般にインターネットバンキングでは、ファイアーウォールを含むシステムセキュリティをアウトソーシングしている企業が多いようです。外部業務委託契約における内部監査の主要項目、すなわち、監査権、運用の継続性、データの一貫性・機密性、サービスレベルなどを事前に確認することも大切です。

インターネット取引のリスク発生要因には次のようなものが考えられます。

1）脆弱なセキュリティポリシー

図表2.47　インターネットバンキングの内部監査手続

```
 1. 経営方針、業務内容、組織・体制などの予備調査
 2. インターネットバンキングのリスク評価の実施
 3. 監査日程、要員計画の見積り
 4. 監査計画書の策定
 5. 個別監査プログラムの作成
 6. リスクマトリクス表の作成
 7. 監査の実施（往査）
    実査、インタビュー、分析、観察、外部委託会社への監査手続
 8. 監査結果講評会の開催
 9. 監査報告書
    監査目標・範囲、結論（総合意見）、評定、改善指摘事項、改善勧告、
    是正措置
10. 監査調書
11. 改善指摘事項のフォローアップ
```

2) インターネットとの危険な接続
3) 発見されないセキュリティ侵犯
4) セキュリティ侵犯への貧弱な対応
5) アドホックな接続
6) 拒否される顧客からのサービスリクエスト
7) 経験の蓄積不足
8) コンティンジェンシープランの欠如

　これらのリスク発生要因を頭に入れながら、リスクアセスメント（評価）を実施してみましょう（図表2.48）。

　この例では、ビジネスリスクの商品／業務の新しさ、およびコントロールリスクの組織と責任体制、経営情報システム（MIS）の適切性そしてシステムの妥当性と依存度などを高リスクと判定しています。

　次に、リスクマトリクス表はどうでしょうか。想定されるリスクとあるべきコントロールの一部を列挙してみました（図表2.49）。

　同図表のように、インターネットバンキングに内在すると考えられるリスクに焦点を当て、リスクマトリクス表を作成していきますが、これは、一般銀行の監査と同様に監査業務ごとに必要となります。

　このようにみてくると、インターネットビジネスにおける内部監査の主要な監査フォーカスは次のように集約されます。

① インターネットリスクへの認識と経営戦略

　インターネットは仮想世界ゆえに現実社会と異なり、リスクそのものがみえにくい特質をもっています。過去の業務経験が必ずしも有効ではなく、経営者によるビジネス特性への理解とリスク認識、リスクに基づく組織体制やコーポレートガバナンスのあり方が大きな監査ポイントとなります。

② インターネットバンキングのビジネスエクスポージャの把握

　ビジネスの拡張性、ビジネス規模の予測、十分なキャパシティとスケールをもったシステムの導入です。情報技術が先行するインターネットビジネス

図表2.48 インターネットバンキングに対するリスクアセスメント（評価）のサンプルリスト

監査拠点名：サイバーeネット銀行

ビジネスリスク

(リスク項目)	信用リスク	決済事務リスク	市場リスク	流動性リスク	法務/当局リスク	商品/業務の新しさと複雑性	資産残高の規模	小 計	リスク配分	評点①
(評点)	0.500	0.750	0.250	0.250	1.000	2.000	0.750	5.500	40.0%	2.200

リスクウェート

リスク評価	1.0	1.5	1.0	1.0	2.0	2.0	1.5			
高 位						○				
中 位	○	○			○		○			
低 位			○	○						
な し										

コントロールリスク

(リスク項目)	管理者の専門性/継続性	前回当局検査内部監査結果	組織と責任体制	管理手続の適切性	職員の質と能力	MIS適切性	システムの妥当性	システムの規模と特性	システムへの依存度	小 計	リスク配分	評点②
(評点)	0.500	0.000	1.500	0.750	0.400	1.500	0.800	0.400	1.600	7.450	60.0%	4.470

リスクウェート

リスク評価	1.0	0.5	1.5	1.5	0.8	1.5	0.8	0.8	1.6
高 位			○						○
中 位	○			○	○	○	○	○	
低 位									
な し		○							

評点計（①＋②）	7	(Roundup)
監査頻度	1	間隔（年）
(評点計)		
7～10		1
4～6		2
1～3		3

(注) 1. ○印はリスク評価の選択を表す。
2. 掛け目は、高位＝1.00、中位＝0.50、低位＝0.25、なし＝0.00

図表2.49　インターネットバンキングについてのリスクマトリクス表例

リスクマトリクス表							
BLARM－Business, Legal, Asset Risk Matrix							
監査対象：サイバーeネット銀行 監査基準日：平成18年3月31日							
リスクマトリクス リファレンス#	リスク内容	リスク 種類	リスクコントロール	評価結果	改善指摘事項 リファレンス	監査調書 リファレンス
---	---	---	---	---	---	---
1a	経営方針の不明瞭、不徹底さから予想される財務、経営上の危機。	経営 リスク	・トップ主導で明確な経営方針が策定され、社員全員に周知徹底されている。 ・立案された経営戦略はその成果をフォローする仕組みが社内に構築されている。			
2a	脆弱なインターネットセキュリティポリシーがもたらす損失。	システム リスク	・セキュリティポリシーは最新の情報技術や侵略脅威を想定し、すべての領域を網羅し、制定されている。			
3a	不十分なファイアーウォール機能と未整備なモニタリングツールから発生する損失。	システム リスク	・ファイアーウォールが十分に機能しモニタリングが適切に実施されている。			
4a	不適切な危機管理計画に基づく損失。	事務 リスク	・危機管理計画が構築され経営者に承認されている。ネットワークの障害の発生を想定した業務継続訓練が定期的に実施されている。			
5a	不十分な外部委託業務への管理状況から生じる損失。	事務 リスク	・外部委託会社との責任範囲は明確で、委託業務の管理体制は適切。			
6a	インターネット事故や事件発生時の対応遅延により社会の評判悪化を招く。	評判 リスク	・インターネット全体の信頼性を損なう事故事件に対する社内の対外広報体制は適切に構築されている。			
︙	︙	︙	︙			

をいかに経営者が管理しうるか、という問題です。

③　効果的なマネジメント情報管理システムの構築

サイバー社会は、情報伝達力、ホームページによる一方的な企業批判が可能という負の側面ももちます。経営者がいかにタイムリーに情報を把握できるか。そのために、生きた経営情報システム（MIS）を構築しているかどうかがポイントになります。

④　情報セキュリティに対する戦略的なプロアクティブなアプローチ

インターネットビジネス固有の情報セキュリティ規程、専門スタッフの確保、ベストプラクティス管理の構築、システムテスト・更改、セキュリティマネジメントやモニタリングツールの活用状況が焦点になります。

⑤　危機管理プロセス

　事故に関連したインターネット情報を取り扱う危機管理プロセスの構築です。突発的な障害や事故発生時において、特に、スピードが要求される対応プロセスと、そのための具体的なコンティンジェンシープランの構築が大きな課題となります。

（参照　E-BANKING：RISKS AND RESPONSES Speech by Carol Sergeant, Director, Banks & Buildings Societies. *Financial Services Authority*, March 2000）

インターネットビジネスは相手がみえないため、金融機関にとって、システムリスク以上に評判リスクが脅威といえます。しかしながら、評判リスクを計量化する手段はいまのところ開発されていません。そのために、予防が大変むずかしく、堅実な対策を講ずるしかないといわざるをえません。したがって、営業活動を支える情報技術や営業装備、コーポレートガバナンスが特に重要なポイントとなります。

　この業務分野における内部監査では、サイバービジネスの膨張とともに生まれうる未経験の新たな脅威に対し、いかに有効な内部管理体制を経営に提唱していくかが、重要になるでしょう。

(3) 知的財産権への内部監査

　知的財産権には特許権、実用新案権、意匠権、商標権といった工業所有権に加え、文化目的に寄与する著作権があります。少し前に、金融界ではビジネスモデル特許が話題になりましたが、これはコンピュータやインターネットを利用して具体的に実現させたビジネス方法に関する特許を意味し、「発明」「新規性」「進歩性」が求められます。

　知的財産権の侵害は、差止請求や損害賠償請求につながり、時にして刑事罰に発展するなど企業活動にとって重大なイメージダウンを招来します。知的財産権の潜在的なリスクには、企業が知らずに犯してしまうリスクと、他社から知的財産権を侵害されるリスクが考えられます。内部監査の観点から、企業としてのリスクマネジメントの適切性を評価するのは判断基準を設定するうえでむずかしいところがあります。しかし少なくとも、知的財産権を維持する社内体制と国内外を問わず他社動向や特許庁の公報で知的財産権の動向をモニターするなどの態勢の内部統制が社内でいかに効果的に構築されているかのレビューは、内部監査の重要な監査目標となります。単に、社内の専担部の問題としてでなく、全社員に対するこうした無形の企業財産の保全に関する啓蒙活動や教育も重要な課題となります。

　さらに、知的財産権を侵害された際の事実確認、状況証拠の収集、具体的なクレーム処理など内部手続の適切性の評価も内部監査の監査範囲となるでしょう。知的財産権は時間が勝負の鍵を握る場合があり、日頃から世界にアンテナを張り巡らし機敏に対応することが求められます。そのための組織体制の整備が必要となります。

　収集された情報の分類や記録に情報システムも必要とされますので、情報システムにおける情報セキュリティやデータ管理等も監査対象となるでしょう。訴訟問題に発展する場合を想定し、法的な問題に対応するリソースも重要です。企業内の通常人事では処理しきれない高度で専門的な問題を解決するための人材確保も課題となるでしょう。

　そして、内部監査部は、企業の守るべき財産として知的財産権の保全に対する保証業務も視野に入れる必要があります。

（参照 『実践リスクマネジメント～事例に学ぶ企業リスクのすべて～』インターリスク総研編著、経済法令研究会）

◆　　　◆　　　◆

　本章では、内部監査の監査プロセスについて、具体的な事例を織り込み、みてきました。日本の内部監査の実情を眺めると、特に、監査報告書の品質に力点が置かれすぎているような気がします。最終的に、内部監査の結果が形となって残るものが監査報告書だからでしょう。しかしながら、監査報告書のみ、あるいはそのなかに述べられている改善指摘事項や改善勧告がすべてではありません。内部監査の品質は、実は、内部監査のプロセス全体の完成度と各過程の内容から判定されます。

　本章で、特に強調したかったのはこの点です。すなわち、プロセスの重要性です。内部監査部は常にアカウンタビリティーを負っています。監査におけるすべてのプロセスで、「なぜ…」という疑問に答える必要があります。「この監査計画の根拠は……」「所要期間とマンパワー決定の理由は??」──などです。この章を通じて、監査の各プロセスを極力、例をあげながら説明してきました。プロセスに絶対的なものはありません。ビジネス、組織や規模によりプロセスは形を変えます。しかし、基本はすべて同じはずです。

　内部監査業務を全うするうえで、いつも心に留めていることがあります。第1に、「品質」（Quality）です。監査のプロセスを含め企業の目標達成に資する内部監査を実施するために、常に監査業務とその成果の品質を意識し、社内のみならず対外的にもその品質を認められるためにも、品質の維持と向上に努めたい。内部監査の専門性は、その品質によって評価されるといっても過言ではありません。

　次は、「貢献」（Contribution）です。内部監査人が一人その成果に悦に入っていてもしようがありません。経営環境のみならず、社会や業界の動向に注視し、健全なリスク管理活動にモニタリングや改善提案を通じ貢献できれば、内部監査もまたその存在意義を高めることができるというものです。

3番目は、「満足」(Satisfaction) です。監査業務はどちらかといえば、堅実性を求められる地味な仕事です。かといって、監査結果が地味なものであってはいけません。最終的に経営トップに報告される監査報告書や監査プロセスがこれで良いのかと常に自問自答し、本当に満足できる内容を示現できたのか、そして経営者は満足しているのかを意識して監査業務に邁進する必要があります。

　最後は、「自信」(Confident) です。監査業務を通じ、自信のない内部監査人ほど頼りにならないものはありません。限られた監査期間内に、被監査部門の協力を得て内部統制状況の評価を行い、改善提案へと結びつけていく過程で、また監査委員会や外部監査人、さらには監督当局等への結果の説明のなかで、内部監査人として自信をもって説明できることが内部監査人冥利ともいえます。自らの監査業務に自信をもつために、日頃の研鑽が重要となります。

　これらの課題をすべて満たすには、突き詰めるとやはり専門性の維持、向上へのたゆまぬ努力に帰結するといえます。

保険会社固有の問題

(1) 保険引受けと保険金・給付金支払

　保険会社の監査において最も特徴的な部分は、やはり保険の引受けと保険金の支払の部分でしょう。会社の定める引受基準に合致していない保険引受けを行っていないかどうか、あるいは不正な保険金や給付金等の支払はないか、会社の保険金等支払規定との整合性はどうか、生保であれば、たとえば1次選択不十分による契約解除や詐欺無効といった判断が、保険業法や社内の規定と照らして正に妥当かどうかといった部分まで押さえた監査を行う必要があります。

(2) 数　　理

　責任準備金が所定のフォーミュラに従って計算されているか、事務ガイドラインの準拠性の検証などは、専門家による監査が望ましい分野ではありますが、すべての保険会社が自社監査スタッフに数理の専門家を抱えているわけではありません。外部専門家の活用やピアオーディット（自社内アクチュアリー資格保有者による監査）も検討されてよい分野かもしれません。

　また、責任準備金の計算や結果のみをみるのではなく、その算出の前提となっている前提条件が合理的なものであるかの検証も重要であることはいうまでもありません。

(3) 再　保　険

　再保険も数理と同様に高度な専門性を要求される監査対象です。このため、再保険の仕組みに詳しい監査担当者を適切に配置できるかどうかで監査の深度が左右されることになります。出再保険（出再）の基準どおりに実際に運用されているかを検証することはもとより、再保険取引にかかわる資金の流れをきちんとトレースすることも大切です。

(4) 保険料の収納

　保険料の収納（徴収）は、収納代行会社を経由するもの、郵便振込み、コンビニ払い、顧客口座振込、団体扱い等々チャネルが非常に広く、かつ、年払いや月払いなどタイミングもバラバラです。また、全期前納や部分前納という制度もあり、きわめて複雑なものになっています。このため、内部監査の立場から会社全体としてみた場合には、業務の効率化を図る必要があるほか、資金繰り面や資金コストの問題もふまえて、いかに収納システムを整理するべきか頭を悩ます分野といえます。

(5) 保険代理店

　保険代理店検査を、保険会社の検査部や監査部が担当していることがあります。保険会社と保険代理店は、通常、代理店委託契約を結んでいることからもわかるとおり、あくまで別々の会社（ないしは個人）という関係です。保険代理店からすれば自分の会社の業務を保険会社に点検してもらっていることになるわけですが、その内容は、領収書の取扱い方や現金管理、募集文書の点検などであり、本書でいうところの「検査」の域を出るものではありません。今後、保険代理店の業務をみていくときに従来同様の「検査」で臨むのか、それとも「監査」のレベルを要請されるようになるのか、一度よく考えてみる必要があるでしょう。

(6) システムデータの保有

　特に、生命保険会社に顕著ですが、契約期間が数十年に及ぶものが多く、いったん契約してしまうと、顧客の契約情報や個別商品システム情報を長期間保有しておかなくてはなりません。一方コンピュータシステムの管理面からみると、旧システムのメンテナンス負荷は、年々増していくものです。また、合併等に伴うIT専門家の転職離脱による人的リソースの問題も年を追うごとに高まります。このため、日頃からデータ保有、システムメンテナンス面での負担を軽減する方策も考えておく必要があります。IT監査においても、システムデータ保有の問題は重要な課題として認識しておくべきといえます。

第 3 章

コンプライアンスと内部監査

はじめに

　日本では、「コンプライアンス」という言葉がその正確な意味を理解されることなく独り歩きしているように思えます。コンプライアンスとは何か、内部監査とどのような関係があるのか。これを明らかにするのが本章の目的です。ですから、コンプライアンスと内部監査の関係についてすぐピンとくるという方は、この章を飛ばして先を読んでいただいても結構です。

　しかし、「コンプライアンスと内部監査って何か関係あったんだっけ？」「コンプライアンスって、要は法令を守ればいいのだから簡単簡単」「内部監査とは関係ないや」「法令遵守といわれても実際に何をやればいいんだろう？」などと思っていらっしゃる方には、この先をぜひ読んでいただきたいと思います。

1. コンプライアンスって何？

(1) 日本的「コンプライアンス」の重視

　そもそも、「コンプライアンス」という言葉が日本の、特に金融機関で使われ始めたのは、バブル後、金融機関の不正行為が明らかになってきた1990年代のことです。

　それまでの日本の金融機関や当局の枢要なポストにいた方たちは、いわば清濁あわせ呑む大人の世界の住人たちで、当時は当局の裁量による行政が当り前となっていました。

　特に官僚と同窓の有力大学出身者人脈によって形成された"MOF担"なるシステムが、マスコミのいうところの「密室・癒着の象徴的な存在」でしたが、そこまでセンセーショナルなものでなくても、どこの金融機関にもMOF担的存在はありました。

　それが相次いで露呈した不祥事を契機に、ルールに基づき、どんな金融機関も同じ法のもとに同じような扱いを受けなければならないという、しごく当り前のことがあらためていわれるようになったのです。とりわけ大手金融

機関の当局や特定の顧客・業者・関係者への過剰な接待や、癒着など目に余る行いは厳に戒めるべしという機運が盛り上がったときに「コンプライアンス」という言葉が、この「当り前のことをちゃんとやりましょう」という標語のように使われ出しました。

そういう意味では、日本における「コンプライアンス」という言葉は、積極的な意味で使われるよりは、どことなく自己反省的な意味の言葉として使われることが多いかもしれません。

(2) コンプライアンスの対象

ここでは、内部監査がメインテーマですのでコンプライアンスの詳細は省きますが、以下にエッセンスだけ示します。

コンプライアンスは、広くいえば、「企業の果たす法令等遵守を確保するための活動・行為であり、
① そのための体制構築、コンプライアンス・プログラムの策定
② 守るべき法令等が守られているかの検証・モニタリング
③ 教育研修・セミナーなどの遂行も含む」
となると思います。

初めの部分で「法令等遵守」と書きました。

そうです。コンプライアンスの対象には法令だけでなく、「等」のなかには、会社の定めたルール・規程やポリシー、行動規範、企業倫理・企業哲学、社是・社訓などいろいろな規則・規範が含まれます。そういうものも含めて、きちんと守っていくだけの態勢をつくってはじめて、会社としてコンプライアンス体制を構築しているといえるのです。

(3) コンプライアンスの主体

一つの例として「② 守るべき法令等が守られているかの検証・モニタリング」を考えてみましょう。

最近、金融機関にコンプライアンス統轄部やコンプライアンス室、コンプライアンス本部という名前の部署もできましたし、コンプライアンス・オフ

第3章 コンプライアンスと内部監査 *177*

ィサーというタイトルのついた専門職を置くところも増えてきました。

コンプライアンス部・室やコンプライアンス・オフィサー（以下ではまとめてコンプライアンス部門といいます）が、上述したコンプライアンスの対象を全部事細かに検証できるかというと、現実的には相当無理があるのではないでしょうか。小さな会社ならともかく、規模が大きく、業務も多岐にわたる金融機関の場合、検証作業は現場のマネージャーに任せておき、それがきちんとできているかどうかの報告を受けることで間接的に検証するなどの手法をとるほうがはるかに効果的なやり方といえるでしょう。そうでなければコンプライアンス部門に何十人、何百人のスタッフが必要になるかわかりません。

つまり、「コンプライアンス」は、単にコンプライアンス部門が単独で取り組むべき仕事ではなく、会社の個々の単位で、本来どういうチェック機能をもって仕事をしていくべきかをトータルに考えるなかで、各自の任務として位置づけられるものなのです。まず、一人ひとりが、自分のこととしてとらえ、考え、実施して、はじめて会社全体のコンプライアンス体制が構築できるのです。

また、あまりにコンプライアンス部・室などの本部が常に現場の細かなところまでチェックを入れすぎると、それは現場のマネージャーの業務遂行責任を一部奪ってしまったり、あるいは無責任体制を助長したりして、かえって好ましくない場合すらあります。まず、それぞれのラインで<u>各人が自分の責任を果たすこと、または自己責任態勢の構築</u>が<u>コンプライアンスの第１原則</u>です。わかりやすくいえば、「コンプライアンスで大事なことは他人任せにしないこと」です。さらにいえば、そういう意識を研修や会議などの場を活用して浸透させることが肝要になってきます。

(4) 経営者の責任

では、「従業員ばかりで会社の経営者にはまったく関係ないの？」という声も聞こえてくるかもしれませんね。もちろんそうではありません。経営者は、会社のコンプライアンス体制を構築するべく、ちゃんと手を打つ義務が

あるのです。

　金融庁が公表している金融検査マニュアルには、法令遵守に関して取締役・経営陣向けのいくつかのチェック項目があります。以下にいくつか抜粋しておきます。

---

(1)　コンプライアンスに関しては、取締役が誠実にかつ率先垂範して取り組んでいるか。また、取締役会は、高い職業倫理観を涵養し、あらゆる職階における職員に対して内部管理の重要性を強調・明示する風土を組織内に醸成する責任を果たしているか。

(2)　取締役の法令等遵守に対する姿勢を職員に理解させるための具体的施策が講じられているか。
　①　代表取締役は、年頭所感や支店長会議等、可能な機会をとらえ、法令等遵守に対する取組み姿勢を示しているか。
　②　取締役は、コンプライアンス担当部門を営業部門と同等に位置づけ、適切な人材と規模を確保し、関心をもって管理するとともに業績評価、人事考課において適切な評価を与えているか。
　③　取締役自身が、社内外のコンプライアンスの問題に対し、規則に基づき、公平、公正に断固とした姿勢で対応しているか。
　④　法令等遵守状況に関し、定期的に施策の評価を行っているか。

出所：金検第177号　1999年7月1日
　　　「預金等受入金融機関に係る検査マニュアルについて」
　　　「法令等遵守態勢の確認用チェックリスト」
　　　「I．法令等遵守体制の整備・確立状況」
　　　５．コンプライアンスに対する「取締役としての具体的行動」のチェック
　　　５．「取締役の意識」の確認

　これをみてもわかるとおり、コンプライアンスに関連して取締役自身に要求される事柄は、相当多岐にわたっています。

　いきなり「取締役会は、高い職業倫理観を涵養し、あらゆる職階における職員に対して内部管理の重要性を強調・明示する風土を組織内に醸成する責任を果たしているか」と問われて、「ウチはしっかりやっている」と言い切れる経営者の方は、はたしてどれほどいらっしゃるでしょうか？

この金融検査マニュアルを通じて示された金融庁の意図を読み取ると、取締役・経営陣に期待される役割はかなり重いということがわかります。もし、法令違反を見逃すような組織体制であれば、その監督を怠っていた場合には、是正処置を厳しく要求されるでしょうし、自らそういうものを検査時に隠したりすれば検査忌避として個人への処罰もありうるわけです。

その意味では、「コンプライアンスの第1原則」は広く会社の経営者から、部長、マネージャー、一般社員、コンプライアンス担当部門に属する社員等関連するあらゆる人に適用されると理解しておくべきだと思います。

また、基本的には、派遣社員のみなさんにも会社の仕事をしているからには、コンプライアンス意識をもって仕事に取り組んでもらう必要があります。

(5) ルールの特定と明確化

個々人が、「そうか、法令や会社のルールを守るように仕事をしよう」という意識をしっかりもつだけでは十分ではありません。たとえば、「ルールがどこに書いてあるかわからない」「法律と一口にいっても商法、民法から、銀行法、証券取引法、保険業法、刑法や国税徴収法などいろいろあって、どれを守るべきかもよくわからない」という悩みをもっている人もいるかもしれません。実際、規程集は各部に一つしか渡されておらず、いちいちハンコを押さないとみることすらできないといった例もあります。これでは部員一人ひとりに周知徹底するなんてとても無理です。

本当にコンプライアンスを定着させるためには、地味ですが、こうした障害の解決がとても大事な問題です。

ここで行うべきことは、守らなければいけない法律や規制をきちんと網羅的な形で伝えるための措置です。

具体的には、業種によってそれぞれ守るべき主要な業法は、銀行なら銀行法、証券会社なら証券取引法、保険会社なら保険業法というようにそれぞれ異なっています。

そして、それぞれに特徴的な項目が並んでいるはずです。たとえば、保険会社にとって「募集管理」は、保険業法上、特に注意しておかなければいけ

ない項目ですし、証券会社であれば、証券取引法の「インサイダー取引の禁止」は日常的に注意しておく必要があります。銀行であれば、「導入預金」などは特にみておくべき項目でしょう。

また、各業法だけでなく金融機関として広く一般的に遵守するべき法律・規制も網羅しておく必要があり、たとえば、「マネーローンダリング」「説明義務違反」「反社会的勢力に対する利益供与」「守秘義務違反」などがあげられます。

こういう法令等をまとめて解説するために有効なのが、コンプライアンス・マニュアルです。

コンプライアンス・マニュアルは、多くの場合、その会社が主として守るべき法律・規制等を一つの規程集にまとめてあり、検索しやすいつくりとなっています。これは、主に会社の法務担当・コンプライアンス担当が策定し、広く入社研修・階層別研修・コンプライアンス研修等の題材として使われています。最近は、会社のイントラネットに掲載して、いつでも役職員が検索して閲覧できる金融機関も増えています。

また、新入社員や中途採用者にとって会社のルールはいろいろな意味で読みにくく、理解しにくいものです。これらを理解しやすい体系にまとめ、アクセスしやすいものにすることも、実は重要なコンプライアンス上の活動の一つです。

このことは、実は「社外の人」にも同じことがいえます。ここで「社外の人」というのは、外部監査人であったり、検査官であったりするのですが、彼らにもわかりやすい、体系立ったポリシー・プロシージャーをつくることは、金融庁検査や外部監査を円滑に進めるためにも重要なことです。

コンプライアンス・マニュアルに続いて大事なのが、社内規程の整備という恐ろしく地味でだれもやりたがらない仕事です。しかし、この規程の整備ができていないと、どこにどんなルールがあるのかわからなくなり、ルールの徹底など到底不可能です。

これがコンプライアンスの第2原則に関係します。

まとめると、「業務上一般的に適用されるルールの特定および明確化」と

でもなりましょうか。つまり、「ルールを皆にわかりやすい形で提供すること」です。

余談になりますが、会社のルールは、なぜ読みにくく、理解しにくいのか、それは、会社が学校ではないからといえます。学校の目的は児童・生徒・学生の教育ですが、会社の目的は社員の教育ではありません。利潤の追求であったり、会社の発展です。そこで働く従業員も会社の目的と大きく離れたことはやらないし、やりたがらないのです。ルールが多少わかりにくかろうが、体系化されていまいが、所属する部署にベテランの社員が一人でもいれば、そういうことは問題になりませんでした。

そこには、ルールをだれにでもわかりやすくするインセンティブは働かず、隣のベテラン社員に聞けばことたりていたのです。

それどころか、新しい会社や新規業務を担当する部署の一部では、守るべきルールすら定められていないということもあります。

加えて、業務・組織の変更によって、規程はますます読みにくく、理解しにくいものに変えられてきました。

現在の社会では、IT化の波に乗って、多くの業務処理が手作業から機械処理・電算処理に移行しています。その過程で、規程も変わっていきます。新しい組織が加わったり組織変更がたびたび重なると、権限規程などが大きく変わることもあります。人もいつまでも一つの会社にだけとどまっているわけではありません。

その過程で、読替え・改訂を重ねてきたために、昔から存在する規程の原本そのものに手を加えることなく、全面改訂の機会を逃してしまったものもあります。これらのなかには、10年も15年もさかのぼって読替え前の規程をすべてみないと、いったい何が正しいルールなのか、簡単に判定できないという事態すら招いているものもあります。

規程の整備は、いつも実際の業務の後ということで、なおざりにされがちです。でも、問題が起こったとき、いつも最後の拠り所になるのは規程なのです。

(6) 全体的体制づくりの担い手

　ところが本来あるべき規程がない。では、その規程をつくる必要があると意見を述べたり、進言するのは、会社のなかでいったいだれが行うべきことなのでしょうか。通常は、内部監査がこういった業務上必要とする規程が存在していないことを発見すれば、内部監査の意見書に「規程の作成」を進言することになります。それを受けて監査報告書を受けた部署が関係部署と協力して、いつまでにどういう規程をつくるか、その旨を回答書として返してくるわけです。

　でも、その部署が、関連部署との調整に失敗して、行き詰まってしまうことがあります。あるいは担当するべき部署が特定できないケースもありえます。実務に携わっている方はよくおわかりと思いますが、さまざまなケースが起こりえます。こうした監査指摘事項が改善できないケースでは、だれかが中心となって改善策をフォローする役割を担わなければなりません。それがコンプライアンス部門となっている場合が少なくないのです。

　最近つくったばかりの新組織の牽制が効いていない、利益相反の懸念がある、与信権限の考え方に法令・規制上大きな問題がある、リスク管理体制が十分整備されていない等々、いってみれば、組織やその体制のあり方についての問題を提議するような仕事も、広く「法令等遵守」のなかに含まれてきます。

　ここで、本章の冒頭で述べた「①　そのための体制構築・コンプライアンスプログラムの策定」という項目を思い出してみてください。

　コンプライアンス・プログラムという会社全体での法令遵守推進計画を責任をもって実行していく部隊がコンプライアンス部・室であり、オフィサーレベルでの最高責任者がコンプライアンス・オフィサーであるとすれば、これらの行き場のない議論を受けて、社内での担当部署を特定したり、組織のあり方についても法令面での検討を行い、提言していくという仕事もコンプライアンス部門には課されているという見方が成り立ちます。

　当然ですが、一企業の運営に、組織形態のあり方は大きな影響をもたらすものです（組織と一言でいっても、会社の全体組織のこともあれば、一部門、

部・室などのユニットでの組織をいうこともあります)。

その組織形態の構造が、法令等に照らして問題がないかどうかという点も、コンプライアンス面からは重要な課題となります。

コンプライアンス部門に課された大きな役割の一つとして「会社全体のコンプライアンス体制を構築すること」があります。そして、この事柄を遂行するためには、「その一環として会社組織の形態・あり方にも口を挟むことができる」態勢となっていないと自らの責任は果たせません。

そこで、コンプライアンスの第3原則は、「コンプライアンスに聖域はない」ということになります。その心は、「コンプライアンス部門は、問題と思える分野に対して、あるいは法や規制の変更に伴う社内規程の変更や規程のないものについて、積極的に働きかけ、速やかに対処させるよう導かなければならない」ということです。

組織の改変は、会社によっては、企画関連部の仕事であったりしますので、いちがいにこうした役割をコンプライアンス部門に必ず担わせていないといけないということではありませんが、コンプライアンスを考えるうえでは外せない原則です。

理想的には会社の規程として、たとえばコンプライアンス・オフィサーのジョブ・ディスクリプション(職務記述書)やコンプライアンス委員会規程等にこういう考え方を盛り込んでおくことが望ましいでしょう。

余談ではありますが、前述のような指導・教導活動をたゆみなく行うコンプライアンス担当者は、よく宣教師に喩えられます。

繰り返し繰り返し遵法の精神を説く姿勢には宣教師と同じ資質が必要だ、といえばやや言い過ぎでしょうが、少なくともある種の忍耐力がないとやっていけない仕事かもしれません。時には、経営者に対しても厳しい姿勢を貫かなければいけない場面も想定されますし、監督当局からの叱正を直接受ける立場にも置かれるでしょうから、だれもがやりたがる仕事ではありませんが、ある意味では「時代が要請する仕事」といえるかもしれません。

さて、コンプライアンスとはだいたいどういう仕事か、見当がついてきた方も多いと思いますが、いままで説明していない、日本のコンプライアンス

担当の重要な機能がもう一つあります。それは、監督当局との窓口という機能です。

(7) 監督当局との窓口

金融機関は、法令等に違反した不祥事件^(注)が起こった場合（何が不祥事件に該当するかはそれぞれの業法に定めてあります）、あるいは現金、手形、小切手または有価証券その他の有価物の1件当り100万円以上の紛失などがあった場合、その事実を知った日から30日以内に監督当局に報告しなければなりません（30日ルール）。

この事件報告の担当部署というのが、多くの金融機関の場合コンプライアンス部門となっているのです。

> （注）米国では以前はCriminal Referralといっていましたが、現在はSuspicious Activity Reportといっています。金融機関で法令等に反する疑わしい行為が行われた場合に、マネーローンダリングやいくつかの場合を除いて、いくら以上という金額の定めは特にないのですが、所定の事項を速やかに所管当局に報告するルールがあります。その期限が該当する事柄の発覚から30日以内となっています。

報告を行う場合には、もちろん検証された事実に基づく発覚の経緯、事故の概要、事故の原因、今後の再発防止策などを記載した報告書を提出しなければなりません。

こういった問題が起こった場合の事後処理にかかわる労力は想像以上に大きいものです。そして、それはいつなんどき発生するかわかりません。また不祥事件が常時発生することを前提とした組織的対応をとっていること自体、会社の行動としてはいささか不自然です。したがって、担当部署としては常に十分な人員配置を得ているわけではなく、いつも配下スタッフが少ないなかで事実確認のための関係者からのヒアリング、さらには今後の予防策の検討や報告書の作成など、諸々の対応を限られた時間内で行わなければならないという事態に陥りがちです。

また、日本の金融機関では検査当局との窓口機能をコンプライアンス部門にもたせている例も多くみられ、検査入検時には、会社と検査当局とのコミ

ュニケーションをとるところもあります。

　金融庁との窓口機能をもつというと「それでは、昔のMOF担みたいなことをまだやっているの？」と思われる方もいるかもしれませんが、一言お断りしておきますと、現在の金融庁は、昔の大蔵省と違って、金融機関との関係をドライに割り切っており、検査官は検査先でお茶すら一緒に飲もうとはしません。あくまで、仕事のうえでの関係でしかなく、それ以上でもそれ以下でもないというのが実態です。

　コンプライアンスといっても何も別世界の話ではなく、必要な法律や社内の規程などを理解して、当り前のことをきちんと責任ある姿勢で取り組んでやっていれば、怖くもなんともないということをご理解いただけたでしょうか。

2. ところで内部監査とどういう関係があるの？

　IIAの定める「内部監査の本質」は、「内部監査とは、組織体の経営目標の効果的な達成に役立つことを目的として、経営諸活動の遂行状況を、合法性と合理性の観点から公正かつ客観的な立場で検討・評価し、これに基づき特に改善を重視して助言・勧告を行う組織体内の独立的な機能である。」と謳っています。

　実は「経営諸活動」のなかにコンプライアンスも含まれているわけですから、コンプライアンスは、内部監査によって、「客観的な立場で検討・評価される」監査対象の一つなのです（監査・被監査関係）。

　しかし、それだけではなく、内部監査とコンプライアンスの二つは、会社の内部管理体制の有効性を支える重要な機能なのです。この二つが連携を取りあって機能しなければ、会社の内部管理体制はうまく働かないといっても過言ではありません。

　つまり、コンプライアンスは、それぞれの業務に関係する法律や規制を受

けて、それらを周知徹底させ、必要な内部規程を整備し、経営陣や従業員を研修・教育する機能をもっており、一方内部監査はそれらの遂行状況を検討・評価し、有効なコンプライアンス体制を構築しているか、コンプライアンス・プログラムが妥当か否かの客観的な判定を行う機能をもっているわけです。

内部監査はあらかじめ業務ごとにリスクの大きさによってその監査の頻度や対象範囲を定めていますし、多くは事後の検証を行うわけですから、ときに適時性を欠く面があります。

しかし、コンプライアンスは、前述のように、変化する法律や規制に対して即時対応を求める性格を有しています。その意味からも、コンプライアンス部門が適時性を発揮して適法な業務運営がなされているかといった観点で、あらかじめ予想された範囲の必要最小限のスクリーニング（検証）を行うことも可能です（事後・非事後の関係、あるいは、予防的検証と事後的検証）。

内部監査は、必要があればその検証の結果が妥当かどうかの判定を行うという関係にあります。そう考えると、コンプライアンスと内部監査はお互いに補完しあう関係とみることもできます（相互補完関係）。

何よりも一つの会社の内部管理体制を支える二つの重要な機能とみれば、内部管理体制推進の両輪という関係が成り立つといえます（図表3.1参照）。

「内部監査が効果的にその目的を達成するためには、監査結果としての助言・勧告が、公正・不偏かつ客観的なものでなければならない」わけですが、そのためにも、内部監査の独立性が重要な要素となります。内部監査が独立して機能している組織ではコンプライアンス活動も容易です。なぜなら、すべての分野にわたって内部監査のチェックが効くことによって、あらかじめ会社のなかで何が問題なのかという問題点が浮き彫りにされているので、あとはそれをどう改善していくかに専念していくことが可能となるからです。

また、内部監査は事後的と述べましたが、ある意味では、内部監査に問題点の摘出というバックストップ機能も期待できることから、十分な意味があると考えられます（問題発見と問題解決志向の役割分担関係）。

コンプライアンス担当が会社の問題点を把握するために、あらゆる現場を

図表3.1　内部管理体制推進の両輪

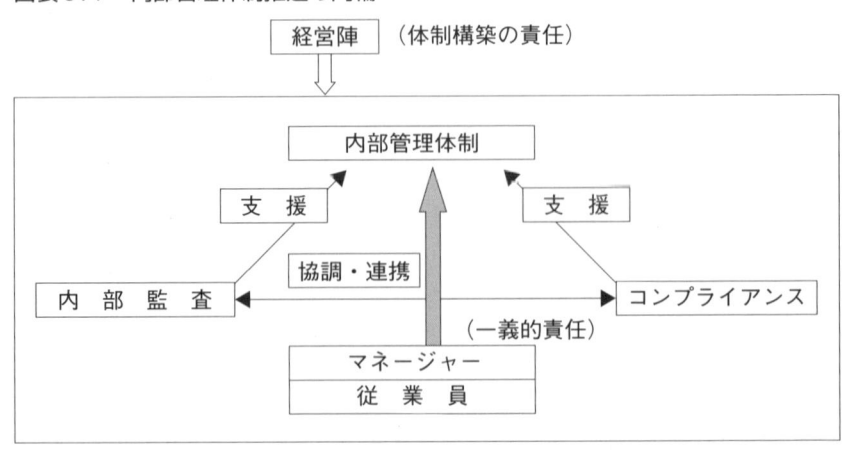

```
                経営陣　（体制構築の責任）
                  ↓
  ┌─────────────────────────────────────────┐
  │              内部管理体制                │
  │          ↗            ↖                 │
  │      支 援              支 援            │
  │    ↗      協調・連携       ↖            │
  │ 内 部 監 査 ←──────→ コンプライアンス   │
  │              ↑                           │
  │          （一義的責任）                  │
  │          マネージャー                    │
  │          従 業 員                        │
  └─────────────────────────────────────────┘
```

駆けずり回っているという姿はあまり理想的な姿とはいえません。有効な役割分担を図ることができるというのも、内部監査に期待される役割の一つではないかと思います。

3. 内部監査とコンプライアンスの関係―FAQ編

Q1　不祥事件調査ってどっちの仕事？

「コンプライアンス部門と内部監査の違いはわかったけど、重なり合う部分が結構あるみたいだ」「たとえば、不祥事件のような問題が起きたときに、調査するのは内部監査なのか、それともコンプライアンスなのか？」

たしかに、内部監査にはFraud Audit（不正事件監査）という分野もあり、監査の一環でマネジメントからの要請を受けて内部監査部門が事故調査を行う場合もあります。

また、前述のように不祥事報告の裏をとるべくコンプライアンス部門のスタッフが自ら事故調査を行う場合もあります。

さらに、それらどこの部署にも属さない人が、マネジメントの要請を受けて事故調査を行うケースも多々あります。その場合は、多くの場合、社内で

最も当該案件・事案に詳しいとか、該当する分野に直近までいて、専門的な見地からの調査ができるといったケースがほとんどでしょう。ごくまれに口が堅いということで選ばれる人もいるかもしれません。こういう不正事件調査は、まずは内部のチームで調査されるべきものです。いきなり外のチームを入れることは賢明とは思えません。ただし、社内にそれだけの専門性をもった人材がいない、そして時間の制約がある場合には、しかるべき外部専門家を導入して調査をするといった手配が必要になります。

つまり、調査能力のある人であれば、実はどこの部門であろうともかまわないのです。どこがやるべきだとかの「べき論」はこの際考えないで、やれるところがやるというのがＱ１の正解でしょう。

ところで一般に不祥事件調査の場合は、秘密が十分に守られていることが求められる一方、その経過や結果報告が、速やかに経営トップまで連絡される仕組みになっていなければなりません。ここで重要なことは、この「迅速性」にあります。不祥事件調査の結果、問題が明らかになった場合、当局あて不祥事件報告をどう行うか、第１節(7)で説明したいわゆる30日ルールとの関係から社内での判断を迅速に進める必要があります。そして場合によっては、事件に関連する職責者の処分や経営責任問題を含めた検討もしなくてはならなくなります。

したがって、ある時点からは経営陣に直結した形での対応を図る必要があり、そのチームアップには法務・コンプライアンス部門や内部監査部門だけでなく、人事、企画、総務など社内のさまざまな機能が有機的に結合して動くことが求められます。

やや話がそれましたが、要はコンプライアンスであれ、内部監査であれ、その会社のなかの機能として経営をサポートするのが大きな役割ですから、その会社の中身に合った形での関与の仕方を進めていかなくてはならない、ということだと思います。

Q2　兼務の問題──内部監査担当者の兼務は許されるの？

コンプライアンスと内部監査に関して、よくある質問に内部監査とコンプ

ライアンスの兼務問題があります。

　たとえば小規模な業務活動しか行っていない、人員も少ない会社で、内部監査の専担者を置くと、場合によっては時間的に執務時間の余裕ができてしまい、経営陣としては監査担当者に他の仕事をやってもらおうという気持になりがちです。

　そうかといって、営業をさせるわけにもいかず、経理やその他の内部事務管理をやらせるか、コンプライアンスをやらせるか、などと迷うことがあります。

　しかしながら、このいずれもが、内部監査を独立した業務として認定する専門職の観点からみると許されません。前に述べた関係（監査・被監査関係と監査の独立性の維持）からいっても内部監査とコンプライアンスの兼務は理論上ありえないのです。

　たしかに、いくつかの会社では内部監査とコンプライアンス部門が一緒になっているケースもみられます。よく混同されがちなところですが、日本的な検査であれば、つまり検査部の行うような、いわゆる事務チェックだけであるとすればコンプライアンス部門が兼務してもかまいません。重要な事務の厳守事項をモニターするための検査部門が、コンプライアンス部門と一緒であってもおかしくはないのです。

　しかし、部署の名称はどうであれ、実質的にやっていることがこれまで本書で強調してきた「監査」であるとすれば、やはり兼務はおかしいというべきでしょう。

Q3　兼務の問題──ではコンプライアンス・オフィサーの兼務は？

　「コンプライアンス・オフィサーはコンプライアンス以外の仕事を兼務できるのでしょうか？」

　こういう質問もよく耳にします。コンプライアンス・オフィサーの職務の定義をどうするかは、その会社によっても違いますから、一概にはいえないのですが、一般的には、「コンフリクト・オブ・インタレスト（利益相反）のある仕事は兼務できない」というのが正解でしょう。

コンプライアンス担当者として、業務ラインに任命された担当者（たとえば課長や係長職の人）を置くケースはよくみられますが、これはそもそも自己点検を目的とするものですので、当然に兼務となります。

Q4　レポーティング先はだれ？

内部監査の場合のレポーティング先は第1章にもあるとおり、通常は経営トップです。日本の金融機関の場合、社長や頭取に直結させている例が多いようです。先端的な企業では外部専門家を多く入れた監査委員会をつくり、そこに報告させるという方法をとって、より独立した運営を図っているところもあります。そうしておけば、経営トップからの直接の干渉を受けず、客観的な監査を行うことができるという考えに立っているわけです。

金融庁の検査官から「監査部長の給料を決めているのはだれだ」と尋ねられた方は多いのではないでしょうか（これは「監査部長の任免を決めているのはだれだ」という質問だと受け止めるべきです）。監査部長の評価を社長にやらせておけば、気にいらない指摘を書いたり、社長の意向に反する発言をした監査部長を社長が首にしたり配置換えしたりできるのですから、真に独立で客観的な監査など期待するほうが無理となります。

これに対してコンプライアンスの担当部門のヘッドは、通常はコンプライアンス担当役員が報告先です（コンプライアンス担当役員が、営業担当役員を兼務しているなどという組織はさすがに金融機関ではないでしょう）。会社によっては、役員の一人がコンプライアンス・オフィサーとして任命されているケースもあります。その場合は、社長（代表取締役）が最終報告先となります。

Q5　内部監査とコンプライアンス、どっちが偉い？

これは、ある人から聞かれた質問です。とても素人っぽい質問に聞こえますが、内部監査とコンプライアンスの関係を考える意味ではとても本質的な質問です。

この質問に対して筆者は、「時代劇の水戸黄門を思い出してみてください」

とお答えしました。黄門様にはいつも助さんと格さんという二人の心強い部下がいます。「水戸黄門」という「ストーリー（内部管理体制）」には、この三人の関係（内部監査とコンプライアンスは内部管理体制を支える両輪）は欠くことができません。

　この三人の安定的な関係がストーリーの中心にあったからこそ、あれだけの長寿番組になったのであろうと思います。

　では、TVを観ていて「助さんと格さん、どっちが偉いのか？」などと考える人はいるでしょうか？

　つまり内部監査とコンプライアンスは、助さんと格さんと同じ関係なので、どっちが偉いかは問わないものなのです。

4. どうしたら、有効な内部管理体制を構築できるのか？（つくった仏に魂を入れる手立てはあるのか）

インターナル・コントロールはプロセス
　（インターナル・コントロール＝「内部統制」あるいは「内部管理」）

　『新しい金融検査の影響と対策』（木村剛著、1999年5月TKC出版）の178ページに「人間は万能ではなく、あらゆる組識もまた万能ではない。金融監督庁（筆者注：現在は金融庁）ですら「検査は万能ではない」と認めている。したがって、金融機関もまた万能ではありえない。万能ではないことを認めたうえで、万能に近づくべく最大限の努力を傾け続けるところにインターナル・コントロールの意義がある」と書かれています。

　まさに本質を突いています。

　前述したとおり、内部監査とコンプライアンスは内部管理体制を推進させるための車の両輪であり、その両輪の息が合ってはじめて、より有効な内部管理体制がつくられていきます。

　世の中にまったく問題のない世界はありません。でも、その理想に近づくべく少しでも前進していくことが必要であることは論を俟ちません。

　コンプライアンス・プログラムは、一つひとつの会社にとっては、その年

度ごとに終わってしまうものではなく、継続して毎年見直されていって、初めて当初期待されていた効果を発揮するものだと思います。

今年度のプログラムは、前年度のプログラムを実行させて得られたことの反省をふまえて見直しがなされるべきです。いったい何ができて、何がまだまだ改善されなくてはいけないのか、どこがより注力するべき分野か、そのための具体的な施策はどういうものであるべきか、費用と効果は分析されているのか、過年度の課題はすべてこなされたのか、できなかった理由は何か、コンプライアンス・プログラムは本来そういうところまで踏み込んだ議論を詰めた結果をもとにつくられるもので、その妥当性を内部監査によって検証するという構成があってしかるべきと考えられます。

そして、このプロセスが継続して確保されていることこそが、内部管理体制という「苦労してつくった仏に魂を入れる」作業となるのだと思います。

この一連の作業プロセスをみて金融機関の内部管理のレベルを判定する姿勢こそ、検査当局、監督当局に求められる姿勢だと思います。個別の事件などへの対応も大事ですが、もっと高い視点からみると、自浄作用を組織としていかに確保しているかという観点からの検証が重要だと思われます。

さあ、せっかくお金も時間もかけてつくった仏（内部管理体制）ですから、それがきちんと働くように魂を入れましょう（改善プロセスとしての継続）。

実行のための鍵は、「コンプライアンス・プログラムの策定・実行・見直し」、そして「一連のプロセスの繰返し」にあります。

コンプライアンスに終わりはありません。やはり、そういう意味では宣教活動と似たようなものかもしれませんね。

5. 個人情報保護法への対応

2005年4月から個人情報保護法が全面的に施行されました。金融界においても、2004年末頃から、ちょうどコンピュータの誤作動に怯えたY2K前夜に似た緊張が続いています。

さて、この本は法律の本ではないので、個人情報保護法の詳細については説明をしません。もし、法律についての解釈などが知りたかったら、専門解説書がたくさん出ていますので、ぜひそちらをご覧ください。
　ただし、個人情報保護法自体は、守られるべき個人情報とは何かとか、個人情報取扱事業者はどのような義務を負うのか、適用される罰則は何かなどを詳述しているものの、金融機関であるわれわれが具体的に何を行っていればよいのかまで細かく明示しているものではありません。
　では、金融機関に従事する人間は個人情報保護法についていったい何を頼りにしているか、また、頼りにしなければならないのでしょうか。それは、主務官庁である金融庁が定める「金融分野における個人情報保護に関するガイドライン」であり、その2階建て部分として制定される「金融分野における個人情報保護に関するガイドラインの安全管理措置等についての実務指針」ということになります。
　このガイドラインと実務指針には、個人データの安全管理に係る基本方針の整備や実施体制の整備、実施体制の整備に関する安全管理措置について詳しく書かれています。
　たとえば「組織的安全管理措置」としては、管理責任者の設置、個人データの安全管理に関する基本方針・取扱規程の整備、管理状況の点検・監査に関する規程の整備、漏洩事案等への対応の段階における取扱規程の整備などがあります。「人的安全管理措置」としては、従業者の役割・責任等の明確化、安全管理措置の周知徹底、教育および訓練、個人データ管理手続の遵守状況の確認などです。そして「技術的安全管理措置」では、個人データの管理区分の設定やアクセス制御、外部からの不正アクセスの防止措置、アクセス権限の管理、個人データの漏洩・毀損防止策、個人データのアクセス記録および分析、個人データを取り扱う情報システムの監視および監査などとなっており、なかなか詳細にわたって記述されています。
　「やれやれ、なんてたくさんやることがあるのだろう」と思われる方も少なくないでしょう。たしかにこれほどまで詳細に書かれると、一度にやるべきことが山盛りになっているように思われます。実務面では、さらにその新

しい体制・規程等に準拠した対応を新法施行に合わせて求められるのですから、それこそ突貫作業を余儀なくされてきた部署も多いことでしょう。

　それでは、監査は、この問題に関して、どのような立場にあるのでしょうか。監査は、これらの事柄に関して、日常業務の遂行のなかで実際にはどういうリスクが存在しているかを評価したうえで、そのリスクに対応すべく会社の定める基本方針や安全管理措置一つひとつが、日常業務のなかでいかに効果的に運営されているかを検証する立場にあるということになります。

　一度会社全体の組織体制や運営体制を俯瞰したうえで、細かな規程や安全管理措置の実態を評価する必要があることはいうまでもありません。

　2005年度の監査計画の主要項目には、おそらくこの個人情報保護法に基づく運営体制の評価（リスクアセスメント）、あるいは内部監査が盛り込まれることになるでしょう（詳しくは第2章第5節(1)参照）。

　コンプライアンスの立場では、この新しい法律に沿った効果的な運営体制をいかにつくるか、まずはマネジメントへの進言を行い、必要な組織的体制づくりを支援することが第1の仕事になるのです。そのときのポイントは「だれがその仕事（体制構築であったり、規程整備であったり、実務運営であったりしますが）の責任者かを決めること」になります。もちろん、コンプライアンスオフィサーがこれを決めるのではなく、会社のマネジメントが決定するのですが、その決定に際して最も妥当と思われる進言を行うことになります。

　おそらく日本の多くの金融機関では総合企画部や企画部という部門がこれを担当することが多いでしょう。しかし、新法への対応という観点からみた場合、法務・コンプライアンス部門が体制づくりに対する支援を行うという考え方もありますし、むしろ欧米の金融機関のように法務・コンプライアンス部門が主体的に対応したり、会社横断的な専門委員会の設置による対応も検討されてよいでしょう。それを監査が客観的な視点で評価するということになります。

　ここで二つの留意点について指摘しておきたいと思います。

　まず、最初に、このような新しい分野への監査に関して、個人情報保護法

対応に限らず、外部監査資源（あるいはコンサルテーション）の活用も検討してみましょう。

　一般的には日本の金融機関の場合、まだまだ外部の助言や専門的なスタッフによるコンサルテーションや監査導入に関しては消極的な面があるようです。特に有料の場合には、コストをどこで負担するかという議論が先に立って経営トップの判断を仰ぐまで至らず、自前のスタッフでなんとかこなしてしまう傾向があるように思います（それはそれで悪いことばかりではありませんが）。もちろん最終的には自前のスタッフがやりとげることは多いでしょうし、ノウハウは内部に蓄積すべきだという議論も理解できます。しかし、内部にノウハウがない場合には、外に目を向けて外部資源を有効に使うという方法も検討してみるべきでしょう。

　外部の監査が、社内では思いもしなかった視点で、これまでの運営方法の不備や欠点を指摘してくれることがあります。そして何よりも第三者であるがゆえに、完全に中立的な意見を示してくれるという利点があります。また、より専門性のある分野を有する監査法人などを活用することができれば、自前で行うよりも、はるかに有効な指摘・助言・改善策等を受けることが可能となります（ただし、短時間ですむかどうかは、その会社の外部資源活用に関する経験値の多寡による部分があり、一概に時間効率が良いとも言い切れるものではありませんが…）。

　2番目に、委託先の監督と再委託先の問題を、個人情報保護法がもたらした新たな課題としてあげておきます。

　金融庁の実務指針では、特にガイドライン第12条に定める「委託先の監督」に関して、「委託先選定の基準を定めること」「再委託する場合の再委託先が当該基準を満たすこと」「委託契約に盛り込むべき安全管理に関する内容」「委託先が当該契約内容を遵守するよう監督しなければならない」等々を示し、金融機関に対して遵守を求めています。

　いまや、業務を外部委託していない金融機関はないといっても過言ではないでしょう。これまではさほど顧みられることはなかったことかもしれませんが、今後は個人を特定できる氏名、住所、電話番号などを外部委託業者に

渡す際には、その個人データの管理を委託業者がどのように行っているのか、安全管理措置はどうなっているのか等を委託元は十分に知っている必要があります。いえ、その前に、その業者が本当に自分たちの会社が保有する個人情報を扱わせてもよいと判断できる業者であるかどうかについて、委託元として定める委託先選定基準に従って選定し、それを定期的に見直さなければならなくなってしまうのです。

また、当然にそれらの必要項目がすべて網羅されている委託契約を締結することも、業務委託を行う際の要件となるでしょう。さらに、委託元として委託先が当該契約内容を遵守しているかを監督しようとすれば、業者への立入検査に関する項目も契約に盛り込む必要が出てきます。

なお、どれほど入念に対策を講じていたとしても、委託先が個人情報の漏洩等、なんらかの問題を起こした場合、最終的には委託元としての責任を、法律上問われることになります。これは業務委託に携わる人たちにとって決して忘れてはならないポイントです。

この委託先の監督に関連して、もう一つのポイントである再委託先の問題について最後に触れておきましょう。

金融庁の実務指針でも、「委託先選定の基準」に関連して、「委託先から再委託する場合の再委託先の個人データの安全管理に係わる実施体制の整備状況に係わる基準を定めなければならない」と記されています。つまり、委託している業務が委託先から再委託されているかどうかを知っているだけではなく、再委託先に関しても「安全管理に係わる実施体制の整備状況に係わる基準」をもつことが求められているわけです。

これは委託先よりもさらに、再委託先での情報漏洩のリスクが高いことを考えれば確かに必要な措置だと思われます。とはいえ、「基準を定めること」が最終的な目的でない以上、どこまで実際のリスクを低減できるかは各企業の判断が求められるところでもあります。「言うは易く行うは難し」ということわざにあるように、どこまで実際にできるのか、今後の検証が必要な分野といえるでしょう。

第 4 章

コーポレート・ガバナンスと内部監査

はじめに

　企業の不祥事が明るみに出るたびに、コーポレート・ガバナンスの強化が叫ばれています。本章では、コーポレート・ガバナンスの本質は何かを検討したうえで、コーポレート・ガバナンスと企業のリスクマネジメント、さらには内部統制の関係を整理します。そしてコーポレート・ガバナンスの充実に向けた内部監査人、監査委員会の役割について説明した後、あるべき内部監査人像を描きます。

1. コーポレート・ガバナンスをめぐる最近の動き

　最近では新聞を開くたびに、コーポレート・ガバナンスという字をみかけます。まず、コーポレート・ガバナンスという言葉がどのような状況で使われているのか、みてみましょう。あらためて整理してみると、いかに多岐にわたるのか驚かされることでしょう。

(1) 国内の動き

- 「金融庁のUFJ刑事告発を受けて、UFJ銀行は経営改革を加速させるため「業務改革委員会」を設置した。……これに、内部監査部門の監督・指揮権を与え、コーポレート・ガバナンスを強化する」（日本経済新聞 2004.10.8）。
- 「「業務監視委員会」を企業統治体制（コーポレート・ガバナンスと同じ意味：筆者注記）強化に向けたものとして、同時に設置され、外部の専門家だけで構成され、UFJ銀行内の内部監査の全ての監督権限を有し、執行部門から独立したコンプライアンスやリスク管理の運営監視にあたる」（日本経済新聞 2004.10.14）。
- 「三菱東京フィナンシャル・グループとUFJグループは、2005年10月の経営統合後に企業の不正や誤りを予防するため、米国基準の内部管理制度を導入する。決算書を作るまでの数万に及ぶ社内の点検体制をすべて文書にまとめて、自己評価し外部監査を受ける。正確な情報開示に万全を期し

> て投資家の信頼を獲得しつつ、内部のガバナンス（統治）を強化する」
> （日本経済新聞2004.11.29）。
> - 「西武グループのコクドの西武鉄道株の保有を過小報告したため、堤義明氏が全役職を辞任した。有価証券報告書や株式分布表では、大株主の持株比率を正しく実質ベースで報告する義務があり、これに違反したのである」「連結対象会社だけで90社を超えるグループの企業統治（コーポレート・ガバナンス　筆者注記）の透明性が問われる」（日本経済新聞2004.10.14）
> - 「中部電力は、古美術購入問題で太田前会長の独走を止められなかった企業体質を変えるため、ⅰ社外取締役の導入　ⅱ委員会設置等会社への移行を検討することを明らかにした。川口社長は「発覚当時から、企業統治（コーポレート・ガバナンス）が効かなかったのも問題」と強調している」
> （日本経済新聞2004.10.1）

このようにコーポレート・ガバナンスという言葉が、企業の経営を巻き込む不祥事のたびに登場し、当該企業の責任者が再発防止を図るべくコーポレート・ガバナンスの強化充実を誓うことが繰り返されています。

一方、上場会社のコーポレート・ガバナンスに関する投資家への開示は次のように強化されてきています。

2001年3月期から：証券取引所に上場している会社は、証券取引所を通じて企業業績を発表する決算短信（上場会社のホームページでも開示され、企業業績を最も早く知ることができる手段。決算期末から平均1カ月強で開示される）において、コーポレート・ガバナンスの情報開示が必要となった。

2004年3月期から：証券取引法に基づく開示文書である有価証券報告書にも、コーポレート・ガバナンスの情報開示が追加された。

さて、内部監査を実際に行っている人からは、内部監査とコーポレート・ガバナンスの関係について次のような指摘がなされています。

> 「米国の企業改革法の成立や委員会等設置会社ができたことから今までのいわゆる三様監査（公認会計士の監査、監査役の監査、内部監査をまとめて指す）の役割が変わってきた。今後は、内部統制やコーポレート・ガバナンスをキーワードにして統合されていく。内部監査部門は、コーポレート・ガバナンスが適切に機能しているか合理的に保証する唯一の機関である。取締

> 役の監督機能をもつ監査役とオペレーションの状況に精通している内部監査部門との連携での自浄機能の一層の強化が必要」(「月刊監査研究」2004年4月号「これがわが社におけるコーポレート・ガバナンスにおける内部監査の役割」キヤノン㈱内藤勝弘から抜粋)

 コーポレート・ガバナンスと内部監査の関係を実に的確に言い当てた意見ですね。

> 「2001年7月からの3年間で監査環境は著しく変化している。特に、米国の企業改革法の適用、品質管理レビューによるリスク・アプローチの徹底、会社法現代語化における内部統制システムの設置義務化を通じて、改めて内部統制のあり方に焦点があたっている。そこには内部監査が含まれるべきである」(「月刊監査研究」2004年9月号　奥村前日本公認会計士協会会長発言から抜粋)

 ここではコーポレート・ガバナンスや内部監査に加えて、内部統制という言葉が出てきています。最後に、日本の経営者や企業経営の専門家が内部監査についてどう考えているのかみてみましょう。

> 「内部統制、内部監査のあり方、ひいては経営のあり方を積極的に変革しなければ、日本企業は永久に現地化できない……その結果、海外に進出した日本企業はその地の水に合わない……排除されていく」(日本経済新聞 2004.10.6「弁護士余録」高井伸夫から抜粋)

 内部監査は、企業経営そのものであり、かつそれに影響を与えなくてはいけないものであるといっているわけですが、実際に内部監査に身を置いてみると、なかなか現状と目指す姿のギャップが縮まらないことを痛切に感じます。
 では、海外ではどうなのでしょうか。

(2) 海外の動き

 米国では、ITバブルの崩壊後、エンロン、ワールドコム等の大会社におけ

る不正会計処理が次々と明るみになり、その過程で80年の歴史を有する大手会計事務所のアーサー・アンダーセンが消滅しました。そして、投資家保護、企業統治（コーポレート・ガバナンス）と内部統制の強化を目的とする米国企業改革法（サーベンス・オックスレー法、通称SOX）が2003年に制定されました。

英国では、2000年から、取締役は株主への年次報告書に内部統制の有効性についての評価を報告する義務が課せられるようになりました。フランスにおいても同様な強化の法改正が行われています。

欧米のこれらの動きは、経営者に内部統制システムの整備状況についての自己評価を求め、外部監査人がその内容を検証するという骨組みの導入を意味します。

また、海外の有力な機関投資家は、コーポレート・ガバナンスの改善をこれまで以上に企業に対して要請するようになりました。CALPERSの「コーポレート・ガバナンスの原則及びガイドライン」（1998年）、TIAA-CREF「コーポレート・ガバナンスの方針書」（2002年）など、年金基金等の大手機関投資家は、銘柄選択の際にコーポレート・ガバナンスを重視する傾向を強めています。

米国では、コーポレート・ガバナンスの格付が行われており、現在主に4社が従事しています。日本でも、日本コーポレート・ガバナンス研究所がJCGIndexと称する、日本企業全体のコーポレート・ガバナンス度を発表しています。

海外でのコーポレート・ガバナンスの強化の背景としては、
1）大企業の会計不正や倒産の続発
2）物いう大手機関投資家の増加
3）株主代表訴訟活動の活発化
などがあげられます。

(3) コーポレート・ガバナンスの役割

コーポレート・ガバナンス強化の必要が、企業の不正が発覚するたびに、叫ばれています。しかし、本当に有効なコーポレート・ガバナンスというも

のはあるのでしょうか？

　金融機関を含めて非常に多くの企業が、株式会社の形態をとっています。そして、企業に投資した株主は、預金や債券投資への投資よりも高いリスクに見合った高いリターンを求めてきます。さらに最近では、投資家は、IT技術の進展、会計制度の時価主義への移行、企業業績の四半期開示の導入などを背景に、短期のリターンを強く求める傾向にあります。これに対して経営者は、株主に報いるため、経営資源を最大限、かつ有効に活用して、最大のリターンを早期に、しかも継続して実現しようとします。現在の企業競争は、金融機関間に加えて異業種間でも激化し、かつグローバル化しています。企業が利益をあげるには、新製品の投入、新市場への参入を、他社に先んじて継続的にタイムリーに展開していく必要があります。それでも決して容易ではありません。そうなると、当然無理な業務執行をせざるをえなくなるケースがでてきます。無理しなければ利益が目標に達しない局面があることは、皆さんの業務経験でも思い当たるところがあるのではないでしょうか。無理がある一線を継続的に越えるようになると、大きな歪み（＝不正）が生じ、企業そのものの存在すら社会から否定される事態にも発展しかねません。これをさせない、また、一線を大きくかつ持続的に越えさせないように抑止するのが、コーポレート・ガバナンスの役割であると筆者は考えます。

　これは、企業のリスクマネジメントの一つの方法でもあります。そして日々の活動のなかでの手段が内部統制システムなのです。さらに、内部統制システムが適正に機能しているか、独立し客観的にモニタリングをし、必要なウォーニングをタイムリーに発し、企業が効率的に運営され、かつ大きな誤りがないようにするのが監査機能です。

　監査機能は、内部監査、公認会計士の会計監査、監査役／監査委員会による業務監査で成り立っています。このように考えると、内部監査が、単に、事務ミスをチェックするのではなく、大きな役割を有していることを、ご理解いただけると思います。

　なお、日本を含む諸外国でも、連結経営重視の時代に入っています。自分の属している企業だけの業績、コンプライアンスの遵守だけでなく、関連会

社を含めたグループ全体で、企業業績の最大化とコーポレート・ガバナンスの充実を同時に図る必要があることはいうまでもありません。

2. コーポレート・ガバナンスの本質

コーポレート・ガバナンスは、企業行動の抑止力を果たす役割があると述べましたが、企業行動は、業種ごとに、また活動する状況などにより多種多様です。ですから、これが唯一のコーポレート・ガバナンスの正しい形であると決めつけることはできませんし、また、実際的でもありません。やはり、個々の企業の置かれている状況などを総合的に判断して、その企業に最適な形を考える必要があります。

ここでもう一度、コーポレート・ガバナンスがどのようにとらえられてきたかを、整理してみましょう。

　　　　コーポレート・ガバナンス
　　　　　↓　　　　　↓
　　　　企業　　　　統治

つまり、企業を統治する仕組みということになります。だれが（Who）、だれを（Whom）、どのように（How）統治するかですが、図表4.1のように、米国型と欧州・日本型の二つに分けられると思います。日本においても、米国型の経営スタイルをとっている会社もあり、とりあえずの整理と理解してください。

どちらが適しているかは、その企業の生立ちや、国の歴史、社会構造や経済発展のプロセスによって異なります。しかし、最近の大きな流れとしては、米国型に近づきつつあるといえるでしょう。

米国型では、資本提供者である株主が、企業価値を最大化させるように経営者を監視するものです。そのための機関として、取締役会の役割が重視されます。一方、日本では、企業は多くのステイク・ホルダーの協力から成り立っており、利害関係を調整調和し、発展させる役割が経営者に期待されて

図表4.1　米国と欧州・日本型の差異

	Who（だれが）	Whom（だれを）	How（どのように）
米国型	株　主	経営者	主に取締役会に監督機能を与え、執行と明確に分離
欧州日本型	株主を主とする多くのステーク・ホールダー	経営者	株主総会、取締役会、監査役など複数に監督機能を与える

います。しかし、実際には日本の場合、経営トップの社長が絶大な権力を有しています。取締役は、実質的に社長が選任しているので、米国型の取締役会をベースとしたコーポレート・ガバナンスは機能しません。また、取締役を監視する監査役においても同様であり、その地位の向上や権限の強化が進められていますが、残念ながら、十分に機能を果たしていないのが現実です。

コーポレート・ガバナンスが機能するポイントは、だれが、経営者（実際は社長）の解任権を実際に有するかにあるといってよいでしょう。日本の多くの企業では、だれも社長の実質的な解任権をもっていないのが実態です。

日本企業でも取締役会に占める社外取締役が増加しているなか、監査役でも過半数は社外とするなどの改革が進められています。また、委員会等設置会社では、指名委員会の設置など仕組みの工夫がなされています。しかし、運用面では、旧態依然としているのが現実のようです。もし、日本企業においてコーポレート・ガバナンスが有効に働いていたら、冒頭で紹介した不祥事の多くは防げたはずです。

つまり、ハードすなわち仕組みができても、ソフト（運用）が不十分であり、実際には十分にワークしていないのが現実です。実はこの点については、米国も大同小異です。しかし、ハードがダメであれば、ソフトをいかに良くしても、十分な機能は果たせません。日本でもようやくハード（仕組み）面の整理が進んできているので、今後は、ソフト（運用）の充実が課題です。ソフトは一朝一夕でできるものではありません。企業の経営に携わる人、抑止する立場の人、多くの利害関係者の継続的かつ統合された努力により、着実に高めていくしか道はありません。すでに、コーポレート・ガバナンスの

役割は、企業行動の抑止力であると述べましたが、筆者はコーポレート・ガバナンスの定義について、次のように考えます。

会社を効率的かつ合法的に業務執行を貫徹させるハード（仕組み）とソフト（運用）である。

そして、コーポレート・ガバナンスが十分に責任を果たすためには、内部統制やリスクマネジメントとの協働が必要です。次に、この関係を整理してみましょう。

3. コーポレート・ガバナンスとリスクマネジメント、内部統制と内部監査の関係

まず、コーポレート・ガバナンスとリスクマネジメント、内部統制の関係は大きな意味で、企業のリスクマネジメントを適切に遂行するための方策として、コーポレート・ガバナンスと内部統制システムがあると筆者は図表4.2のように考えています。そこで、リスクマネジメントの最近の動きについてみてみましょう。

(1) COSO「エンタープライズ・リスク・マネジメント（COSO ERM）」

2004年9月26日に、COSOは「エンタープライズ・リスク・マネジメント（COSO ERM）」という、すべての企業に適用される事業リスクマネジメントに関する原理、概念、構成要素を公表しました。

図表4.2　コーポレート・ガバナンスとリスクマネジメント、内部統制の関係

リスクマネジメント ──→ コーポレート・ガバナンス
　　　　　　　　　　　　（企業組織の基本的骨子）

　　　　　　　　　　→ 内部統制システム
　　　　　　　　　　　（企業業務を適切かつ効率的に
　　　　　　　　　　　　行うコントロールシステム）

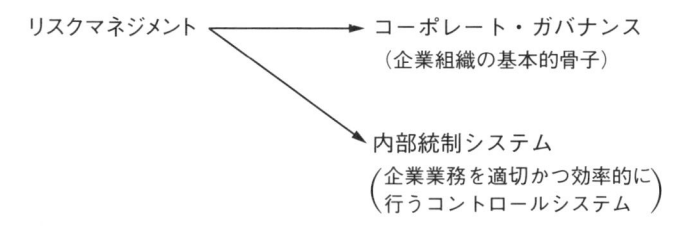

詳細は第1章1.(3)に譲りますが、COSO ERMでは、企業活動の目標を達成するために、次の4項目を設定する必要があるとしています。

1）戦略（Strategic）
2）業務（Operations）
3）報告（Reporting）
4）法令遵守（Compliance）

さらに、これら4項目が適切に機能していくには、事業リスクマネジメントが必要であり、それは次の8要素が機能し、多角的に関係する必要があるとしています。

1）内部環境（Internal Environment）
2）目的の設定（Objective Setting）
3）事象の識別（Event Identification）
4）リスクの評価（Risk Assessment）
5）リスク対応（Risk Response）
6）統制活動（Control Activities）
7）情報と伝達（Information & Communication）
8）監視活動（Monitoring）

これらが相互に有機的に関連し機能していくことで、適切な企業活動を可能にし、結果として企業の目標が達成されるというものです。無味乾燥のように感じられるかもしれませんが、企業活動をこのフレームワークで行い、検証することが、欧米企業では一般的な動きとなっていくものと考えておく必要があります。

監視活動のなかには、当然ながら、監査役／監査委員会、内部監査部の仕事が含まれ、コーポレート・ガバナンスが機能しているか、内部統制システムが働いているか、さらには企業全体のリスクマネジメントは適切に機能しているかをチェックし、必要なアドバイスをするコーチ機能を有します。

(2) 日本での動き

2003年6月、経済産業省のリスク管理・内部統制に関する研究会は「リス

ク新時代の内部統制」と題する報告書を公表しました（付録CD-ROM参照）。基本フレームワークはCOSOに準じたもので、日本版COSOといえます（第1章1.(3)参照）。そのなかで、リスクマネジメントと一体となって機能するのが内部統制であり、内部統制が適切に機能しているかモニタリングするのが内部監査とされ、欧米の考えに沿ったものといえます。

　一方、2002年5月の商法改正で、日本において、委員会等設置会社が認められ、大企業を中心に採用が始まり、その数は着実に増加して、いまや公開会社では60社に達しています。この委員会等設置会社と監査役を置く一般の会社の間で、リスクマネジメントや内部統制への対応にどのような違いがあるのか整理してみましょう。

図表4.3　委員会等設置会社と監査役設置会社の違い

	委員会等設置会社	監査役設置会社
取締役の役割	・取締役は監督に徹し、取締役会は、リスクマネジメントおよび内部統制に関する基本事項を決定し監督する。 ・執行役がリスクマネジメントおよび内部統制を構築し運用する責任がある。	・取締役は執行と監督が混在している。 ・リスクマネジメントや内部統制についての明示はなく、「重要なる業務執行」の決議とあるのみ。 ・ただし、委員会等設置会社とほぼ同じ機能を有すると考えるのが一般的。
リスクマネジメントや内部統制の監督	・監査委員会が担当する。リスクマネジメントや内部統制の構築や運用を監視し、執行役を監督する。 ・営業報告書で、リスクマネジメントおよび内部統制に関する事項の決定が適切かの意見表明をする義務がある。	・取締役会や監査役会が担当する。 ・上記と同様に、商法には明示はないが、監査役が取締役の職務の執行を監督することになっており、リスクマネジメントや内部統制の構築や運用が含まれると考えられている。

図表4.3のとおり、委員会等設置会社と監査役設置の会社では、法律の規定により仕組みは異なっていても、期待される役割としては、ともに、リスクマネジメントおよび内部統制が適切に構築され、運用されているのかを検証する機能であることに変わりはありません。仕組みだけの違いに惑わされることなく、本質をみて判断しましょう。商法にも、監査役制度におけるこの役割が明記されてしかるべきとの考えから、2005年6月に成立した新会社法のなかで、内部統制システムの構築に関する決定を義務づけられた大会社の取締役および取締役会の業務の執行を監査する形で手当てがなされました。

(3) 内部統制と経営者による不正について

　内部統制の構築とその運用の責任が経営者にあるのはいうまでもありませんが、同時に、この内部統制を自ら無効にできるのも経営者にほかなりません。ここに経営者による不正が生まれるリスクがあります。しかし、経営者の不正や、法律違反、不祥事を内部統制システムでは律しきれないのが現実です。経営者による不正リスクを抑止するのが、有効なコーポレート・ガバナンス体制であり、最も重要なのはその運用と監視です。

　米国ではエンロンやワールドコムの粉飾決算とその後の倒産がきっかけとなって、2003年に米国企業改革法が制定され、厳しい規制が経営者の行動に課せられるようになりました。

　つまり、それまで一応形としてはできていたコーポレート・ガバナンスを実効のあがるものにしようという強化策でもあります。米国以外でも、英国のターンバルレポート、カナダでもCoCoレポートが出されています。

　内部統制の強化とともに経営者（特に経営トップ）の暴走を止めるコーポレート・ガバナンスの適切な運用が世界的に求められているということです。どうしても現実には、不祥事が発生した後の対症療法にならざるをえませんが、企業の自由な活動が経済社会の活性化と発展をもたらす以上、若干、後追いになってもそれは仕方がないでしょう。また、米国のような極端な事例が連続して発生すると、企業改革法のような大変厳しい法律によって規制が一段と強化されることになりますが、それもやむをえません。経済事象の

変転に対応して、柔軟かつ継続的にコーポレート・ガバナンスの見直しと強化を地道に追求していくしか道はないのです。

(4) 内部監査との関係

内部監査を行う内部監査人は、だれがコーポレート・ガバナンスの責任主体であると考えているのでしょうか。たまたま、図表4.4のようなアンケート結果が出ています。

このように、内部監査人は、主に、CEOまたは代表取締役（いわゆる経営トップ）と取締役会がコーポレート・ガバナンスの責任主体と考えており、その次には大きく下がって監査役会となっています。少数ですが、内部監査という意見もみられます。筆者は、内部監査人とコーポレート・ガバナンスの責任主体との関係を図表4.5のように考えます。

つまり、コーポレート・ガバナンスの責任主体が適正に業務を遂行しているかモニタリングするのが内部監査人の役割であり、究極的にはコーポレート・ガバナンスの適正性を保証する重要な役割を内部監査人が果たすことになります。

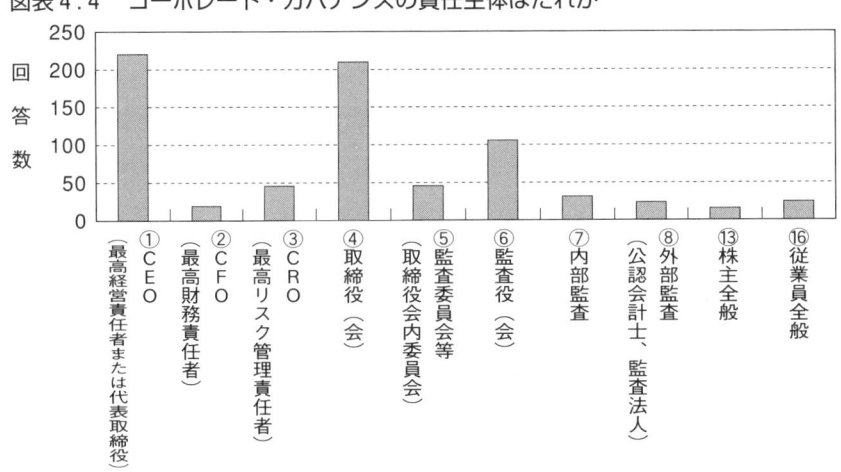

図表4.4 コーポレート・ガバナンスの責任主体はだれか

出所：「月刊監査研究」2003年10月号

また、企業目標を企業価値の最大化に置いた場合は、図表4.6のような関係にもなります。

なお金融機関は、規制業種であることから、ステーク・ホルダーのなかには、政府、監督官庁（金融庁、日本銀行、外国の金融当局など）による監督が、一般企業よりも格段に強い影響力をもって含まれることから、その企業価値最大化には、透明性と納得性が特に強く求められます。このため、内部監査機能は、一般企業よりも、もっと強い位置に立つことになります。実際には、金融庁の意向どおりに動く傾向がさらに強まっているようですが、経営に強く求められる自己責任を貫徹するには、コーポレート・ガバナンス＋内部統制システム＋内部監査＝適切な企業全体のリスクマネジメントにするため、これらの機能を統合した一体的な運営が求められます。そうすることが、変化が激しさを増すなか、利益をあげ効率的かつ適法な運営が可能になり、ま

図表4.5　内部監査人とコーポレート・ガバナンスの責任主体との関係

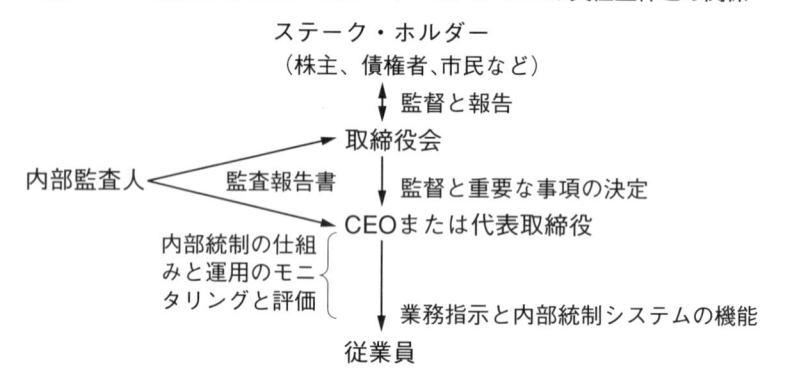

図表4.6　内部監査のモニタリング機能

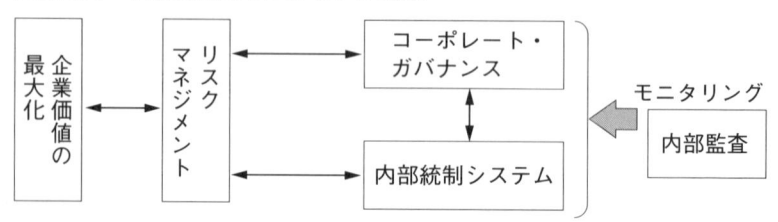

さにゴーイング・コンサーン（継続企業）として生き続けることができるようになります。

(5) まとめ

これまでの議論を再度整理すると図表4.7のようになります。企業経営のなかで内部監査人に期待される役割は、実は非常に大きいのです。また、現実と理想とのギャップは小さくありませんが、内部監査の役割が高まりつつあるなか、いつでも期待に応えられるように、日頃から幅広い準備が内部監査人に求められています。

図表4.7　リスクマネジメント、コーポレート・ガバナンス等の主体

	役　割	当　事　者	内部監査の役割
リスクマネジメント	企業目標を適正にかつ効率的に達成するための方針と管理	基本方針は取締役会	モニタリング 制度設計へアドバイス
コーポレート・ガバナンス	企業目標達成のため、ステーク・ホルダーが経営者を監督する仕組み	株主を中心とするステーク・ホルダーが仕組みを決定	モニタリング 社外取締役への情報ソース
内部統制システム	企業目標達成のための業務指揮と管理の仕組み	取締役会が大枠を決定。経営者が仕組みを構築し指揮し実行する。検証は監査役／監査委員会、内部監査部門	モニタリング 制度設計へアドバイス
内部監査	内部統制システムの仕組みが妥当であり、かつ、適切に機能しているかの検証と改善の助言	内部監査部門が業務から独立して検証	─
外部監査	企業活動の結果を示す財務諸表の適正性についての独立した立場からの検証	公認会計士	協働 内部統制の有効性に関して情報提供

4. コーポレート・ガバナンス充実に向けた関係者の協働

これまでみてきたように、内部監査はコーポレート・ガバナンスを定着させ向上させていく重要な役割を期待されています。次に内部監査人は、他の人、たとえば監査役、外部監査人の公認会計士とどのように協働することで、その役割を十分に果たすことができるのかを考えていきたいと思います。協働すべき理念と現状とのギャップ、それをどのように克服すべきか、そして委員会等設置会社での役割や米国企業改革法による影響を整理してみましょう。

(1) 内部監査人と監査役の協働

まず、ある監査役の独り言を聞いてみましょう。

> 「今後の商法の現代語化改正では、内部統制の構築や開示義務が明確化されることになる。とすると、構築されていないと違法となり、取締役も監査役も法的に一段と責任が重くなる」
>
> 「監査法人や内部監査部門との連携については、有価証券報告書でのコーポレート・ガバナンスの説明や機関投資家の企業評価のチェック項目に入ってくる。そのためにも内部監査部門と連携をしなくてはいけない」
>
> 「金融機関は、規制業種であり、コーポレート・ガバナンスの最大のステーク・ホルダーは、実際は、監督当局であり、本当の意味での監査法人の監査の役割が高まったとは思えない。もちろん、監査役として、取締役会を含む重要な会議への出席や監査法人との連携、内部監査部門との連携を進める義務があることは承知している」
>
> 「ホールディング・カンパニーと傘下の銀行子会社の監査役は定期的に意見・情報交換を行っている。内部監査部門との連携はどうしても情報交換が中心であり、それにとどまっているのが実際である」

この監査役も内部監査人との連携はすべきとの認識は十分にもっていますが、実際には、連携といっても情報交換にとどまっているのが現状であり、どのように充実させていくのかが課題です。

次に、日本内部監査協会の「月刊監査研究」2003年10月号に、内部監査部と監査業務についてのアンケート結果が掲載されています（図表4.8）。

このアンケート結果から、本質的な連携がいまだ不十分であることがみてとれます。

ここで、監査役が行う監査について整理してみましょう。

監査役の監査は、次のようになっています。
- 会計報告の適法性 ───────→ 実際の監査業務は公認会計士が行う
- 取締役の業務執行の監督 ──→ 監査役が実際に実施する

ですから、監査役が自ら行うのは業務監査ということになります。内部監査部が行う内部監査も基本は業務監査です。

業務監査は、

図表4.8
a．内部監査担当部門と監査役（監事）との監査業務上の調整の有無

調整の有無	2003年度	2000年度	1997年度	1994年度
調整している	66.0%	67.5%	64.6%	60.3%
調整していない	34.0%	32.5%	35.4%	39.7%

b．同調整項目

調整項目	2003年度	2000年度	1997年度	1994年度
監査日程	57.2%	60.5%	61.8%	62.3%
監査範囲・項目	45.8%	61.2%	66.0%	58.3%
監査個所	36.2%	35.4%	34.5%	37.0%
監査方式	31.3%	1.4%	──	──

c．内部監査担当部門と監査役（監事）との共同監査の実施

実施の有無	2003年度	2000年度	1997年度	1994年度
実施している	399社(35.5%)	333社(39.9%)	321社(36.3%)	354社(37.6%)
実施していない	615社(64.5%)	492社(58.9%)	563社(63.7%)	588社(62.4%)
その他	──	10社(1.2%)	──	──

出所：「月刊監査研究」2003年10月号

「経営管理の仕組みと運用の両面に関して、イ．効率性、ロ．適法性の観点から意思決定のプロセスやそのチェックを検証し、不備や欠陥を指摘し、その改善を勧告することで企業経営の適切な運営と収益の拡大に貢献するものである。」
と一般的には考えられています。

また、改訂された監査役監査基準（2004年2月12日に日本監査役協会から公表）では、いままでの適法性監査のほかに妥当性監査が追加されました。これは、企業統治の確立と運用に積極的な責任を果たすことを志向したものです。同15条では、内部統制システムの整備状況の監査として

- 法令、定款の遵守体制
- リスク管理体制
- 財務報告等の適時開示への監視、検証

となっており、責任の範囲は拡大してきています。

一方、監査役制度においても、現在では、監査役の過半数を社外監査役にすることが義務づけられております。このように、仕組みとしては、米国企業改革法にも耐えうるものになってきています。しかし、残念ながら、いまだ常勤監査役は社内から選ばれ、実質的に代表取締役社長に指名されているのが現実ですので、経営者を監視し、コーポレート・ガバナンスが有効に機能するということを保証するところまでは達していません。もちろん、着実に改善されているのは間違いないのでしょうが、最近の経営環境のスピードとその変化の大きさを考慮すると、ほとんど進んでいない、ないしはむしろ退歩しているとさえいえるかもしれません。

では、それほど機能していない監査役と協力して何の成果があるのかという疑問は当然かもしれませんが、協働しスクラムを組むことで、1＋1を2以上にもっていくのも可能であり、そうすべきだと考えます。

監査役と内部監査部は、「経営と業務の監視」という共通の目標と領域をもっています。監査という任務を通じて、企業の健全な発展と持続的な成長に貢献する責任があります。「経営の監視」としての監査役のパワーは、①経営トップや幹部との人間関係が密である、②取締役会等の重要な会議に出席し

ている、③社外監査役が過半数を占めており、その存在によって経営トップへの影響力を行使できる——などから、実際は強力なものです。しかし、すべての業務について、自ら詳細に監査を行うことはできませんので、業務監査により自ら集めた情報とその分析結果、そして内部監査部からの報告、さらには監査法人からの監査報告などを活用して、経営を監視しています。

　一方、内部監査部は、多数の内部監査人を投入して、本部、支店、子会社等を、情報システム面を含め幅広く監査を行っています。内部監査の実施報告である内部監査報告書は監査役にも提出されるのが一般的ですので、協働の一つとして、その報告書のなかでの業務改善提案の実行を確実にするために監査役の支援を得ることが考えられます。特に、常勤監査役は、経営トップへの影響力を行使できるわけですから、意志さえ強固なものならば、内部監査部の強力なサポーターになってもらえます。監査役との協働により、内部監査部の改善提案への実現力が高まれば、監査を受ける支店等からの監査への信頼向上にもつながるでしょう。

　実際、改訂監査役監査基準では、内部監査部との連携について、
- 内部監査部との監査業務での連携
- 内部統制システムの監査での連携
- 監査役の補助スタッフの役割

などをあげています。監査役は、役員室の奥深くに執務室があり、近寄りがたい面もありますが、ともに同じ目的をもっているので、助け合い協働することが、結局は、両者の地位の向上につながります。ぜひ、経営者に対しても、協働によるその力を発揮してほしいものです。前述したように2006年施行の新会社法のもとでは、内部統制システムの構築や運用についての経営者の証明が義務づけられることになりますので、この領域での協働による効率的で有効な検証手法を確立するところから始めるのも一つの方法でしょう。

(2) 内部監査人と公認会計士の協働

① 協働の可能性

> 「監査で大事なのは、企業の内部統制システムである。……日本企業の外部監査の時間は欧米の2分の1から3分の1と少なく、期末残高を検証する実証手続きに監査時間の多くが使われており、内部統制などのチェックが十分に行われていない」(日本IR協会発行IR-COM2004年12月号P.5から抜粋)

 日本公認会計士協会の藤沼亜起会長は、このように述べるとともに、日本内部監査協会の年次総会へのメッセージにおいても、コーポレート・ガバナンスの重要な担い手である内部監査人との協力は欠くことができないと、強調しています。
 やはり、監査役との協働のところでみたのと同じアンケートから内部監査人と外部監査人の協働についてみてみましょう。
 アンケート結果からは、監査役との協働と同様に理念と実際の格差が大きい現実が浮かび上がります。要因はさまざまだと思いますが、最も大きいのは、内部統制システムを社内で監査する立場にある内部監査人が、リスク・フォーカスに基づく監査、実際は、公認会計士の監査手法を受け入れていないためではないでしょうか。最近では、日本内部監査協会による資格である

図表4.9
a．内部監査担当部門と会計監査人（公認会計士）との監査上の業務調整

調整の有無	2003年度	2000年度	1997年度	1994年度
調整している	24.8%	25.9%	27.7%	28.1%
調整していない	75.2%	74.1%	72.3%	71.9%

b．同調整項目

調整項目	2003年度	2000年度	1997年度	1994年度
監査日程	165社(67.6%)	153社(69.2%)	187社(77.0%)	196社(75.7%)
監査個所	66社(27.0%)	89社(40.3%)	110社(45.3%)	98社(37.8%)
監査範囲・項目	94社(38.5%)	78社(35.3%)	78社(32.1%)	89社(34.4%)
その他	――	4社(1.8%)	――	――

出所：「月刊監査研究」2003年10月号

CIA（公認内部監査人）の受験者が増加しているほか、その他機関による同種の資格認定の動きも広がるなど、欧米の内部監査手法の考えをもった内部監査人が増加しており、着実に良い方向には向かっています。

一方、日本公認会計士協会会長が指摘しているように、日本の公認会計士が費やす監査時間は欧米に比して半分以下しかないのが実情です。しかし、公認会計士の責任はますます重くなっていることもあって、監査時間を大幅に増やすことは監査費用の急激な増加をもたらし、現状では、企業がすぐに受け入れることは容易ではありません。

このような現状での解決策として、内部統制システムの妥当性を検証する役割を有する内部監査部が、内部統制システムの検証の相当部分を担うことで、公認会計士の監査時間の急増を抑えることが可能になり、公認会計士にとっても企業にとってもメリットをもたらすと考えます。

その場合、内部監査部の監査は、外部監査人の説明責任に耐えられるような監査手法とドキュメンテーションを具備することが前提になることは、いうまでもありません。

② 公認会計士監査の実際

公認会計士の監査は、財務諸表の適正性について、外部の独立の専門家として確認し保証することです。財務諸表は、株主、投資家等のステーク・ホルダーにとって、企業の経営成績、財政状況を知る重要な情報源であり、これの適正性を保証することは、資本市場からの資本調達を主とする上場会社にとってもきわめて重要です。いわば、資本主義経済の大きな柱の一つです。

公認会計士が行う財務諸表の監査は、日本公認会計士協会が定める監査基準に準拠して実施されます。近年、この監査基準の改訂が進み、リスク・フォーカス、内部統制システムの評価をベースにしたものとなって、ほぼ、欧米と比べて遜色のないものとなってきました。同様に、会計基準もほぼ国際基準と肩を並べる水準になったといえるでしょう。

監査基準の改訂に伴って、実務指針の改訂も行われ、「統制リスクの評価」（監査基準委員会報告書第20号）が作成され、従前の内部統制の考え方からお

なじみのCOSO概念に基づくものになりました。公認会計士も、監査を実施するにあたっては、必ずCOSO概念に沿って内部統制システムを理解し評価しなければなりません。

　つまり内部統制を検証するという観点では、公認会計士も内部監査人も同じ目的で監査をしていることになります。しかし、公認会計士が、内部統制の検証→財務諸表の開示の妥当性を検証するというプロセスのなかに内部統制の検証を位置づけているのに対して、内部監査人は、内部統制システムの監査自体が目的であり、両者の位置づけは異なります。

　内部統制の監査は、企業の業務自体を正しく、深く理解していることが前提です。そのため、公認会計士は、監査のなかで経営者との対話の拡大を要請しています。当然のことでしょう。しかし、企業によって業務の仕方、リスクの内容や対応の方法は異なることから、それを十分に把握することは困難です。このため企業活動を常時監査し、企業活動の実務経験を有する内部監査人や常勤監査役との意見・情報交換は、公認会計士監査にとっても十分に価値のあるものです。

　特に内部統制の検証は、公認会計士にとっても重要な分野となりつつありますので、内部監査人とのスケジュール、分野、深度についての協調や連携を行うことで、皮相的でない真に経営や業務の内部に入り込んだ監査が可能になり、投資家にも経営者にも納得され、価値のある監査として評価されるようになります。

　なお、2004年6月に改訂された内部監査基準（本書付録CD-ROMに収録）では、「公認会計士又は監査法人による監査においては、有効な内部統制がその監査の前提とされており、したがって内部監査は、これらの監査との情報交換、意見交換等の機会を持ち、さらに連携を図ることが望ましい」と、明確に両者の連携を要請しています。肝心なことは、実行することです。内部監査部長は、公認会計士がデスクを置く部屋（金融機関の本部の一室を借りているのが一般的です）の扉をノックすることから始めましょう。

(3) 内部監査人と監査委員会の協働

　2002年5月の商法改正により、経営の執行と監督の分離を明確化することを目的として、従来の取締役・監査役制度に加えて、コーポレート・ガバナンスの型としては米国型に近い委員会等設置会社型が認められるようになりました。ここでは、従来の監査役の設置にかえて、三つの委員会（指名、報酬、監査）が取締役会のなかに設置されます。

　まず、最初に委員会等設置会社についてみていきましょう。日本監査役協会が2004年11月に委員会等設置会社を対象としたアンケート結果を発表しています。それによると委員会等設置会社数は97社となり急速に増加しています。金融機関もその例外ではありません。委員会等設置会社では三つの委員会の設置が義務づけられていますが、そのうちの監査委員会の平均委員数は3.8人で、常勤の監査委員を置くのは全体の84.6％となっています。また、監査委員会で専属スタッフを有するのは60％に達しており、専属スタッフ数も3.4人となっています。一方、他の委員会である指名と報酬の委員会は、ほとんどスタッフを置いていません。

　なお、内部監査部との関係では、94.1％の会社が内部監査部を有しており、内部監査部のスタッフ数は13.9人で、かつ監査委員会が指示・命令権を有するのが68.8％となっています（「週刊経営財務」2004年11月15日号）。

　一方、委員会等設置会社に移行した会社のある経営者は、「監査委員会の仕事を実際に取り仕切るのは社内取締役の常勤委員であり、社外取締役である非常勤監査委員では無理である。本当にその役割を遂行していくにはまだ課題は多い」という厳しいコメントをしています。

　委員会等設置会社は、実際は大企業が大半であり、スタートして日が浅いこともあり、今後の運用いかんでその実効性が問われてくるという意味で注目していく必要があります。このように、動き始めたばかりの委員会等設置会社における監査委員会と、従来の監査役を比較すると、図表4.10になりますが、仕組みを別にすれば、大きな差はありません。

　次に、監査委員会の監査では内部統制システムをどのように監視するのかをみてみましょう。内部統制システムの構築については、リスクマネジメン

図表4.10　監査委員会と監査役の比較

	監査委員会	監 査 役
人　数	3人以上	3人以上
社外の人数	過半数	1人以上（将来は半数以上）
常勤の人	法律は要求していない	1人以上
任　期	1年	4年
監査の範囲	適法性と妥当性	適法性と妥当性
監査の対象	会社の業務全般（特に内部統制システムの確立／要件）	会社の業務全般
監査手法	委員会で方針を立てる。「やらせ」て「検証」する。	監査役会で方針・スケジュールを決定し、自ら実査する。

出所：「週刊経営財務」2004年11月15日号

トを含めた大綱を取締役会で定め、これに基づいて執行役（委員会等設置会社では、執行役という業務執行に専念する人を商法で新しく定めています。現在多くの会社で使われている執行役員制度は商法に規定されていない単なる呼称であります）が、それを具体化して実施する責任があります。監査委員会は、1）取締役会の内部統制システム構築の決議内容の妥当性、2）その内部統制システムが有効に機能しているかを監査し、適正性を確認します。すなわち、内部統制システムの仕組み（型）と運用（実際）を監査するので、現在の監査役監査と大差はありません。

　では、監査委員会が置かれている会社での内部監査部の役割についてみていきましょう。まず、監査委員会は、「やらせる」ことと「検証」する機能が中心で、実査機能は期待されていません。そして、アンケート結果にもあるように、監査委員会は内部監査部の指示・命令権を有する反面、内部監査部による実際の監査活動の支援なくしては、監査委員会の実質的な活動は成り立ちません。監査委員会の委員の多くも内部監査部は必設の部門という意見です。内部監査部は、リスクマネジメント、内部統制および組織のガバナンスのプロセスの有効性を検証して評価を行い、その改善の勧告と助言をしていくのが仕事です。監査委員会監査では、内部監査部の監査結果をふまえた、

よりダイナミックな経営組織についての監査が求められることになります。究極的には、監査を通じて、経営そのものについて評価することが求められている気がします。

委員会等設置会社では、基本的に実査を委ねられる内部監査部が不可欠な存在となり、監査役制度下の協働と比較して、職務の分担と責任が明確になります。当然、内部監査部の監査は、業務全般のみならず、内部統制システムの仕組み自体についても対象とし、これまで以上に経営監査的な役割が増していくことは間違いありません。内部監査人は監査のエキスパートであると同時に、経営管理システム、経営自体についても知識と経験が必要とされてきます。

5. 米国企業改革法のインパクト

(1) 法律の背景

米国は、金融機関の内部監査においても先進的であり、わが国の金融庁の検査に対する基本的な考え方やマニュアルは米国の影響を強く受けています。企業経営やコーポレート・ガバナンスでも同じことがいえます。しかし、監査やコーポレート・ガバナンスの大本山である米国で、エンロンやワールドコムの会計不正の発覚とそれに続く破綻、さらには世界を代表する会計事務所であったアーサー・アンダーセンの崩壊が生じるという惨事が起こりました。これがきっかけで、コーポレート・アメリカの信頼回復のため、政府が主導権をもった企業改革法が成立したのはすでに述べたとおりです。

このようにして成立した企業改革法は、米国の会社や米国に上場している外国の会社にも適用されます。米国ニューヨーク証券取引所には、日本を代表する大企業約30社が上場されており、その影響は当面はそれらの会社に及びます。

しかし、何事も米国を追いかける日本において、今後、米国企業改革法と同趣旨の法規制が遠からず議論されることになるでしょう。

(2) 内部統制との関係

　本項では、米国企業改革法の内部統制や内部監査に及ぼすインパクトについて整理してみましょう。米国企業改革法は、膨大な量の法律（全体の概要については、第6章第1節(2)を参照）ですが、内部統制に関する主な規制としては、まず次の2条があげられます。

　302条　経営者の財務諸表の適正についての宣誓証明（四半期ごと）
　404条　財務諸表作成プロセスにおいて内部統制の有効性についての経営者の評価と証明そして外部監査人の証明（年度ごと）

　なお、監査法人は、財務諸表の監査報告書と内部統制の検証報告書の二つの報告書の作成が義務づけられています。

　経営者は、内部統制の構築・運用の責任があることが明確になりますが、そのため財務諸表や開示情報の整備状況について自己評価する必要があります。302条では、具体的には、

1）経営者は財務諸表をレビューした
2）重要な誤りや未記載がない
3）財務諸表は財政状況を適正に表示している
4）経営者は内部統制システムが有効であると評価した
5）経営者は外部監査人や監査委員会に重要な欠陥がある場合にはその報告をした
6）財務諸表の期日から、宣誓する日までには内部統制についての大きな欠陥がないことを認証のうえ、宣言すること

を行う義務があります。

　404条では、

1）適正な財務諸表に必要な内部統制システムの構築・運用する責任が経営者にある
2）内部統制の有効性を評価する際の基準を明示する（実際は、COSOを基準に行うものと思われる）
3）財務諸表が米国GAAP（会計基準）により作成されている
4）重要な資産の取得や処分の防止システムの存在がある

5）内部統制の有効性について経営者の実施した評価結果
6）外部監査人が内部統制の評価についての報告書を提出した

つまり、経営者と外部監査人による内部統制システムの評価と適正性への証明が必要になったことが最大のポイントです。なお、この作業が膨大であり企業にとって多大なコストアップをもたらすとともに、経営者の責任もきわめて重くなっていることが注目されます。

なお、日本でも、財務諸表等の対外開示については金融庁からの法的な規制と証券取引所による自主規制があり、両方がダブりながらも規制をしています（序章第2節(4)参照）。米国でも同様に、企業改革法をふまえた証券取引所の新しい規制がなされました。たとえば、ニューヨーク証券取引所では、

- 上場会社に内部監査機能をもつことを義務づけた
  アウトソースは可能であるが、会計監査人への委託は不可
- 経営者によるコーポレート・ガバナンスに違反していないことを毎年認証する

などが追加され、取締役会議長のCEOとの兼務を禁止し、CEOが参加しない取締役会の定期的な開催などを求めています。

(3) 内部監査との関係

次に内部監査との関係をみてみましょう。米国企業改革法では、内部統制システムの有効性の証明が必要とされ、そのための検証方法としては、COSOのフレームワークに沿って進められることになります。COSOにはモニタリング（監視活動）が構成要素としてあり、そこには内部監査が含まれています。当然、内部監査の有効性と内部監査人の知識と適格性についての評価が必要となり、内部監査自体の重要性がますます高まることになります。内部監査人として、米国企業改革法の要求内容を監査に取り込む必要があり、財務諸表に係る重要な内部統制項目である、売上げ、売掛金、買掛金、棚卸資産などについても内部監査の対象となってきます。

(4) 日本への影響

　米国では、内部監査の重要性が今回の企業改革法の制定によりさらに高まりましたが、日本でも、前述のとおり新会社法のなかで、内部統制システムの構築が監査役設置会社にも義務づけられました。その結果、次の点が求められることになります。

1）内部統制システムの構築と運用について、いずれは米国と同じような役割が求められる
2）財務諸表作成プロセスへの内部監査が必要になる（経営者による財務諸表の適正性についての証明を行う前提として、内部監査による検証が必要）
3）連結会計が原則となり、グループ全体の内部統制の確認には、内部監査のグローバル化が必要になる

　いずれにせよ、内部統制システムについては、経営者と外部監査人のダブルチェックが今後明確に求められるようになります。経営者のチェックには、経営者自らの介入と内部監査部の独立したチェックが必要です。外部監査人の内部統制システムの検証は、経営者の証明をチェックすることから始まりますので、常日頃から外部監査人は内部監査部とのコミュニケーションをとるとともに、内部監査の実態状況を把握しておく必要があります。

　米国企業改革法の302条で財務諸表の適正についての経営者の宣誓が要求されていますが、日本にも同様の仕組みとして「有価証券報告書の記載内容の適正性に関する代表取締役の確認書」（いわゆる「経営者の確認書」）があります。これは金融庁の「開示布令」によるもので、任意規定として定められていますが、序章でも触れたように主要金融機関は2004年3月期から実施しています。さらに2005年3月期からは、東京証券取引所では全上場会社に財務諸表の適正性についての確認書を経営者から徴求しています。確実に、米国の流れを追いかけて経営者の責任は重くなっているのです。内部統制のチェックをどこまでやるかは今後の課題ですが、当然、内部監査部として、この分野が対象に追加されるのは確実であり、対応が必要となります。

6. オーディット・コミティー（監査委員会）

日本では2002年5月の商法改正により、監査役設置会社以外に、新しく委員会等設置会社が認められ、そこでは、取締役会に監査委員会を設置することが義務づけられました。欧米では、監査委員会はオーディット・コミティー（audit committee）と呼ばれています。日本の監査委員会がモデルとする米国のオーディット・コミティーの機能について、日本の監査委員会と比較しながら、その本来の機能をみてみましょう。

両者の間に大きな差異はありませんが、内部監査との関係では、オーディット・コミティーのほうがより強く、内部監査部を監査の実動部隊と位置づけています。内部監査結果の報告先も、多くはオーディット・コミティーになっており、日本では依然、代表取締役であることと比較すると、大きな差があります。日本では内部監査との関係が必ずしも明確でなく、今後の実務のなかでの実績をふまえて明確にしていく必要があります。

米国のオーディット・コミティーは日本の監査委員会と同じく、内部監査

図表4.11　米国のオーディット・コミティーと日本の監査委員会

	オーディット・コミティー	日本の監査委員会
社外の人数	全員	過半数
資　格	最低1人は財務の専門家	特になし
任　期	1年	1年
監査の範囲	財務諸表や内部統制の適正性や妥当性	業務全般の適法性と妥当性
内部監査との関係		
内部監査部の設置義務	ニーヨーク証券取引所上場会社は義務	明記なし、実際は内部監査部を有するのが大半
内部監査部の指揮・監督	有する 内部監査の実際を監視	明記なし、実際は指示・命令権を有する
内部監査結果の報告	3/4がオーディット・コミティーに報告する	多くは代表取締役に行う

を「やらせる」そして「レビュー」という機能を有していますが、実際に、オーディット・コミティーが内部監査に対して指揮／監督するものとしては、

1）内部監査規定のレビュー
2）内部監査の目的、監査計画、人員や予算のレビュー
3）内部監査の独立性のレビュー
4）内部監査機能の評価
　・内部監査の実施状況
　・内部監査の範囲と内容の妥当性など
5）内部監査報告書の受取りとレビュー
6）会計監査人との協調のレビュー
7）外部専門家による内部監査のクオリティレビュー（3年ごと）

などがあります。

　一方、内部監査部は、内部監査結果の報告のほかに、主に次のことをオーディット・コミティーに対して行います。

1）米国企業改革法404条への準拠状況の報告
2）会社が抱える重要なリスクの報告
3）リスクマネジメント、コンプライアンス、安全、ビジネスの継続性、企業倫理、外部監査などに関する情報の提供

　日本の監査委員会の今後のあるべき姿を示しているようです。米国と同様に、内部監査報告書の報告先がオーディット・コミティーになると、日本の現在の主流である経営者への報告から変わることになります。日本における内部監査は、経営者からの支援が監査の信頼や監査を円滑に実行する基礎となっているのが実情です。オーディット・コミティーへの報告になると、内部監査の信頼や監査現場での協力低下のリスクもあり、今後の課題であります。

7. IR・対外開示と内部監査について

　大株主に関する正確な開示を怠ったことにより、西武鉄道が上場廃止に追い込まれたことは記憶に新しいところです。この事件をきっかけに、金融庁は、全国の上場会社に対して、有価証券報告書の一斉検査を2004年11月に指示したところ、実に500社以上から訂正報告がなされました。財務諸表と関連情報の開示は、株主や投資家などの投資判断に大きな影響を与えるものであり、正確かつ迅速な開示が要求されていることは、いまさらいうまでもありません。

　これら法に定められた開示のほかに、IR（インベスター・リレーション）という形で、企業は積極的に投資家へ企業情報を開示することで、企業を正しく理解してもらい、株価の適正化（最終的には、企業価値の最大化）や安定的な株主の拡大を図ることが行われています。これらは、内部監査とは一見関係ないようにもみえますが、対外開示をするには、そのプロセスが適正かつ開示の方法やタイミングが公平であるのか、十分に検証したうえで、行わなければなりません。誤った開示や不公平な開示によって企業が被るリスク、投資家が被るリスクについて社会の目は厳しくなっていますので、内部監査部においても、業務とリスクについての理解が必要となってきています。

　監査実務の細かい点は省略し、内部監査との関連で整理してみましょう。
　開示は、大きく次の三つに分けられます。
　1）商法、有価証券取引法などによる法定開示
　　　　→有価証券報告書（半期報告書を含めて年2回）、営業報告書
　2）証券取引所が定めるルールによる準法定開示
　　　　→決算短信（四半期開示を含めて年4回）、その他の重要な事項
　3）企業が任意に開示する任意開示
　　　　→決算説明会、投資家への説明会やアニュアルレポート等

　これらは、社内から出てきた情報を整理して開示するのですから、開示プロセス的にはほぼ同様です。特に、法定開示や準法定開示では、社内の会計、

販売、仕入れそして在庫などのシステムから、正しく記録されたデータが集計され、まとめられて、法定開示のフォーマットに落とし込まれて作成されます。法定開示であり、誤りが許されないことから、チェックも万全を期して行われ、かつ、財務諸表上の数字という一番大事な部分は、通常公認会計士の監査を経ます。大きな誤りは、経営者が故意に行わない限り生じることは少ないはずです。内部監査人としても、通常の内部監査のなかで、職責分離や会計システムの妥当性などチェックしておけば、大きな問題は生じません（詳細は、「5．米国企業改革法のインパクト」を参照）。

しかし、任意開示と法定開示でも計数以外の会社の状況や、コーポレート・ガバナンス、今後の収益予想などの分野については、手作業で作成することが多く、かつ、将来の企業業績見込みの作成には、当然ながら経営者をはじめ作成者の主観が入ってきます。そして、これら企業業績などの将来の予測を含んだ情報のほうが株主や投資家にとって、今後の株価をみる場合に重要な情報になる場合も少なくありません。そこで本部監査を通じて、内部統制システムが適切に機能しているのか、また重要な対外開示の情報については弁護士等の外部専門家の判断を徴しているか等をチェックする必要があります。また、対外開示である以上、投資家に対する公平な開示が義務づけられており、開示方法やタイミングについてもよく検討しておく必要があります。たとえば、マスコミ、一部大株主や機関投資家だけに情報が流れ、インサイダー取引やその疑いをもたれる状況を引き起こすことがないように、事前に、IRポリシーなどを定めてルールを明確にし、徹底されているかをみる必要があります。

IRは内部監査にとっても新しい分野であり、その性格上常に外部の利害関係者が絡むことから、内部監査人として、リスクが高いケースが多いことに留意したうえで、この分野への理解と監査手法の向上を図る必要があります。

8. 内部監査の使命とその地位の向上

　内部監査について単なる業務の不備を検証するだけのものではなく、企業全体のリスクマネジメントの維持・充実のため、コーポレート・ガバナンスや内部統制システムが仕組みとして、また、実際に適切に機能しているか検証し証明を行い、不十分なところは改善勧告を行うものであることをご理解いただけたでしょうか。
　内部監査人の役割は、

　　　ポリスマン
　　　　↓
　　　臨床ドクター
　　　　↓
　　　予防医学のコンサルタント

というように変化してきています。たとえば、日産自動車グループは内部監査の目的として次の点をあげています。

- 内部統制とリスクマネジメントの評価
    1) 財務および業務の情報の信頼性とインテグリティ
    2) 業務の有効性と効率性
    3) 資産の保護
    4) 法律・規制および契約の遵守
- リスクの軽減とビジネスプロセスの改善支援

　ソニーの内部監査も、日産自動車と同様に、財務・業務・リスクマネジメントが目的となっていますが、現在は、リスクマネジメントに重点を置き、それにフォーカスした監査を中心に行っているそうです。
　日本内部監査協会は、米国に本部がある内部監査人協会（IIA）の最近の動向をふまえて、内部監査基準を2004年6月に改訂しました。そのなかで、内部監査の範囲と内容として、
　1) リスクマネジメント

―内部監査部は、組織体のリスクマネジメントシステムの有効性を評価
　2）コントロール
　　　―リスクマネジメントの評価結果をふまえて、組織体のガバナンス、業務の実施および情報システム全般にわたるコントロール手段の妥当性と有効性を評価

とし、内部統制システムの整備・運用を評価しその改善を図ることが目的であるとしています。

　一方、経営者からみても、急速に変化する今日のビジネス環境や厳しさが増大するなかで、企業が抱えるビジネスリスクはグローバル化し、かつその深度と頻度はより深く激しくなってきています。経営者は、株主を主とする諸々のステーク・ホルダーからの強いプレッシャーを受けながら、継続的な企業価値の最大化（＝利益の最大化）を常に達成する責務があります。まさに、ビジネスのリターンとリスクというタイトロープの上を走っているわけです。内部監査人がビジネスリスクについて予防的に認識し、適切に管理されているかどうかを検証することで、経営者は安心してビジネスのリターン最大化に注力することができるのです。

　このように重要な役割を果たすべき内部監査人が、従前どおり同じ手法・考え方を続けていたのでは、経営者や監査役・監査委員会の信頼を集めることができません。そのためにも、内部監査の役割拡大に応じた内部監査人のスキル向上が必要です。業界ごとに、業務上のリスクが異なっていますので、業界別の内部監査の専門家を育てる必要があります。また、連結経営やグローバル経営（特に、生産の中国・アジアシフト、販売先の欧米や中国・アジアのシェア拡大など）のなかで内部監査の国際化も必要です。

　内部監査手法についても、現状では公認会計士の監査ほどには確立されていません。公認会計士が実施する財務諸表監査と、多種多様な業種や業務を対象とする内部監査では、監査手法が異なるのは当然ですが、やはり、公認会計士との協働の基盤として、監査手法の基本部分での共通基盤の確立は必要でしょう。あえて付言すれば、公認会計士的な監査手法を取り入れることで、法定監査と任意監査の内部監査の協働は大きく前進すると確信してい

ます。

　外部監査人である公認会計士・監査法人でも、監査の厳格化として、

　　1）実質的判断の重視―金融機関の繰延税金資産の計上問題
　　2）ゴーイング・コンサーン（企業の継続存続の可能性）への対応

などがあり、外部監査人のリスクは増大しており、そのリスクの分散や軽減を図ろうとしています。内部監査人との協働を拡大することで、両者でのリスクの共有による分散が可能となるはずです。

　リスクマネジメントやコーポレート・ガバナンス、内部統制システムの有効性を保証することが内部監査人の役割です。第一線のプレーヤーである営業マンとは異なるかもしれませんが、内部監査人も企業活動のフロントラインプレーヤーです。ぜひ、高い志をもって取り組んでください。

　最後に、内部監査人は、CEOと同じレベルを知識・能力で目指すべきであるというのが筆者の持論ですので、ここである人があげた優秀なCEOとしての八つの条件を紹介しておきます。

　優秀なCEOの条件
　　1）　誠実でありエネルギッシュである
　　2）　高いビジネスマインドを有する
　　3）　人をみる目と育てる目を有する
　　4）　組織に変革をもたらし、かつ信頼を得て行える実行力を有する
　　5）　好奇心、知性そして国際性を有する
　　6）　高い判断力がある
　　7）　目標達成への強い意識
　　8）　学ぶ努力と学んだことの実際への活用

　なお、本章に具体的に引用を明記した以外にも、日本内部監査協会の「月刊監査研究」やIIAのInternal Auditorなどを参考にしました。

第 5 章

経営統合（M&A）と内部監査

はじめに

　経営統合（M&A）と内部監査は、二つの側面から密接な関係があると筆者は考えています。第1に、金融機関が経営統合を進める際に、内部監査がどのような役割を果たせるかという側面です。2002年4月、みずほ銀行が発足したときに発生した大規模システム障害は、金融機関統合への不信感すら国民に抱かせてしまいました。なぜ統合前の3銀行の内部監査は、このトラブルを防ぐことができなかったのでしょうか。本章では、米国におけるプロジェクトマネジメントの標準テキストを参考に、経営統合を監査する際に必要な視点を整理します。

　第2の側面は、M&Aの過程で実施されるデューデリジェンスの視点と内部監査のそれの類似性です。特に、デューデリジェンスの一部であるビジネス・デューデリジェンスは、内部監査がERMの観点から「経営戦略」を分析する際にとても参考になります。

　ですから、「当行は、とうぶん経営統合とは無縁」とお考えの方も、経営統合が蔵する内部監査のノウハウを知るために、本章にお付き合いください。

1. 経営統合（M&A）の動向

　大型の経営統合（M&A）が相次いでいます。ご存じのように、MはMerger（合併）、AはAcquisition（吸収）を指し、ある企業が、その目的を達成するために、他の企業と合併したり、他の企業を吸収しようという動きです。

　2005年の春先、ライブドアとフジテレビのニッポン放送をめぐる争い（ライブドアによるニッポン放送、フジテレビの吸収）は、広くメディアの注目を集めました。また、三菱東京フィナンシャル・グループ（MTFG）とUFJグループの経営統合の合意と、それに対抗する三井住友フィナンシャルグループ（SMFG）のUFJグループに対する統合提案、さらには、この敵対的買収提案に対するMTFGによるUFJ銀行への資本支援と第三者による買収を阻

止する条項をつけた対抗策の実施、UFJ信託銀行との統合話を袖にされた住友信託銀行によるUFJグループへの損害賠償請求など、かつて結束を誇った金融村においても、統合や買収の動きは、質量ともに激変期を迎えています。

金融庁の金融改革プログラムにさらされた地方の中小金融機関とて例外ではありません。健全性の確保と収益力の向上を目指して、経営統合が相次いでいます。2004年10月には、福岡シティ銀行と西日本銀行が合併し西日本シティ銀行がスタート。さらには東京都の3信用金庫が2006年1月をメドに合併し、都内で第3位の大型信用金庫が誕生します。また、山形県を地盤とする殖産銀行と山形しあわせ銀行が2005年10月に経営統合する予定です。

最近では、日本のM&A件数は、年間2,000件近くに達するようです。まだまだ米国の年間1万件には及びませんが、次のような法整備の後押しを受けて着実に増加しています。

- 商法の改正（連結計算書類の導入、現物出資等に係る検査役調査制度の改正）
- 連結納税制度の導入
- 産業活力再生特別処置法の改正
- 企業結合会計基準（原則は対等合併ではなく、買収というパーチェス法の採用）

また、2006年施行予定の新会社法のもとでは、外国企業の日本企業買収で株式交換が解禁され（当該規程の適用は、施行から1年後）、クロスボーダーでの企業再編（外→内、内→外）もますます増加していく環境になっています。

2. なぜ企業はM&Aを行うのか

(1) 戦略的な投資家によるM&A

まさに大M&A時代の開幕ともいえる状況になってきているわけですが、

ここで基本に立ち返って、そもそも企業はなぜM&Aを行おうとするのか考えてみましょう。企業はM&Aを行うことにより、なんらかの戦略的な目的を達成できる場合にM&Aを選択します。戦略的な目的にはいろいろなことが考えられます。

① 事業ドメインの拡大
- 自社の事業エリアを拡大し、売上げと収益改善をねらう。たとえば、従来コンビニに商品を納入していた商社がコンビニの経営権を獲得し、商圏を拡大することで利益増加を図る（川下への進出）。
- 天然ガスの消費者であった企業が天然ガスの開発に乗り出す（川上への進出）。
- 女性下着メーカーが化粧品製造に進出する（同じ顧客に提供する商品の拡充）。

② 事業の拡大
- 自分が行っているビジネスを拡大しマーケットシェアの増加と価格交渉力の増加と収益の拡大をねらう。たとえば、金融機関の統合。高炉鉄鋼メーカーの合併。

(2) 金融的な投資家によるM&A

企業が戦略的なM&Aを行い事業展開する場合、企業は「戦略的な投資家」といわれます。自身の戦略達成のためにM&Aを行うからです。これに対して最近では、一時的に企業を買収し、業績を改善した後に売却して利益を得ようという、「金融的な投資家」によるM&Aが日本でも増加しています。

「金融的な投資家」の代表は、投資ファンドです。一時国有化されていた日本長期信用銀行を底値で買収し、新生銀行として見事に再生、上場によって巨利を得たといわれるリップルウッドは投資ファンドの代表格です。

投資ファンドは、そろばんをはじいて投資を行います。自身が設定した内部収益率（IRR）を上回る投資に仕立て上げようと必死です。ほとんどの投

資ファンドはIRRを年率30％程度に設定しています。これは2年半ほどで企業の価値を倍にしなければならないという非常に大きな利回りです。

こうした投資ファンドの行動パターンは、「ファンド資本主義」という言葉を生むに至りました。従来の日本企業が株の持合いを通じた、いわば「共同体的資本主義」であったのに対して、持株比率に応じた株主権を行使することにより、企業価値の向上を通じた株式リターンの極大化を図るという思考です。

M&Aについての講釈はこのくらいにして、本章の主題である経営統合（M&A）と内部監査の関係について考えていきます。本章「はじめに」で述べたように、内部監査は経営統合を適切に監査する役割を期待される一方で、経営統合のノウハウから大いに学ぶことができるという関係にあります。

以下、まずM&Aの過程で行うデューデリジェンス（Due Diligence、買収のための精査）と内部監査の類似性を指摘します。次にERMにおける戦略目的の達成とERMの構成要素の関連を整理します。そして、最後に金融機関のM&Aにおける内部監査の役割を考えてみます。

3. デューデリジェンス（DD）と内部監査の類似性

(1) M&AにおけるDDの位置づけ

M&Aにおいて、売手は、できるだけ高く売ることが重要であり、それが実現すれば会社を売却する目的は達成できたといえます。リスクは契約条項に記載された（通常「表明・保証」と呼ばれ、売手の説明に万一瑕疵があれば、買手が被る不利益を何億円までは補填するという約束）ものだけで、それ以外のリスクは、売手にはありません。一方、買手にとっては、買収対象に関するすべてのリスクを負うことになります。限られた情報のなかで買収交渉を行うという不利な立場であり、かつ買収後の企業リスクを負い、そのリスクを上回るメリットを獲得していかなければならないわけです。

ですから、限られた情報と時間で、徹底的な買収対象の調査を行い、潜在

的な問題点を洗い出し、適正な評価（買収価格または比率）を行うことが重要です。上場会社の場合は、相当量の情報が開示されかつ監査法人や公認会計士の会計監査を受けていることから、情報の信頼性は相対的に高いといえます。これに対して非公開会社の場合、入手可能な情報は限られていますので、多くの問題点が隠されていることを念頭に置いてM&Aを行う必要があります。

この買手による買収対象の調査を一般的には、デューデリジェンス（以下「DD」とする）と呼び、買収交渉の節目で実施されます。DDは、買手のメンバーに加えて、高度な専門性を有する弁護士や会計士も参加して行われます。これまで内部監査人がDDに参加したM&Aの事例は寡聞にして知りませんが、米国では専門家として内部監査人が参加を求められるようになってきています。内部監査人にもDDプロセスの理解が求められるゆえんです。

DDでは、買収対象企業が経営統合に適しているかどうかを判断するために、主に以下の点に注目します。

① 買収価格の妥当性
② 買収価格を減額させるリスクはどこに、いくらあるのかチェックし、その対応策をどうするか
③ 買収後、企業価値を高める可能性がどこにあるか
④ 買収対象の業務や業界動向や業界内での位置づけ
⑤ 買収対象の財務内容や業務内容の分析
⑥ 買収対象の組織、企業風土、人事制度などの定性的分析と買収企業との適合性

なお、DDの手法の詳細については後述します。

(2) M&Aの手法と全体の流れ

M&Aの形態によって、いくつかの手法に分かれますが、まとめると図表5.1のようになります。

図表5.1　M&Aの手法

形　　態	手　　法
合併	合併
持株会社化による統合	株式移転、株式交換（みずほ、MTFGなど）
事業の取得	営業譲渡、会社分割
子会社化	株式取得、TOB、株式交換

　金融機関のM&Aでは、合併や株式移転による持株会社化が利用されるケースが少なくありませんが、一般事業法人では、業態が多種多様であることから、会社分割や、子会社化、営業譲渡など多様な手法が使われています。

　買収対象の選択からクロージングまでの一般的な流れは以下のとおりです。

図表5.2　M&Aの流れ

アドバイザーの選定（買手の意を受けた最適M&Aをアレンジする）
↓
事前調査
↓
対象先の選定
↓
秘密保持契約（買収対象、あるいはその持ち主に差し入れて企業情報を入手する）
↓
基本方針の決定
↓
買収対象分析
↓
企業価値評価の実施
↓
Letter of Intentの締結　　（基本合意書のことで、買収価格、買収条件など買収の基本条件について買手と売手が合意・署名する文書です。法的な拘束力はありませんが、信義上はもとより相手の機会費用の点からも拘束される重要な文書。これに違約したUFJに対して、住友信託銀行は損害賠償を請求している）
↓
デューデリジェンスの実施（内部監査人の参画）

第5章　経営統合（M&A）と内部監査　*241*

↓
買収価格と条件交渉
↓
買収契約書などの締結
↓
資金調達および各種許認可手続
↓
クロージング
↓
M&Aに伴う株主変更、社名変更登記など

※多くの場合、以上のプロセスに3～6カ月を要するが、ケースにより相当なばらつきがある。

(3) デューデリジェンスの進め方

① DDとは

繰り返しになりますが、DDとは、買収契約前に、買収対象を財務、法律およびビジネスの観点から実態を把握し、リスクを見定め、買収交渉（価格、条件などのほか中止も含む）の基礎データを収集する作業をいいます。公認会計士、弁護士、アドバイザリーや買手が参加してそれぞれの専門分野のノウハウを出し合いながら進めるのが一般的です。特に買収形態が株式買収の場合、買収対象企業のすべてのリスクを、そのまま引き継ぐことになるので、慎重かつ十分なDDを行う必要があります。

② DDの種類

財務DD ──→ 主に公認会計士が実施
　　　　　　（買収価格を含む基本的事項を決定するために行うとともに、買収価格を含む条件交渉材料を入手します）

法務DD ──→ 主に弁護士が実施
　　　　　　（訴訟、係争事件、製造物責任、知財関連等のリスクを法的側面からあぶり出します）

ビジネスDD ──→ 買手の責任者とアドバイザーで実施。財務、法務以外

のすべての分野を対象とします。ビジネス上のリスクと買収後の収益ポテンシャルを検証し、買収後の企業価値増加の可能性と方策（売上増加やコスト削減など）を追求する重要な役割をもちます。内部監査人が参画すると、さらに大きな効果が期待できます。

その他　──▶　IT・環境・人事については、従来、法務やビジネスDDの一部とされてきましたが、最近はその重要性から、それぞれの分野を独立してDDするケースが増えています。

③　DDの作業手順

DD実査対象の選定
↓
公認会計士や弁護士の選任と費用の見積り
↓
DDスケジュール策定
↓
アドバイザーと各実査対象先ごとにフォーカスしてDDを実施する項目を整理し、会計士や弁護士に追加項目として入れるように通知する
↓
財務と法務DDの開始
↓
財務と法務DDレポート（案）の入手とコメントをつける
↓
ビジネスDDの開始（内部監査人の参画機会が生じる）

④　DDの項目

次の(4)で詳しく説明します。

⑤ DD実施者

買手の役職員（M&A担当部署、買収対象企業の業務分野に精通している部署や内部監査人）や、アドバイザー、弁護士、会計士も参加します。

⑥ DDの期間

対象先の規模や業務内容により異なりますが、1部署（または1ビジネスユニット）当り1週間以内です。

⑦ DDの実施例
1）買収対象の財務、法務DDを行った公認会計士や弁護士との打合せ
   - DDレポート（案）内容について意見交換し、問題点を把握する。特に、フォーカスしたDD項目や実査時に気づいた項目について聴取する。
2）買収対象を訪問し実査を開始
   - 責任者から業務内容全般の説明を受ける
   - キーパーソンとの面談（販売、生産、技術、管理、開発など幅広く実施）
   - 事務所や生産現場を歩いて観察し、実際の状況を確認する
   - 内部監査部門の内部監査報告書を検討する
   - その他、追加的な調査（財務、法務面で明らかになった問題点について）
   - 最後に、現地責任者との総括的な面談を実施する
3）実査後、DD実施者とアドバイザーで総括ミーティングを行い、問題点を整理する
   - 問題点ありの場合
     → 修正させる
     → 修正できない場合
        → 契約書に織り込む
        → 買収価格を調整する
        → エスクロ勘定に買収価格の一部を預託し保全を図る
4）DDレポートを作成する。

- 構成：要約編と詳細編の2部構成
- 要約編の内容：DD実査の要旨
- 詳細編の内容：
  - ㋑ 財務DD

    財務状況、売上分析、費用分析、損益分析、売掛金内容分析、製品や部材の在庫内容分析、仕入れ条件など。
  - ㋺ 法務DD

    会社の登記、株主関係、営業許可、販売先との基本契約、仕入先との基本契約、雇用契約、雇用解雇時のコストや条件、営業部員のインセンティブプラン、年金の内容と現状、保険のカバー内容、知的財産権の状況、訴訟の有無、環境問題など。
  - ㋩ ビジネスDD

    財務や法務DD時の問題点の確認と対応策、収益予想の妥当性、業務運営上の問題点、社員の質、買収上留意すべき点および買収後の課題、企業カルチャーなど定性的な弱点・強みなど、買収後に直ちに取り組むべき課題。

(4) DDで確認すべき重要事項

　DD作業の要諦は、買収対象の現状をできるだけ包括的に、かつ迅速に把握し、M&Aの根幹を揺るがすような事象が潜んでいないかどうかを把握することにあります。作業に割ける時間は、通常の案件では長くて1カ月、場合によっては1週間しかないこともあります。M&Aの買手は数億円から時には数百億円を投じることになります。この短い期間中にいかに的確にDDを実施できるかが、こうした巨額投資の成否を左右するといっても過言ではないでしょう。そこで、DDにおいて何に注目し、そこから何がわかるかを簡単に整理してみます。

① 財務DDで確認すべき重要事項
〈貸借対照表に関して〉

- 回収可能性のない債権はないか？
- 滞留・陳腐化した在庫の評価損はないか？
- 資産性のない繰延税金資産は計上されていないか？
- 計上されている資産（現預金・棚卸資産・有形固定資産等）はすべて実在するか？
- 投資勘定に含み損はないか？
- 貸倒引当金は十分か？
- 退職給付引当金は十分か？
- 簿外債務はないか？
- 偶発債務はないか？

〈損益計算書に関して〉
- 売上計上は適正か？　無理な期末売上げのかさ上げは行われていないか？
- 費用の期間対応は適切か？
- リベートが商習慣になっている業界では、その管理は適切に行われているか？
- 減価償却費の計上は適切か？
- 損益に異常な項目はないか？

〈内部統制に関して〉
- 不正や誤謬は存在しないか？
- 与信管理に不備はないか？
- 各種規定は整備されているか？
- 財務・経理システムは（内部統制の観点からみて）整備されているか？
- ITシステムは（内部統制の観点からみて）整備されているか？
- 監査役は機能しているか？──DDに固有の問題
- 内部監査部門は機能しているか？──DDに固有の問題

〈税務に関して〉
- 従来申告は適正にされており追徴課税の発生可能性はないか？
- 費用・損失の損金性が否認される可能性はないか？

- 繰越欠損金は使用可能か？
- 業界全体に影響を及ぼす税制の変更の可能性はないか？

② システムDDで確認すべき重要事項
- 現行システムのキャパシティの限界はどこにあるか？
- 今後の経営戦略の実行に適したシステムの設計がなされているか？
- 人的資源は質量ともにシステムを維持するのに十分か？
- 内部統制の整備・運用を行ううえで適切なシステムか？
- システムの老朽化や陳腐化が進んでいることにより、将来のメンテナンスの困難性が高まっていないか？
- ライセンス契約に違反したソフトウェアの不正な使用は行われていないか？
- システム関連のリース契約は妥当か？　高額なリース費用、必要以上に長期なリース期間、高額の中途解約ペナルティが定められていないか？
- 不十分なアクセス管理やパスワード管理により情報が漏洩していないか？
- 緊急時に適切なバックアップはなされているか？

③ 人事DDで確認すべき重要事項
- 給与体系は適切か？　同業他社比不当に高い・低い報酬制度になっていないか？
- 年金・退職金制度上の不備はないか？
- 労使関係は良好か？　訴訟の存在はないか？
- 従業員の業務遂行能力は十分か？
- マネジメントの経営能力は十分か？

④ 法務DDで確認すべき重要事項
- 訴訟・損害賠償は存在しないか？
- 商標・トレードマーク・著作権・ライセンス等の違法使用はないか？

- 規制当局はどこか？ 当局から業務改善・停止命令はないか？ 罰金は科されていないか？
- 契約上の重要な問題点はどこか？——DDに固有の問題

(5) デューデリジェンスと内部監査

　以上、DDで確認すべき重要事項を述べてきました。お気づきのとおり、ほとんどが内部監査で確認すべき項目ばかりではありませんか。当然です。DDは買収対象企業の買収時点での内容を精査するものであり、内部監査は、ある時点での事業内容を（COSOの内部統制の定義でいえば）監視するものです。目的はともに大きなロスをもたらすような不測の事態が発生するのを防ごうというものですから、視点が重なるのは当然です。

　内部監査と財務DDを比較して図表5.3にまとめました。筆者の経験では、内部監査はややもすると、細かい業務の監査に陥りがちです。金融機関でいえば、融資業務、外為業務、市場取引業務という細分化した業務内容の精査を重視するあまり、全体像を把握しようというDD的な発想が欠けていたのではないでしょうか。

　たとえばIT監査では、例示した項目でいえば、「アクセス管理やパスワード管理の欠如により情報が漏洩していないか？」とか、「緊急時に適切なバックアップはなされているか？」といった項目については、一生懸命にみているものの、より本質的な「現行システムのキャパシティの限界はどこにあるか？」とか、「今後の経営戦略の実行に適したシステムの設計がなされているか？」「人的資源は質量ともにシステムを維持するのに十分か？」とい

図表5.3　内部監査と財務DDの比較

	内部監査	財務DD
目的	内部統制の評価	買収価格などの条件の妥当性と交渉資料
方法	定められた監査基準	買収会社との合意事項
範囲	全社業務および財務諸表項目(細分化)	同左(包括化)
対象	全社業務(経営者が使用)	買収会社のみで外部に開示せず(買手が使用)
費用	内部費用	外部へ支払、個別交渉で高くなる

った問題への取組みが遅れている印象を受けます。

極言すれば、内部監査はまだまだ「木を見て森を見ず」というレベルにとどまっているのではないでしょうか。

参考までに、KPMG がまとめた M&A で使用するチェックリストを付録 CD-ROM に収録しました。"組織全体を監査するため"の資料として役立ててください。

4. ERM の「戦略」目的と内部監査のかかわり

(1) フレームワークの新しい目的：「戦略」

次に、COSO の ERM フレームワークで目的の一つに掲げられている「戦略」について、内部監査がどのようにアプローチしてゆけばよいのか考えてみます。

COSO の ERM フレームワークの詳しい説明は第 1 章に譲りますが、簡単に復習すると、これまでの「内部統制のフレームワーク」から「ERM のフレームワーク」への大きな変更ポイントは、「目的」が三つから四つにが拡大されて「戦略」が加えられたことです。

内部統制のフレームワークの目標は、「業務の効率性と有効性」「財務報告の信頼性」「関連法規の遵守」でした。これに対して ERM のフレームワークでは目標は四つ。すなわち、「戦略」（新しく追加）、「業務の効率性と有効性」（従来と同じ）、「報告の信頼性」（財務報告から報告へと概念の拡大。財務会計だけでなく管理会計も守備範囲に加わったと理解すればよい）、「関連法規の遵守」（従来と同じ）になりました。

COSO の内部統制のフレームワークのわかりにくさは、「目的」を達成する術(すべ)は明示しないで「構成要素」を守れば「目的」は達成される蓋然性が高い、という論理展開にあります。すなわち、「目的が達成されるためには、構成要素が十分に機能していなければならない」、あるいは「構成要素が満たされていれば目的が達成されている可能性が高い」というのです。この

第 5 章　経営統合（M&A）と内部監査　*249*

COSO の論理展開は ERM のフレームワークでも維持されています。

　内部監査は内部統制の「守護神」といわれるものの、筆者の経験ではその守備範囲はせいぜい「関連法規の遵守」と「財務報告の信頼性」にしか及びません。「業務の効率性・有効性」がどのような状況になっているかまでは、とてもみるリソースがないというのが現実ではないでしょうか。

　内部監査として「業務の有効性・効率性」を監査しようとしても、そもそも COSO 自身が、「目的」は「構成要素」を通じて達成される、としか説明してくれていないので、実施するヒントが与えられていませんでした。

　内部統制のフレームワークそのものは、BIS で採用されたことにより、金融機関の内部統制のデファクト・スタンダードになってきました。ERM も、いずれそうなるでしょう。

　その ERM のフレームワークでは、新たに「戦略」が目的として加わりました。従来の内部統制のフレームワークにおける三つの目的の上位概念だと COSO は説明しています。繰り返しますが、「戦略」の下位概念の「業務の有効性・効率性」ですら内部監査では手に余っていたのが現実です。いったい「戦略」に対して、どのように取り組めばよいのでしょうか。

　筆者は解答のヒントは DD の一つ、ビジネス DD にあると考えます。

　ビジネス DD は、買収対象のビジネスが買収後も成り立っていくかどうかを検討するものです。ステップとしては買収対象の全般的事項を調査して、その後、事業性の評価を行います。

　最近、内部監査部門に「経営監査」を名乗る部署を新設する動きも出てきていますが、「戦略」に対する監査が実施できなければ、「経営監査」は不可能ですし、内部監査は ERM の「守護神」たりえません。

　次項で、ビジネス DD での検討項目を順に詳述しますので、内部監査で「戦略」を監査する際の参考にしてください。

(2) ビジネス DD における検討事項

① 全般的事項の調査

まず、会社の全体像を把握する必要があります。

- 経営陣に対するインタビュー
  - 会社の沿革
  - 商品、サービスの概要
  - 経営、営業、財務上の長所と短所
  - 今後の事業展開および予想される事業リスク
- 取締役会等、会社の経営意思決定が行われる会議の議事録の閲覧
- 採用されている会計方針の理解
- 予算実績対比分析

② 事業性の評価（ビジネスモデル）
会社の事業の現状と将来性はどうかを分析します。
- 外部環境
  - 会社が直面しているマーケットを特定し、マーケットのもつ魅力や会社の業界内での地位、顧客などを理解し、評価する。たとえば、新規参入者、代替品、仕入先、顧客、競合他社の理解と評価。
- 内部環境
  - 社内の状況を理解し、会社がもつ強みと弱みを評価する。たとえば、戦略、人材、業務プロセス、技術、企業文化、組織、顧客、製品の理解と評価
- 事業性の評価（SWOT）
  - 会社のStrength（強み）、Weakness（弱み）、Opportunities（機会）、Threat（脅威）を理解する。
- 事業性の評価（競合他社分析）
  - 既存もしくは潜在的な競合他社に関して分析を行うことにより、会社が置かれている業界内での位置づけや強み・弱みを検証する。
- 事業性の評価（マーケット分析）
  - 会社が属するマーケットの状況を理解し、過去の傾向を認識し、今後の予測を行う。

③ 収益性評価

事業の収益性を分析します。

- 売上げ・粗利益分析
    - 売上高区分の検討（営業拠点別、部門別、商品別等）と売上高区分ごとの金額・構成比の推移の分析
    - Key Performance Indicator（KPI）の分析
    - 売上げとコストの分析
    - 予算実績の対比分析
    - 中長期の販売計画の分析
    - マーケット分析・競合他社分析等の外部環境分析
    - ビジネスモデル・SWOTを前提とした会社の過去および将来の経営戦略の分析
    - 粗利益の期間変動の分析
- 費用分析
    - 売上高区分ごとの費用分析（直接費と間接費の分析）
    - KPIの分析
    - 変動費・固定費ごとの分析（準変動費、準固定費の取扱いに注意）
    - 勘定科目間の連関の分析
    - マーケット分析、競合他社分析等の外部環境分析
    - ビジネスモデルSWOTを前提とした会社の過去および将来の経営戦略の分析
    - 特別損益等、非経常的収益・費用の分析
    - 費用削減余地の分析（外注化、効率化等）
- 人件費分析
    - 人件費推移の分析
    - 人員数、人員構成、給与水準の分析と見直し余地
    - 競合他社との比較検討（1人当り売上高、1人当り人件費、人件費率等）による人件費削減余地の分析
    - 会社の過去および将来の人員戦略の分析

- ・部門ごとの適正人員数、配置に関する分析
- ・労働組合との関係の分析
- ・リストラに伴う割増退職金
- 設備投資分析
  - ・過去の設備投資の内容（新増設か維持保守か）と金額の把握
  - ・新増設投資と売上げの相関関係の分析
  - ・減価償却方法（会計基準、耐用年数）の理解
  - ・過去および将来の設備投資戦略の分析

④ キャッシュフロー（CF）分析

最後にCFの現状と見通しを分析します。

- 営業CF
  - ・営業CFはプラスかマイナスか？ マイナスだとしたらその要因は？
  - ・営業CFと償却前営業利益の乖離は大きくないか？ 乖離している場合その原因は？
  - ・将来の営業CFの予測は？
- 投資CF
  - ・投資対象は何か？ 経営戦略と一致しているか？
  - ・投資額は収益力に見合っているか？（投資は営業CFの範囲内か？ 資金調達しているか？）
  - ・フリーCFはプラスか？
  - ・将来の投資CFの予測は？
- 財務CF
  - ・資金調達をどのように実施しているか？
  - ・債務返済の原資はフリーCFか？ 借替調達によるものか？
  - ・資金調達の方法は経営戦略と一致しているか？
- ・将来の財務CFの予測。

5. 金融機関統合における内部監査の役割

　2002年4月に統合したみずほ銀行の立上がりにおいて、大規模なシステム障害が発生し、日本中の注目を集めました。システムが機能しなかったために、統合自体がうまく機能しない（のではないか）という強烈な印象を国民に与えた衝撃的な出来事でした。金融庁では「システム統合リスク管理態勢の確認検査用チェックリスト」を2002年12月に発出し、金融機関への注意を喚起しています。

　たしかにシステム統合は重要課題であり、内部監査人にとっても重点分野であることは間違いありません。しかし、経営統合はシステム統合がすべてではありません。

　みずほ銀行に限らず、これまでの日本の金融機関における経営統合には、プロジェクトマネジメントの視点が欠けていたのではないかと、筆者には思えてなりません。

　そこで、欧米のプロジェクトマネジメントの標準テキストになっている、PMBOK（Project Management Book of Knowledge）の記載に従い、プロジェクトマネジメントの要点を説明してみます。

(1) プロジェクトマネジメントの要点

① プロジェクトとは何か

　PMBOKは、「プロジェクトとは、独自のプロダクト、サービス、所産を創造するために実施される有期性の業務である」と定義しています。重要なのは、ある目標を達成するためにプロジェクトがあるということです。金融機関の統合でいえば、統合自体は、ある目的（たとえば、世界でTOP 5に入る金融機関になり、総合金融サービスを提供する。あるいは県内で劣勢であった南部地区の店舗網を拡充することにより住宅ローンのトップバンクを目指す…etc）を達成するための手段であるという認識が必要です。こうした基本理念がないと、統合に向けた目線は低くなり、統合後の戦略の徹底・業務展開

が困難になることは目にみえています。

　また、プロジェクトは、組織の定常業務の範囲内では取り扱うことのできない活動を組織化する手段でもあります。プロジェクトは通常、以下の戦略項目のいくつかを考慮して承認されます。

　1）市場需要（例：石油会社がガソリン不足に対応し製油所を建設する）
　2）組織ニーズ（例：トレーニング会社が増収のためコースを新設する）
　3）顧客要求（例：電力会社が新工業団地向けに変電所を建設する）
　4）技術進歩（例：家電メーカーがゲーム機器開発。ソフトにも進出する）
　5）法的要件（例：銀行が証券仲介業務に参入する）

　1）～5）のような戦略項目は、それぞれが内部監査上の監査要点になります。

(2)　プロジェクトマネジメントの概要

　プロジェクトマネジメントは、プロジェクトの要求事項を実現するために、知識、スキル、ツールと技法をプロジェクト活動に適用させることをいいます。プロジェクトマネジメントは、立上げ、計画、実行、監視コントロール、終結などのプロジェクトプロセスの適用・統合を行うことによって達成されます。プロジェクト推進のPDCAと考えれば理解しやすいでしょう。

　PMBOKは、プロジェクトマネジメントを推進するための知識エリアとして次の9分野をあげています。

- プロジェクト統合マネジメント
- プロジェクトスコープマネジメント
- プロジェクトタイムマネジメント
- プロジェクトコストマネジメント
- プロジェクト品質マネジメント
- プロジェクト人的資源マネジメント
- プロジェクトコミュニケーションマネジメント
- プロジェクトリスクマネジメント
- プロジェクト調達マネジメント

各知識エリアについてはPMBOKでそれぞれ章を割いて詳述していますが、内部監査人としては、とりあえず、下線を記した9分野が監査要点となるポイントであると理解しておきましょう

(3) プロジェクトマネージャ

プロジェクトマネージャはプロジェクトの目標達成に責任を負う人です。プロジェクトマネージャの仕事には以下が含まれます。

- 要求事項を特定すること
- 明確で達成可能な目標を設定すること
- 品質、スコープ、タイム、コストなど、競合する要求のバランスをとること
- 各種ステークホルダーの異なる関心と期待に対して、仕様、計画、取組方法を適用させること

特にプロジェクトの立上がりに際して、特に以下の点に注意を払わなければなりません。

- メンバーの動機づけ
- チーム形成
- メンバー間のコミュニケーション促進
- 一体感の醸成

キックオフ時には、以下の点を参加者に徹底する必要があります。

- 体制について説明する
- コミュニケーションフロー（レポートライン、メール、電子掲示板の利用ルール）の説明
- 報告・連絡・相談を行うことの徹底
- 作業の進め方、進捗管理の方法の徹底
- 各種会議体とその位置づけ、出席者

経営統合というビッグプロジェクトにおいて、プロジェクトマネージャたりえるのはトップマネジメント以外にありえません。内部監査人としては、プロジェクトマネージャの資質や活動状況を十分注視し、監査し、改善勧告

する必要があります。内部監査人単独では荷が重い場合には、監査委員会や監査役の権威を拝借しなければならない場面もあるでしょう。

6. まとめ

(1) 内部監査人としてのスタンス

　本章で説明してきたことをふまえて、経営統合と内部監査人がとるべきスタンスを整理してみましょう。

　まず、経営統合は、特にM&Aの買手にとってリスクが大きく、統合後の経営への影響は甚大です。システム統合に限らず、経営のあらゆる分野について内部監査の視点から経営統合に参画する必要があります。

　また、買収の是非を判断するだけでなく、経営統合後の経営理念や課題を検討する際の情報ソースとなるビジネスDDにおいて、内部監査人は、内部統制を検証するエキスパートとして、その充実に貢献できるでしょう。

　特に、金融機関でのリスク管理のデファクト・スタンダードとして、これまでの「内部統制のフレームワーク」から「ERMフレームワーク」とされる可能性が高まっています。そのERMフレームワークでは「戦略」が最上位の「目的」として定義されていますが、内部監査人が「戦略」に取り組んでいくうえでの格好のお手本が、このM&AにおけるビジネスDDの手法でもあるので、その理解に努めましょう。

　もちろん、ビジネスDDに限らず、M&AにおけるDDは経営統合後の内部監査実施時におけるリスク評価、監査計画、監査プログラム作成にとって貴重な情報源です。ぜひ、DDレポートを入手し活用するようにしましょう。

　なんといっても自社が当事者となる経営統合は、企業にとって最大のプロジェクトです。内部監査人はプロジェクトの本質、プロジェクトマネジメントの要諦をきちんと理解したうえで、それらの進捗を監視していくようにしましょう。

(2) 敵対的買収防止策への姿勢

　最後にライブドアのニッポン放送買収騒動で、一般紙上やテレビでも話題になったポイズンピル（毒薬）など、敵対的買収への防衛策について触れておきましょう。米国では、S&P500企業の60％以上が採用しており、敵対的買収防衛策として一般化してきています。日本でも2001年の商法改正による新株予約権制度、種類株式制度の導入によって、少なくとも理論上は可能となりますが、株主総会の特別決議を必要とするなど、機動性の悪さも指摘されており、今後の課題となっています。とはいえ、もっぱら現経営陣の保身のみを目的とした防衛策は、株主にとって本当に有利な買収提案を阻害することになりかねません。真の敵対的買収への防衛策は、自社が強みを有する分野に選択と集中を行うと同時に、資産の効率経営を進めることで、企業価値増加を高めていくことに尽きます。そして、内部監査人は、業務運営がこうしたあるべき方向を常に目指すよう、モニタリングしていく責務があるのです。

PMBOK

　PMBOK（the Project Management Body Of Knowledge、ピムボックもしくはピンボック）とは、米国プロジェクトマネジメント協会（PMI：Project Management Institute。www.pmi.org 同東京支部 www.pmi-tokyo.org）が公表しているプロジェクトマネジメントのための標準的なフレームワーク（知識体系：body of knowledge）です。
　プロジェクトを以下の八つの領域で統合的に管理するためのガイドラインとして利用されています。
　① 　スコープ（開発の目的とその範囲）
　② 　タイムスケジュール
　③ 　コスト管理
　④ 　品質管理
　⑤ 　人的リソースの管理（顧客、開発サイド含む）

⑥ コミュニケーション（コミュニケーションの方法と適用シーンの決定）
⑦ リスク管理
⑧ 調達管理

　PMBOKの特徴は、これら八つの領域を「統合（インテグレーション）」し、マネジメントしながら計画立案・実施していくことで、「各領域をきちんとやる」のではなく、バランスをとりながら、QCD（Quality・Cost・Delivery）を保証することにあります。事前にタイムスケジュールや品質の点で発生しうるリスクを認識し、実際に問題が起こった際のコミュニケーションの方策や対処法などを事前に決めておくことで、トラブルを長期化させずにすむという考え方に基づいています。

　プロジェクトの提案段階から評価に至る一連のプロセスにPMBOKを適用することで、プロジェクトをより効果的に実施できることが期待されています。

第 6 章

これが明日の ベストプラクティスだ

はじめに

2001年4月に金融庁の金融検査マニュアルが内部監査を重視する姿勢を打ち出してから4年が経過し、日本の金融機関にも「内部監査」という言葉は浸透してきたようです。しかし、本書のなかでこれまでみてきたように、金融機関をはじめとする企業の経営者には内部統制の向上に向けてますます重い責任がかかるようになっています。本章では、その大きなきっかけとなった米国企業改革法が企業とその内部監査に何を求めているのかを概観した後、「ビジネス目的が達成」される「保証」を評価する内部監査手法として注目を集めているCSA（コントロールの自己評価、Control Self-Assessment）を説明します。さらに、「内部監査は、だれが監査するのか？」という観点から、内部監査部署による自己評価を通じて監査品質を保証する方法について解説します。

1. 米国企業改革法とCSA

(1) 米国企業改革法（サーベンス・オックスレー法）成立までの経緯

2001年12月2日に、米国の大手エネルギー会社エンロンが倒産しました。エンロンは、ニューエコノミーの旗手として近年で最も成功した米国企業の一つとして高い評価を得て、会長兼CEOのケネス・レイもアメリカンドリームの具現者として尊敬されていました。またブッシュ大統領のお膝元のヒューストンに本社があり、政界とも太いパイプがありました。しかし実際は、オフショアに設定した多数の特定目的会社（SPC）等を使って負債の「飛ばし」を行うという会計操作により、利益を約6億ドルも過大計上していました。また証券取引委員会（SEC）の調査では、役員がそれらのSPC等に出資して不当な利益を得たばかりでなく、エンロン株を倒産前に売り抜けていたことも発覚しました。それにより全米第7位だった大企業が、2001年10月16日に大幅な赤字の決算発表をして2カ月もたたないうちに市場からの退場を余儀なくされたのです。

エンロンの事件が明るみに出た後、雪崩のように大企業の不祥事が報道されました。ワールドコム社では、本来全額費用計上すべき通信ケーブルを資産化して減価償却することにより、費用を過少報告していました。その結果、収益を90億ドルも実際より多く報告していたのです。この事件を告発したのは、ワールドコム社で内部監査担当の副社長だったシンシア・クーパー女史でした。皮肉にも、彼女は内部監査の本来の使命を果たしたこの一件で有名になり、2001年のタイム誌の「Person of the year」に選ばれ、表紙を飾りました。

　収益の過大報告は、AOLタイム・ワーナー社やクエスト・コミュニケーションズ社やゼロックス社でも明るみに出ました。またタイコ社では、経営者の倫理の欠落による事件として、会長に対する過大な報酬を認めた報酬委員会の責任や、会長自身の背任横領、さらには脱税が問われました。一方ヨーロッパに目を転じると、イタリアのパルマラット社で内部統制の欠如を背景とした架空の取引や着服により、総額約80億ユーロ（約1兆400億円）の損害が発生する事件が起きました。この事件では、バンク・オブ・アメリカの関与も焦点となりました。そして、日本でも雪印乳業をはじめとするBSE対策関連の一連のスキャンダルや、三菱自動車や三菱ふそう等の内部統制の欠如と倫理観の欠如による事件、さらに西武鉄道等の商法違反・証券取引法違反事件が相次ぎました。

　これらの企業不祥事は、経営者の倫理観の欠如や財務報告に関する透明性の欠如のみならず、いくつかの連鎖的な問題を浮き彫りにしました。まず企業統治に関して、本来企業から独立した立場から企業を監視するはずの監査法人が、監査よりも儲かる財務的なコンサルティングに傾料した結果、企業寄りになり、監査の独立性を阻害するだけでなく、企業の違法とも思われる行為を幇助する形になってしまいました。特にエンロンのケースでは、同一の監査法人（アーサー・アンダーセン）が監査と内部監査を請け負う一方で、財務的なコンサルティングも行っており、さらに財務担当重役が同監査法人の出身者だったこともあって、独立性の確保はむずかしかったと思われます。結果的に、アーサー・アンダーセンは90年近く続いた名門会計事務所の看

板を下ろすことになりました。大手会計監査法人であるKPMGやPWCも、担当していた企業の決算結果に対しての責任が問われました。また監査法人の監督を連邦政府ではなく、監査法人の業界団体である米国公認会計士協会（AICPA）が自主的な規制のみに委ねていたことも、監査法人の問題につながったとの指摘もなされました。

　次に、不祥事を起こした企業の多くは、好業績を高く評価されていた企業でした。そして好業績を背景に、株式の公開や増資を行い、業務の拡大を進めていました。しかも、証券会社のアナリストたちは、自社が公開や増資に関与している企業の業績を実能以上に高く評価することで、株価の維持や販売の促進を図ることができたのです。アナリストの給与体系が、株式公開や増資の結果に連動しているという指摘もありました。そして、それらのレポートを読んだ一般投資家が、株価が上昇するという期待から株式を買い、結果的に多大な損失を被ったのです。

　エンロンの従業員が企業年金（401k）を通じて保有していた時価約10億ドルの株式は、一瞬にして紙くずと化してしまいました。そして高名なアナリストが職を追われ、証券会社は高額のペナルティを払わされることになったのです。

　こうした虚偽の財務報告や企業倫理とガバナンスの欠如、さらには監査およびアナリスト等に関する一連の不祥事をふまえて、米大統領と連邦議会は、開示情報の正確性確保ならびに投資家保護を図るべく迅速な法制化に動きました。サーベンス上院議員とオックスレー下院議員の名前をとってサーベンス・オックスレー法、あるいは「SOX」と呼ばれることもありますが、ブッシュ大統領が2002年7月30日に署名することで、正式名称「証券関係法に基づいて作成される開示資料の正確性および信頼性を高めて投資家を保護するための法律」（本書では「米国企業改革法」）が成立しました。

(2) 米国企業改革法（SOX）の概要

　米国企業改革法は、企業の国籍を問わず米国で上場している企業に対して財務諸表および内部統制の開示の厳格化と、監査法人に対する規制、さらに

証券アナリストに対するルールの強化ならびに大変厳しい罰則規定が盛り込まれています。法律は計11章で69条からなり、構成は以下のとおりです。

第1章（Title I）：公開企業会計監視委員会（PCAOB）
　　　　——101条から109条

　公開企業会計監視委員会（PCAOB）を設立し、公開会社の監査を行う監査法人を登録させて、それらの監査法人の品質管理や検査を行い、その結果処罰もする権限を与えています。なお、米国の公開会社の日本支社や、日本の会社で米国市場で上場している会社の監査をしている日本の監査法人も、監査を継続するためにはPCAOBに登録することが義務づけられています。

第2章（Title II）：監査人の独立性——201条から209条

　監査法人は監査を行う顧客に対し、非常に限定されたサービスしか提供できなくなり、また顧客を担当する主たるパートナーは、5年に1回ローテーションすることが要求されています。また監査およびその他のサービスを提供する場合は、ささいなものを除いて顧客の監査委員会の事前承認を必要とします。さらに顧客の代表執行役員（CEO）や財務担当役員（CFO）、経理部長等が監査法人出身で、着任前の1年間、当該顧客の監査に関与していた場合、その監査法人は当該顧客に対して監査を行えません。

第3章（Title III）：企業責任——301条から308条

　監査委員会は独立し、また内部告発等の手続を定めることが必要です。302条は、CEOとCFOが年次および四半期の財務報告をレビューし、重大な誤謬や不実記載がないことの証明を要求しています。この条項は、経理部門やCFOに重大な影響を及ぼしています。またCEOとCFOは、財務報告に関する内部統制の重大な欠陥を監査委員会と監査法人に開示する必要があります。もし財務報告に重大な誤謬や不実記載が発見されれば、CEOとCFOは12カ月以内に受け取ったボーナス（ストックオプション等も含む）および自社株の譲渡益を没収されます。また顧問弁護

士が証券取引法または善管注意義務の違反を発見した場合は、顧客の法務部長ないしCEOに報告し、返事がない場合には監査委員会に報告することが義務づけられました。

第4章（Title Ⅳ）：財務開示の強化──401条から409条

　　財務諸表において、オフバランス取引や企業会計基準（GAAP）に基づかない財務情報の開示が義務づけられました。また企業は、取締役や執行役に対する住宅ローン等を除く個人的な貸付を禁止されました。さらにインサイダーと認識される株主の取引報告時期が、早くなりました。そして、404条は内部監査にとって最も重大な要求です。内容は後述しますが、要は自社の財務報告の内部統制を経営者が評価し、それを監査人が監査して「内部統制報告書」を作成することを要求しています。その他の条項では、CFOに倫理規定の開示要求や、監査委員会に財務専門家を擁し開示する場合もあることが盛り込まれています。またSECが提出された財務諸表の監視を強化することや、重要な財務状況の変化を迅速に開示する条項も盛り込まれています。

第5章（Title Ⅴ）：アナリストの利益相反──501条

　　証券アナリストが投資銀行業務への関与によって、人事考課上影響を受けることを禁止しました。また、アナリストの分析対象企業の関与に関しての開示も義務づけられました。

第6章（Title Ⅵ）：証券取引委員会の予算と権限──601条から604条

　　本法律施行に伴う、証券取引委員会に対する予算措置と施行権限が明記されています。

第7章（Title Ⅶ）：調査および報告──701条から705条

　　監査法人の統合の推移や、格付機関、証券取引法違反の事例と処罰、さらに投資銀行のエンロンやグローバル・クロッシング社に対する関与の調査と報告を、会計検査院（GAO）に対して要求しています。

第8章（Title Ⅷ）：企業不正および犯罪の責任──801条から807条

　　会計資料や監査調書の故意による改ざんや不正破棄は、刑事罰に問われます。また、証券の不正行為に関する出提期限が延長されました。さ

らに、内部告発を行った従業員に対する保護・救済措置も定められました。

第9章（Title IX）：企業犯罪の強化──901条から906条

　　財務諸表が虚偽であることを知りながら宣誓を行ったCEOやCFO個人に対して罰金と禁錮刑が科されます。罰金は100万ドル以下で、禁錮は10年以下という非常に厳しい処置です。

第10章（Title X）：法人の税務申告──1001条

　　法人の税務申告書には、CEOが署名することが明記されています。

第11章（Title XI）：企業不正と責任

　　裁判遂行のために必要な書類や証拠資料を不正に改ざん、破棄、隠蔽、その他裁判を妨害する行為は刑事罰に問われ、罰金刑と20年以下の禁錮刑に処されます。また内部告発者に対する報復を行った者は刑事罰に問われ、罰金刑と10年以下の禁錮刑に処されます。

　米国企業改革法は非常に厳しい法律で、またその対応には多くの人的資源と時間を必要とします。特に内部監査に関しては、序章および第4章でも触れられているとおり、404条の影響が大変に大きく、今後の内部監査のあり方を変えていくことも十分考えられる要素です。

　404条は、年次報告書で以下のことを要求しています。

経営者は：

1）自社の財務報告に関して、経営者が適切な内部統制の枠組みと手続を構築して維持している

2）直近の会計年度において、財務報告の内部統制の枠組みと手続に関する評価を行っている

　そして404条は監査法人に対して、経営者の財務報告の表明した内部統制の枠組みと手続に対して監査を行い、その結果「内部統制報告書」を発行するように要求しています。つまり、経営陣はアニュアルレポートで、自社の財務報告に関する内部統制の枠組みと手続に関する責任、および適切性と有効性を表明します。一方、監査法人は財務諸表の妥当性を評価する「監査報

告書」と、財務報告の内部統制の適切性および有効性を評価する「内部統制報告書」を作成します。これを毎年行うわけです。

それでは、経営者はどのように財務報告の内部統制を評価するのでしょうか。通常は以下の手順で行われ、全社的な関与が必要なので404条対応のプロジェクトチームにより作業は一元管理されます。

1）財務諸表の勘定科目を分析し、勘定科目と関連する業務を分析します。これは通常経理部門やプロジェクトチームが行います。
2）業務ごとにフローチャート等で手続を解析し、財務報告に関連する内部統制を識別し文書化します。この作業は、業務ごとに担当者を決めて文書化していく方法と、プロジェクトチームの人員が各業務の担当者にヒアリングをして文書化を進める方法があります。また、この部分を内部監査が行うところもあります。
3）文書化された財務報告の内部統制を、通常の監査と同じようにそれぞれ適切性と有効性について検証します。ここで内部監査が最も活躍します。内部監査に十分な人員がいない場合は、外部のコンサルタントがこの作業を行うこともあります。
4）検証の結果、指摘事項があれば、業務部門に改善を要求します。指摘事項は、重大な弱点（Material Weakness）と重要な欠陥（Significant Difficiency）、さらに統制の欠陥（Control Difficiency）と三つのレベルに分けられます。
5）業務部門の改善が終了した後、内部監査が内容を検証します。
6）すべての検証が終わった時点で、プロジェクトチームが経営者に結果を報告し、経営者が意見を表明します。
7）監査法人が、「内部統制報告書」作成のための監査を行います。

財務報告の内部統制は全社に存在するので、内部監査が検証する対象も全社に及びます。もちろん財務報告に関する内部統制は、通常の内部監査で検証する範囲よりは限定されていますが、それにしても関連会社や子会社も含めた全体の9割程度を検証することになります。そして通常の監査も行うわけですから、人材の確保が大事な要素になります。したがって米国の上場企

業における内部監査部の多くは増大傾向にあり、人数の不足は監査法人やコンサルティング会社へのコ・ソーシングで賄っているのが現状です。

また、404条対応の財務報告の内部統制に関する検証は毎年行わなければならないので、通常の内部監査手続のなかに、財務報告作成に関する内部統制の検証を取り込み、年末に監査でカバーできなかった部分と期中に検証を行った業務の変更点に関しての検証を行うことが必要になります。これらの検証を通常の内部監査の一部で行わず、404条の検証だけを行う別部隊を内部監査に置く組織もあります。

検証の対象となる財務報告作成に関する内部統制は、勘定科目の計上に関する内部統制のみを含むものではありません。財務諸表の内容に関連するすべての内部統制が検証の対象です。たとえば、金融機関が顧客の取引を正確に計上するためには、顧客の口座開設が正しく行われていなければなりません。顧客の入出金や取引を正確に計上する内部統制だけではなく、正確な顧客の本人確認や、顧客情報の正確なシステム入力の確認も大切な内部統制であり、検証の対象となります。

また検証にあたり、財務諸表に関する表明（assertion）に内部統制を関連づける必要があります。その表明は以下の五つです。

1）会計基準に則った経済活動の正確な開示（Presentation）
2）取引等の実在性（Existence）
3）開示における適正な価値（Valuation）
4）すべての経済活動が開示されているという完全性（Completeness）
5）正当な所有権や債務を有する経済活動の開示（Rights）

以上のように、404条対応の財務報告の内部統制に関する検証は「全社的」であり、「財務諸表の内容に関するすべての内部統制」を含み、また「財務諸表に関する表明」に関連づけされた、非常に広範囲で複雑な作業です。また404条に関連する検証は「毎年」行う必要があり、開示の時期（期末決算時）において経営者は財務報告の内部統制を評価する必要があります。このため、検証の遂行方法としては、期末の前に大量の監査人を投入して集中的に行うか、限定された人数の監査人が通年で検証を行い、期末時と期中の結

果とに相違がないかどうかを検証するという2通りが考えられます。どちらの遂行方法を選択するにせよ、内部監査の人員計画や監査の遂行方法に多大な影響を及ぼします。

現在日本でも、財務諸表の開示の向上を目指して404条のようなルールづくりが検討されています（序章第2節(4)参照）。投資家保護や株主利益の保護の観点から、また企業の内部統制の向上という観点からも、非常に歓迎すべきことだと思います。しかし、こうした新しいルールに対応するには、内部監査に多大な負担がかかることは必至で、また内部監査部だけで解決できる問題ではありません。組織的なアプローチが必要であり、経営者はその責務に耐えられるだけの内部監査の構築を、早急に行う必要があります。

2. コントロールの自己評価（CSA）

(1) CSAの定義

CSA（コントロールの自己評価、Control Self-Assessment）は、内部監査手法の一つとして、1990年代の後半から使われ始めました。CSAでは、通常の監査のように内部監査部が監査を行った結果として内部統制の問題を指摘し改善するのではなく、監査対象となる現場がもつ問題意識を、内部監査や関連部門の協力によって明確化し、改善を図るという手法をとります。そのためワークショップや会議を開き、問題の討議と解決策の決定を行います。現在では、米国企業改革法404条への対応方法としても使われています。すなわち、財務報告に関連する内部統制を識別し文書化する段階で、内部監査が検証する前に業務ごとの担当者が自己評価を行うのです。

また、内部監査人協会（IIA：Institute of Internal Auditors, Inc）は組織へのCSAの導入を推進するために、CSA実施担当者がCSAに関する知識と実施に必要な技能を保持していることを証明するCCSA（Certification in Control Self-Assessment）制度を開始し、試験を実施しています。このCCSA試験はIIAの日本代表機関である日本内部監査協会の尽力で、2003年11月

より「日本語」で受験できるようになりました。

　それでは、まずCSAの定義をご紹介し、その後概要を説明しましょう。

　CSAに関する最初の正式定義は、内部監査人協会が1995年に発表しました。定義を起草したのは内部監査人協会でCSAのワーキンググループを率いていたグレンダ・ジョーダン氏で、内容は以下のとおりです。

> セルフアセスメント（自己評価）を用いる組織は、その組織が正式に定め文書化したプロセスを、そのビジネス機能に直接携わる立場にある経営者や実務家チームによって、ビジネス・プロセスの有効性の面と、さらにいくつかの（またはすべての）事業目的達成の機会が保証されているかという観点から判定させるために、自己評価を行う。（筆者私訳）

　内部監査人協会は、その後1998年にCSAの正式定義を改訂しました。その抜粋は以下のとおりです。

> CSAとは内部統制の有効性が検証され評価されるプロセスである。この目的とは、すべてのビジネス目的が達成されるであろうという合理的な保証を与えるものである。

(2) CSAの流れ

　この定義を読んだだけではわかりにくいので、CSAを概念的にとらえるために、CSAの全体的な流れを、図表6.1にまとめました。まず「内部監査部員」がCSAのミーティングの前に、自己評価のために話し合われるプロセスまたは統制（融資案件の承認手続）を理解する目的で、質問書を対象のプロセスないし統制の担当者に送るか、あるいは事前調査を行います。その結果を、CSAの話合いの進行役であると同時に議題を提供するファシリテーター役（進行係）の「内部監査部員」が、分析します。そして問題点と可能な解決策が理解できた時点で、CSAの話合いを行います。

　ミーティングの出席者は、ビジネス（たとえば営業）または統制の担当者、および関連する部署（たとえば審査部員および役席者）の担当者と役席者です。

図表6.1　CSAの全体の流れ

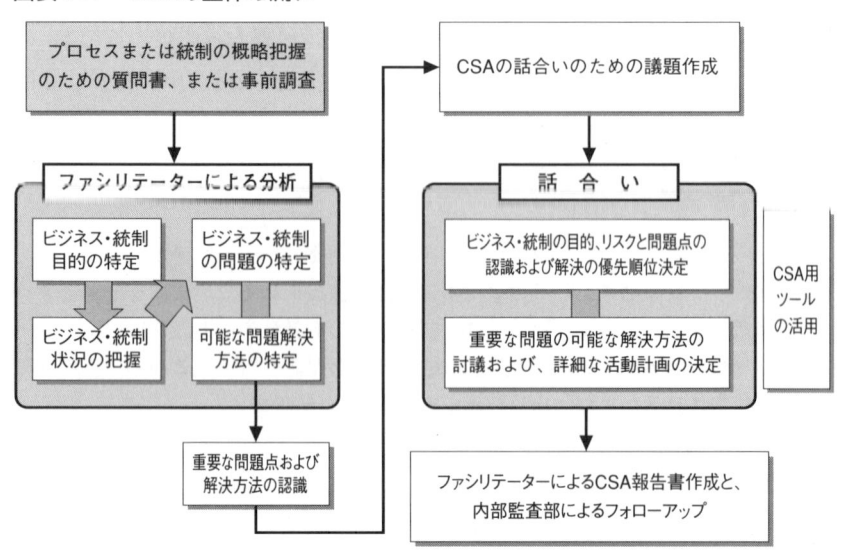

【ファシリテーターによる分析】
- プロセスまたは統制の概略把握のための質問書、または事前調査
- ビジネス・統制目的の特定
- ビジネス・統制の問題の特定
- ビジネス・統制状況の把握
- 可能な問題解決方法の特定
- 重要な問題点および解決方法の認識

【話合い】
- CSAの話合いのための議題作成
- ビジネス・統制の目的、リスクと問題点の認識および解決の優先順位決定
- 重要な問題の可能な解決方法の討議および、詳細な活動計画の決定
- ファシリテーターによるCSA報告書作成と、内部監査部によるフォローアップ

CSA用ツールの活用

　話合いでは、まずファシリテーターが用意した議題をもとにして、プロセスの目的、リスクおよび問題点を列挙し、解決すべき問題の優先順位づけを行います。優先順位が決まったところで、それぞれの問題の具体的な解決策が討議されます。もちろんファシリテーターが用意した、可能な解決策もここで検討されます。解決策の具体的な方法、担当者、締切日が決まったところで、次の優先順位の問題に移ります。そのプロセスを、重要な問題すべてに行います。ミーティングの内容と決定事項は、ファシリテーターが記録し、後日報告書として作成します。報告書の内容は、適切な時期に内部監査部によりフォローアップされます。

　以上がCSAの全体像ですが、皆さんがよくご存知の「QCサークル」や「TQC」と違う点が二つあります。一つは、ビジネスのまたは統制の担当者ではない内部監査部員が、ファシリテーターとして問題点および解決策の把握、そしてミーティングの議題提供と議事進行を行い、また報告書を作成することです。直接の当事者でない内部監査部員がCSAを行うことにより、議事に客観性が増し、また内部監査部員のもつ分析能力や統制の知識が生か

図表6.2　投票結果（詳細例）
　チェック機能が働かないことにより、不正取引等による物的・金銭的資産が社外流出するリスク

チェック機能が働かないことにより、不正取引等による物的・金銭的資産が社外流出するリスク	統制の有効性 35A		チェック機能が働かないことにより、不正取引等による物的・金銭的資産が社外流出するリスク	リスク量 35B

（左グラフ：統制の有効性）
- 1　：2
- 6　：4
- 6　：6
- 4　：4
- 2　：2

　　5 非常に高い
　　4 高い
　　3 中
　　2 低い
　　1 非常に低い

（右グラフ：リスク量）
- 1
- 2
- 4
- 11
- 1

　　5 目標達成不可
　　4 目標達成困難
　　3 目標達成可能
　　2 影響微少
　　1 影響なし

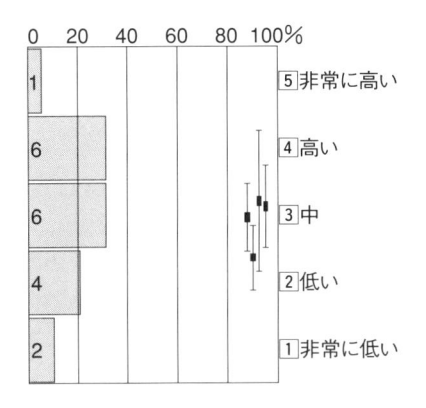

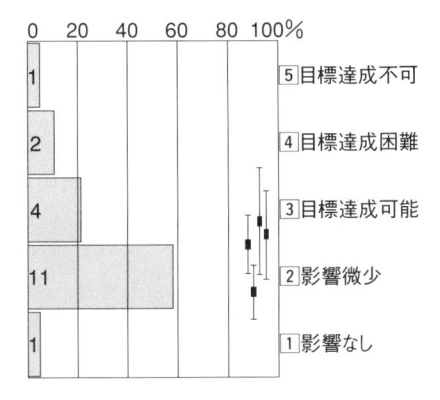

せます。さらに他の部署で行っているビジネスや統制の方法も、紹介することができます。

　二つ目は、より自由で円滑な議論と決議をするために、CSA用のツールを使うことです。ツールは後で詳しく説明しますが、同席する役席者や上司に気兼ねなく意見を表明し、意思決定に参加するために開発された匿名投票用の機器およびソフトウェアと、匿名の意見を表明するソフトウェアです。このツールを使うことにより、CSAの話合いのなかで、しがらみから解放された意見を表明することができ、また意思決定も周りを気にせずに自由に行えます。さらに、図表6.2にあるように、投票の結果を棒グラフなどで瞬時にみることができるので、ビジュアル効果も抜群です。

(3)　CSAの5W1H

　次にCSAを標準的な5W1H（When：いつ、Where：どこで、Who：だれが、What：何を、Why：どうして、How：どのように）に当てはめて考えてみましょう。

いつ：遂行時期（When）

　　CSAを行う目的は、「ビジネス目的が達成」される「保証」です。ということは、CSAを行う前に「保証」することのできる「ビジネス目的」が存在する必要があります。この「ビジネス目的」は、「3カ月以内に預金残高を10％伸ばす」ことだったり、「オンラインシステムへの入力ミスをゼロにする」ことだったりするわけです。そして目的が明確になれば、その目的を達成する保証は遂行前でも、遂行途中に行われてもかまいません。もちろん遂行途中に行えば、遂行前には予想できなかった事態に対しての内部統制の評価も可能ですので、通常のCSAは遂行途中に行われることが多いようです。

どこで：遂行場所（Where）

　　CSAを行う場所は、その内部統制が行われている場所が最適です。たとえば「京都支店の渉外担当者の現物管理に関する統制を強化すること」を目的にするCSAは、その銀行の東京本部で話し合われるよりは、京都支店の実情を知っている従業員と役席者がいるところで行われるのが普通です。

だれが：参加者（Who）

　　CSAでは評価される内部統制を含むビジネス・プロセスに直接関与している従業員や役席者、および必要であれば経営執行者が、そのビジネス・プロセスならびに内部統制の有効性を評価します。日常的にビジネス・プロセスに直接関与している担当者が、問題点を最も把握しているという考えです。ただし当事者は問題を把握していても、その問題が他の関連したビジネス・プロセスおよび内部統制に与える影響は必ずしも把握しているわけではなく、また解決方法も常に最善の方法をとっているとは限らないので、内部統制の専門家である内部監査部員が、議論を円滑に進めるファシリテーター（主に議事進行と内部統制のコンサルタントとしての役割を行う）として参加します。

何を：CSAの活動内容（What）

　　CSAはプロセスや内部統制の有効性を判断し、またビジネス目的達

成のチャンスがそれなりに保証されているかどうかを、話合いによって判断します。その話合いにより、必要な改善活動や達成度が決定され、それが後日内部監査部によりフォローアップされます。もちろんCSAを単独で行ってもよいし、通常の監査の一環として監査結果を講評するプロセスとして使ってもかまわないのです。肝心なことは、内部監査がCSAをビジネスまたは統制の担当者と一緒に行うことにより、内部監査がCSAで話されるビジネスや内部統制の問題点を理解し、解決の手助けができることなのです。つまり担当者と一緒に、内部監査の一部を行うことができるのです。

どうして：目的（Why）

一般的にいえば、企業がビジネスを行う普遍的な究極の目的は、最も効率よく利潤を追求することです。もちろんそれは、倫理的かつ遵法的になされ、また株主、顧客、従業員、および監督官庁を満足させるものでなければなりません。そのために各種の戦略的および戦術的目的やビジネス・プロセスがあり、またそのプロセスを管理する内部統制が存在します。したがって、それらのビジネス・プロセスや内部統制が、組織の普遍的、戦略的および戦術的な目的への達成を支援しているかどうかを計ることは、とても大事です。そのためにCSAが実施されます。

一般的に行われている「店内検査」は、業務の結果としての帳票や書類の誤謬の発見と修正です。CSAのようにビジネス・プロセスや内部統制が、組織の普遍的、戦略的および戦術的な目的への達成を支援しているかどうかを計ることとは大きく違います。

どのように：手段（How）

CSAは話合いを通じて、ビジネス・プロセスや関連する内部統制の問題点を検討し、具体的な改善活動を決定します。また検討結果としてのビジネス目的達成度も討議されます。検討される問題点はあらかじめ担当者およびファシリテーターである内部監査部員により選定され、必要であれば事前の調査や質問書も行われます。会議では、問題点の分析と改善活動の自由な討議が行われます。そして具体的な改善活動が決定

されます。

　それぞれの改善活動には、担当者と期限が決められ、通常文章化されます。それらの改善状況のフォローアップは、内部監査部が一定期間を置いた後か、または定期的な監査において行います。もちろん、内部監査部員がファシリテーターを行い、議事を進行し、報告書をまとめるといっても、実際に問題点の優先順位や改善活動を決定するのは、あくまでもCSAの話合いの参加者であり、ファシリテーターではないのです。ファシリテーターは、議題を提出しますし、また改善活動の案も作成しますが、その活動を決めて実際に行うのはCSAの参加者である担当者にほかならないのです。これにより、内部監査部員は中立で独立した立場で議事進行が行え、また後日フォローアップもできるのです。

　以上簡単にCSAを説明しました。CSAとは、特定のビジネス・プロセスまたは内部統制を自己評価する方法です。その目的は、ビジネス・プロセスや内部統制が、組織の普遍的、戦略的および戦術的な目的への達成を支援しているかどうかを計ることです。そのために、内部監査部員が評価されるビジネス・プロセスまたは内部統制の担当者に、質問書または事前調査を行い、その目的、リスク、問題点ならびに可能な改善活動等を理解します。

　そして内部監査部員がファシリテーターを行い、理解した事実を議題にして、ビジネス・プロセスや内部統制の直接の担当者、関連する業務の担当者と役席者を交えて、話合いを行います。話合いでは、ビジネス・プロセスや統制の目的、リスク、問題点および問題解決の優先順位づけを行い、優先順位の高いものから具体的な解決策を討議し決定します。ファシリテーターは、その結果を後日報告書として作成します。その後、適切な時期に内部監査部が改善状況をフォローアップします。

(4)　CSAの手続

　次に、具体的なCSAのステップと、そこで使用する書類についてみてみましょう。

① 事前調査と質問書

　５Ｗ１Ｈの手段（How）のところでも少し触れましたが、CSAを行う前にファシリテーターを行う内部監査部員が、CSAの対象となるビジネス・プロセスや内部統制の理解を深め、また問題点および改善活動の擦合せを担当者と行うために、１）事前調査の実施や２）質問書を送付することが多いようです。

　この事前調査は、以下の事柄を含みます。

- CSAの対象になるビジネス・プロセスまたは内部統制の目的の識別
- 当該ビジネス・プロセスまたは内部統制を直接行っている組織および従業員の資質の理解
- 当該ビジネス・プロセスまたは内部統制の流れ（フローチャート等による）の理解（直接的な流れだけではなく、間接的に関与する事柄も含むすべての流れ）
- 当該ビジネス・プロセスまたは内部統制で使われている情報システムの理解
- 当該ビジネス・プロセスまたは内部統制の抱える問題点の識別
- それぞれの問題点が抱えるリスクの種類（市場リスク、信用リスク、業務リスク、法務・コンプライアンスリスク、システムリスク等）の識別
- それぞれの問題の重要度とリスクの度合いの識別
- 当該ビジネス・プロセスまたは内部統制の問題点に対する可能な改善案
- 当該ビジネス・プロセスまたは内部統制に関する業務マニュアルや業務手順書があれば、そこで規定されている手順と現状との乖離の理解。もし業務マニュアルや業務手順書がなければ、ベストプラクティスと現状との乖離の理解

１）事前調査では、内部監査部員がCSAに参加する従業員や役席者の全員または主要な担当者と個々に面談し、上記の事柄を質問します。面談によって内部監査部員は、CSAの参加者との間でインタラクティブな関係をもつことができ、したがって、CSAの対象となるビジネス・プロセスま

たは内部統制も十分に理解できます。もちろん、個々の従業員や役席者によって、当該ビジネス・プロセスまたは内部統制に対する認識は同じではないので、その違いを認識しながら内部監査部員はCSAの議題作成を行います。面談を通じて非常に重要な問題点が浮かび上がり、その証拠をCSAの話合いで提示する必要がある場合は、そのために精査を行うことがあります。しかし、基本的には事前調査では、いわゆる精査やテストは行いません。

一方、

2）質問書は、内部監査部員が上記の事柄の一部を文書にまとめ、CSAの話合いをする前に個々の参加者に送り、返事をもらいます。したがって質問は、汎用的な書面（eメールも含む）の形をとり、返答もある程度予想された内容が記述式で返ってきます。返答の内容が不明瞭であれば、提出者に再度書面（eメールも含む）や電話で内容の確認を行います。そして、内部監査部員は返答の内容を吟味しながらCSAの議題作成を行います。質問書を使う場合は通常、面談をしたり精査をしたりはしません。

事前調査と質問書を比べると、事前調査は複雑で標準化されていないビジネス・プロセスまたは内部統制を対象にしたCSAを行うときに使われます。また、内部監査を行ったことのないビジネス・プロセスまたは内部統制のCSAを行うときにも使われます。事前調査は、面談を行い、実際に担当者と十分な時間を使って話し合えるので、複雑なビジネス・プロセスまたは内部統制を理解するために必要な質問や観察が十分できるのです。

これに対して、質問書は単純で標準化されているビジネス・プロセスまたは内部統制を対象にしたCSAを行うときに有効です。標準化されているビジネス・プロセスまたは内部統制では、問題点や解決方法も定型化されているので、標準化されたフォーマットで十分な理解が得られるのです。

実際は、事前調査と質問書を両方とも使っている組織も多いようです。それは、内部監査部員がCSAの対象となるビジネス・プロセスまたは内部統制の担当者に定型の質問書を送り、その返答も携えてCSAの話合いの前にCSAの開催地に出向き、そこで必要最小限の面談を含めた簡単な事前調査

図表6.3　経費管理自己評価

> 評価基準
> 1：できている　　　　3：十分にはできていない
> 2：ほぼできている　　4：できていない

チェックポイント	留意事項	1	2	3	4	該当なし	コメント
1. 経費予算と実績との差異が把握され、差異原因の分析、対策の検討が適時に行われているか。また、次年度の予算立案に活用されているか。							
2. 出張旅費、交際費、販売経費等の会社の経費について支払等の規程が整備されているか。	出張旅費、交際費等、不適切な支払につながるおそれのあるものに対して規程等で配慮されているか。						
3. 経費の支払に関する諸業務に関して、権限と責任は明確になっているか。	所定の責任者による承認が行われているか。						
4. 支払を裏付ける証憑（領収書等）により、支払の内容は十分に把握されていない。	証憑類は税務上定められた期間、適切に保存されているか。						
5. 予算外あるいは予算超過の経費支出に関する手続は明確になっているか。	所定の責任者による承認が行われているか。						

を行います。そうすることにより、CSAの議題がより明確化され、CSAが実りの多いものになります。

なお質問状の例は、図表6.3を参照してください。

② CSAの話合い

CSAの話合いには、いくつかのルールがあります。
1) 出席者の人数は5、6人から多くても15人程度

CSAの話合いでは、議題に対して出席者全員が活発な議論をすることが期待されているので、出席者が少ないと議論が偏り、ともすれば個人攻撃的または井戸端会議のようになりがちです。逆に出席者が多すぎると、議論に参加しない担当者が出てくることになり、その結果発言する担当者の意見だけが全体の意見になるという、偏りをもたらしかねません。

2) 出席予定者は、仕事の優先順位をCSAに置くこと

いくら事前準備をしても、肝心の出席者が参加できないのでは、CSAを行う意味はありません。CSAは、ビジネス・プロセスまたは内部統制に関して各担当者が問題点の識別と改善活動の決定を話し合い、目標の達成度を評価する活動です。他の参加者もいるわけですから、必ず担当者が出席できるように上司は配慮し、本人もCSAへの出席に仕事の優先度を置くことが大切です。

3) 個人攻撃をしない

CSAはビジネス・プロセスまたは内部統制に関する問題点の識別と改善活動の決定を話し合い、目標の達成度を評価する活動です。そのために問題点が発生している理由を探るのであり、決して、問題発生部分の担当者の責任を追及する活動ではありません。したがってビジネス・プロセスや内部統制の担当者の資質を問うことよりも、フローのゆがみをとらえることが大切になります。

4) あまり長い話合いはしない

CSAは、活発な議論を前提にしていますので、あまり長い時間全員が同じレベルの集中度を保つことは期待できません。したがって、長くても

一つのテーマ（ビジネス・プロセスなど）に関してトータルでも8時間くらいで、実際は3時間程度がベストです。

以上のルールに則って、CSAの話合いを始めるわけですが、そのためにファシリテーターである内部監査部員が用意するものがいくつかあります。

a．事前調査・質問書によって考慮された議題

　通常、ビジネス・プロセスごとまたは内部統制に関する問題点ごとに、その改善活動やプロセス、あるいは内部統制の目標の達成度に対する評価が話し合われるので、議題は少なくとも10項目ほど用意されます。

b．議論のなかでの匿名性を保証するツール

　参加者は、往々にして上司と部下の関係にあります。そのなかで、上司と違う意見をもっていたり、上司に同調できないと思っていたとしても、それを話合いのなかで議論すること自体に無理があります。しかし、CSAは多くの違った意見を生かしながら議論を行い、問題の優先順位や最適な改善活動と目標達成の評価を決定していきます。したがって自分の意見を自由に発言できるメカニズムが必要となります。

　現在パソコン上で各個人の意見を集約できるソフトウェアと、投票用のソフトウェアの2種類が開発されています。パソコン上で各個人の意見を集約できるソフトウェアは、まず各参加者の手元にノート・パソコンを用意し、また全員にみえるところにプロジェクターの映像を映し出せるスクリーンを用意します。各参加者はそれぞれの議題に関して、自分の意見を入力します。入力された情報はリアルタイムで集約され、スクリーンに映し出されます。このとき映し出される情報は意見のみで、入力した担当者の名前は出ません。それにより、発言者の匿名性が高められます。

　一方投票用のツールとしては、パソコンのキーボードにあるテンキーのみが独立した装置と、やはりプロジェクターの映像を映し出せるスクリーンを用意します。そして決定する事項に対する自分の意思表示を、テンキーのみが独立した装置によって行います。その結果は各個人の意見を集約できるソフトウェアと同じように、リアルタイムで集約されスクリーンに映し出されます。それも単に数字だけではなく、棒グラフやパイチャートのようなビジ

ュアルエフェクトを使った、非常に理解しやすい表現になっています（図表6.2、6.5参照）。

　もし、意見を集約できるソフトウェアが用意できないのであれば、大きめの付箋を使って意見を集める方法もあります。これは、集めた付箋を全員にみえるところに置いた黒板または白板に掲示し、それをもとに議論するものです。しかしこの方法は、筆跡によって、記入した個人を特定できてしまうという難点があります。

図表6.4　意見集約ソフトの例

図表6.5　機械による投票のイメージ

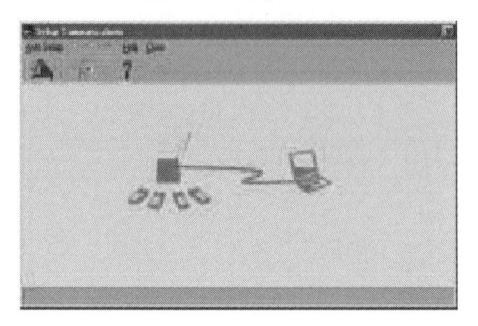

CSAの話合いは、ファシリテーターである内部監査部員が議事を進行させます。通常、以下のステップがとられます。

1）CSAの目的の説明

　　ビジネス・プロセスまたは内部統制に関する問題点とそれに関する改善活動に関する話合いを通じて、ビジネス・プロセスまたは内部統制の目標の達成度に対する評価が行われることを参加者全員に説明します。

2）CSAのルールの説明

　　CSAは、参加者が抱えている問題を議論し、最善の改善活動につなげることにより、ビジネス・プロセスまたは内部統制の目標の達成度に対する評価を行うためのものです。したがって個人の失敗等を譴責する場ではなく、お互いに個人攻撃をしないというルールを参加者全員に説明します。

3）CSAのプロセスの説明

　　匿名性を高めるツール（各個人の意見を集約できるソフトウェアと投票用のソフトウェア）の使い方を参加者全員に説明します。

4）議題の優先順位の決定

　　ファシリテーターは、話し合われる議題をすべて説明し、全員が優先順位を投票します。優先順位に異議がある場合は、そこで議論を行い、再度優先順位を投票します。

5）議論および決定

　　優先順位の高い順から、問題点の明確化と改善活動を議論します。ファシリテーターは、事前調査を通じて問題点を理解しまた改善活動をいくつか提案できる立場にあるので、ここではファシリテーターの準備した提案をもとに議論されます。そして議論が出尽くしたところで、改善活動が投票により決定されます。それぞれの改善活動は、改善活動を遂行する担当者と必要な経営資源および期限を必ず含みます。このプロセスが、時間の許す限り続けられます。したがってすべての議題が議論できない場合もありますが、少なくとも優先順位が高い問題点に関しての議論は行われます。

6）ビジネス・プロセスまたは内部統制の目標の達成度に対する評価

　　話合いの最後に、出席者全員で議論された問題点とその改善活動により、

当該ビジネス・プロセスあるいは内部統制の目標が、どの程度達成できるかを議論します。そして全員の投票により、達成度を決定します。

③ CSAの報告書およびフォローアップ

ファシリテーターは、CSAの議論の内容をもとに報告書を作成します。報告書は、問題点の優先順位、決定された改善活動、そして目標の達成度に対する評価を含みます。それぞれの改善活動には、改善活動を遂行する担当者と必要な経営資源および期限が記載されます。報告書は、参加者全員が内容確認を行った後、CSAの参加者全員、監査担当そして関連した役員に配布されます。決定された改善活動に関するフォローアップは、当該ビジネス・プロセスまたは内部統制に対する内部監査の一部として行われる場合と、一定期間（たとえば3ヵ月）後に内部監査部がフォローアップ監査する場合があります。内部監査の一部として実施される場合は、CSAが行われてから監査が入るまでの期間が長くなりすぎてしまうことがあります。一方、一定期間後のフォローアップ監査は、監査資源に負担がかかり、改善が終了していなければ十分な監査成果をあげられないことになります。

フォローアップに関しては、それぞれの組織により考え方が違うでしょうが、改善状況に関して改善活動担当者から内部監査部に定期的な報告（たとえば四半期ごと）および改善終了報告が行われ、重要な改善がすべて終了した時点で確認のフォローアップ監査を行っている組織もあります。

(5) CSAの長所

CSAは、その対象となるビジネス・プロセスまたは内部統制の専門家である担当者（直接・間接を問わず）を集めてリスクを含めた問題点とその改善活動を議論するので、効率的に検証が行われ、また議論を行った結果決定した内容も、担当者に受け入れられやすくなります。CSAは通常の内部監査と違い、内部監査部が一方的に監査を行い（少なくとも被監査部の人はそう思っている）、その結果を単に受け入れるのではなく、改善活動を行う担当者は議論および決定に参加しています。したがって担当者自身もCSAの決

定について自己責任があるわけです。

　また話合いにおいて、匿名性を可能にしたパソコン上で各個人の意見を集約できるソフトウェアと投票用のソフトウェアにより、ある程度自由に自分の意見表明ができます。それにより、上下関係に影響されずに、また個人攻撃にならないように意思表示ができるので、闊達な議論が期待できます。

　さらにファシリテーターとして内部監査部員を入れることにより、部内や店内のみで話合いを行うことに比べて客観性が増し、また報告書も作成されるので、担当役員による迅速な問題および改善活動の把握を可能とします。そして内部監査部のフォローアップにより、改善状況の把握も可能になります。

(6) CSAの欠点

　事前調査のところでも述べましたが、CSAでは面談または質問書のみで、CSAの対象となるビジネス・プロセスや内部統制の精査は、特に必要でない限り行わないので、CSAの参加者に提供された情報への依存度が非常に高くなります。したがって、事前調査や質問書で偏った情報しか収集できていないとしても、それを検証する方法は、監査を行うしかありません。

　またルールのところでも述べたように、日常業務を行っている従業員や役席者を集めて話合いをするので、時間的な拘束や業務の遂行に支障が出る可能性があります。CSAを仕事の優先順位の上位に置いてもらうことは、容易ではありませんが大切なことです。

　さらにCSA参加者の経験と知識の程度により、ビジネス・プロセスまたは内部統制の抱えるリスク、問題点、改善活動および目的の達成度に対する認識にばらつきがあり、話合いに必ずしも全員が同じレベルで参加できるわけではありません。その結果、より知識と経験が豊富な参加者が議論を一方的に支配する可能性があります。それに加え、日本の文化的背景または国民性を考えたときに、議論が有効に行われる欧米と違い、必ずしも討論形式が最も効率的な議論の場とは限らないこともあります。そこで、前記したCSA用のツールを使うことにより、匿名性を高めてそれぞれの担当者が考

えていることを、ソフトウェアの機能を通じて討論することも一つの方法です。

また出席者のところでも述べましたが、少人数では意見発表者や投票者がわかってしまうという危険性があります。それを避けるために匿名性を高めるツールを使用しますが、一緒に仕事をしている仲間がどのようなことを考えているかを知ることは、そうむずかしくはありません。それにより、個人攻撃がなされる危険性もあります。

(7) CSAのまとめ

CSAを行う目的は、「ビジネス目的が達成」される「保証」を評価することです。そのためにCSAは、評価される内部統制を含むビジネス・プロセスに直接関与している従業員・役席者・経営執行者が、そのビジネス・プロセスおよび内部統制の抱えるリスク、問題点、改善活動および目的の達成度を話し合う活動です。CSAは、通常そのビジネス・プロセスおよび内部統制が行われている場所で実施され、その時期はビジネス・プロセスおよび内部統制の遂行前でも、遂行途中でもかまいません。話合いの前に、事前の調査や質問書を通じて、ファシリテーターである内部監査部員と担当者が話合いで検討される問題点や改善活動を決定します。話合いでは、問題点の分析と改善活動の自由な討議が行われます。そして具体的な改善活動が決定されます。それぞれの改善活動には、担当者と期限が決められ、通常文書化されます。また、検討結果としてのビジネス目的達成度も討議されます。それらの改善状況は、後日、内部監査部が定期的または一定時期にフォローアップを行います。

CSAは、監査手法の一つとして、欧米の内部監査部では比較的使われているようです。特に最近では米国企業改革法の影響もあり、内部監査部のみならず業務部門でも自己検証の手段として使う企業もあります。また、「ビジネス目的が達成」される「保証」を評価することは、コーポレート・ガバナンスや財務諸表の開示強化およびリスク管理能力を向上できると考えられており、業務の担当者に内部統制の重要性を認識させて、同時に問題点とそ

の具体的な改善活動を起こす手法として活用されています。

　一方日本の企業をみてみると、先端的な監査を行っているいくつかの事業会社においてすでに導入されています。CCSAの合格者も増加しており、少しずつではありますが認知度が上がってきたように思われます。現在日本では、企業主導で実施している例もいくつかはありますが、㈱プロティビティ・ジャパンや監査法人系のコンサルティング会社のサポートを受けながら導入するケースが多くみられます。今後は、コンサルティング会社との協働で、日本の金融機関のコーポレート・ガバナンスや財務諸表の開示強化およびリスク管理能力を向上させるために、CSAがよりいっそう普及することを期待したいものです。また日本のマーケットも、金融機関におけるさらなる内部統制の透明性向上や、コーポレート・ガバナンスの強化を求めています。ぜひQC活動の伝統を生かして欧米よりもさらに効率的で効果的なCSAを定着させ、日本の金融機関の底力をみせたいものです。

3. 品質保証

(1) 内部監査の品質保証に関する基準

　「内部監査は、だれが監査するのか？」という質問を、金融検査のときに、検査官から受けたことがあります。その答えとしては、主管官庁による「金融検査」と「外部監査」そして「監査委員会」や「監査役」による監視が正解だと思います。ただし、内部監査に従事する監査人自身も、自己評価を通じて監査の品質を保証する必要があります。

　この質問に対する一つの回答として、IIAは、「内部監査の専門職的実施の国際基準」（International Professional Standard）を2002年に改訂しました。この基準は、原則的にはIIAの会員と公認内部監査人（Certified Internal Auditor：CIA）の有資格者が従う基準ですが、内部監査は非常にグローバルで広範囲な活動なので、内部監査に従事する人はすべからく準拠すべき基準です。この基準は、内部監査を実施するうえで基本的な項目を含む「属性

基準」と監査実務に関する項目を含む「実施基準」の2部構成になっています。なお日本内部監査協会も「内部監査基準」を制定していますが、その内容は後述します。

改訂された「内部監査の専門職的実施の国際基準」では、内部監査の品質評価は義務とされています。なお品質評価の項目は、すべて「属性基準」に含まれています。基準の原文は、以下のとおりです。

属性基準 1300 品質の保証・改善プログラム
　内部監査部門長は、内部監査部門にかかるすべての問題を網羅し、その有効性を継続的に監視する品質の保証・改善プログラムを作成し、維持しなければならない。このプログラムは、定期的な、内部および外部の品質評価と、内部での持続的な監視を含まねばならない。それぞれのプログラムは、内部監査部門が組織体の運営に価値を付加し、また改善することに役立ち、内部監査部門が基準および「倫理綱要」を遵守していることの保証を与えるように設計されなければならない。

属性基準 1310 品質プログラムの評価
　内部監査部門は、品質プログラムの全般的な効果を監視し、評価するためのプロセスを採らなければならない。そのプロセスには、内部評価と外部評価との双方を含まなければならない。

属性基準 1311 内部評価
　内部評価は、以下を含まなければならない。
　―内部監査部門の業績についての継続的レビュー
　―自己評価により、または内部監査の実務と基準についての知識を有する
　　組織体内の他の人々により実施される、定期的なレビュー

属性基準 1312 外部評価
　品質保証レビューのような外部評価は、組織体外の適格にしてかつ独立なレビュー者または組織体外のレビュー・チームによって、最低でも5年に一度は実施されなければならない。

属性基準 1320 品質プログラムの報告
　内部監査部門長は、外部評価の結果を取締役会に報告しなければならない。

> 属性基準 1330 「基準に沿って実施された」旨の表現の利用
> 　内部監査人が、「『内部監査の専門職的実施の国際基準』に従って実施された」と報告することは望ましいことである。ただし、内部監査人が、上記の表現を使うことが出来るのは、品質改善プログラムの評価によって、内部監査部門が基準を遵守していると証明された場合においてのみである。
>
> 属性基準 1340 不完全な遵守の開示
> 　内部監査部門は、基準への完全な遵守を、また、内部監査人は「倫理綱要」を完全に遵守しなければならないが、完全には遵守されない場合もあり得る。これらを完全に遵守出来ないことが内部監査部門の全般的な監査範囲または運営に影響を与える場合、このことを最高経営者および取締役会に明らかにしなければならない。

　以上が基準ですが、要約すると、品質保証を遂行する責任は内部監査部長（室長）や検査部長（室長）にあります。そして、内部監査部に係るすべての問題を網羅し、有効性を継続的に監視する品質の保証・改善プログラムを作成し、維持する必要があります。また、品質の保証・改善プログラムに沿って、定期的に内部および外部の品質評価を受ける必要があります。

　基準のなかにある「内部での持続的な監視を含む」とは、日々行っている管理・監督のことです。特にメガバンクのように大規模な監査部門では、管理に必要な組織をつくり品質管理の情報を収集し監督する必要があります。

(2) 品質保証の方法

　それでは、品質保証の方法を説明します。基準にもあるように、品質評価の方法は外部評価と内部評価があります。それに加え、外部評価の代替手段として独立の正当化を伴う自己評価（Self-Assessment with Independent Validation）も使えます。この方法は外部評価と内部評価を混合した評価方法です。

① 外部評価
　外部評価は「外部レビュー、ビジネス指向品質評価」です。内部監査担当

役員または部長（Chief Audit Executive：CAE）が評価の範囲を決定しますが、通常は監査部門のすべての活動を網羅した評価範囲で行います。評価の時期や評価者についてもCAEが決定します。「国際基準」は5年に1回外部評価を行い、組織の外部の評価者が基準に対する遵守状況に関する評価と意見表明を行うことを要求しています。

　基準では、外部の評価は客観性および十分な経験を有する2人以上のチーム（評価チーム）で行うことと決められています。それを支えるために、IIAの本部（アメリカ・フロリダ州オーランド）には、品質評価（Quality Assurance Review：QAR）の専門家がおり、各種の組織から依頼を受け内部監査の品質評価を行っています。

　また監査法人（Deloitte、PWC、E&Y、KPMG等）や、㈱プロティビティ・ジャパン等のコンサルタントも外部の評価者として、内部監査の品質評価を行っています。IIAの場合は、QARの専門家とCAE等の経験を有するIIAのトレーニングを受けたボランティアのCIA保持者が協力して、内部監査の品質評価を行うこともあります。日本でも、現在IIAのトレーニングを受けて内部監査の品質評価を遂行できるボランティアのCIA保持者が、筆者（毛利）を含めて16人存在します。

　評価の手順は、評価対象の内部監査部がまず自己調査書等を作成し、それを評価チームがレビューすることから始まります。その後、経営者や監査委員会の委員や監査役、CAEや監査部員等必要と思われる役職員とインタビューを行い、情報収集および分析を行います。さらに監査調書や監査報告書、年間監査計画をつくるためのリスク評価に関する書類や年間監査計画書を精査します。またリスク評価や年間監査計画に関して、承認手続や経営者のフィードバックについても、調査します。

　評価のプロセスで使用される書式やプログラム等のツールは、IIAが発行している"*Quality Assessment Manual*"に体系的な雛型が収められており、このマニュアルは青山学院大学の松井隆幸先生の翻訳により、『内部監査の品質評価マニュアル』（同文舘出版）として刊行されています。

ツールは以下のように、1から20まであり、用途別に分けられています。

ツール 1：準備および計画策定プログラム

ツール 2：品質評価のための自己調査書

ツール 3：CAE（内部監査担当役員）質問書

ツール 4：監査対象者調査書

ツール 5：内部監査活動スタッフ調査書

ツール 6：インタビュー・ガイド——取締役会（監査委員会）メンバー

ツール 7：インタビュー・ガイド——CAE（内部監査担当役員）が報告する役員

ツール 8：インタビュー・ガイド——上級経営者および業務管理者

ツール 9：インタビュー・ガイド——CAE（内部監査担当役員）

ツール10：インタビュー・ガイド——内部監査活動スタッフ

ツール11：インタビュー・ガイド——外部監査人

ツール12：内部監査活動組織体の評価

ツール13：リスク評価と監査業務計画

ツール14：スタッフのプロフェッショナルな技能

ツール15：情報テクノロジー（IT）——レビューおよび評価手続

ツール16：生産性および価値の付加についての評価

ツール17：個別監査調書ファイルのレビュー・プログラム

ツール18：観察および問題ワークシート

ツール19：基準遵守性評価サマリー

ツール20：報告書

ツールの1から5までは、品質評価の準備に使われ、ツールの6から11までがインタビューを行うときに使う想定質問集です。そしてツールの12から17までが、評価の精査に使う個別の質問が含まれるプログラムで、最後の三つのツールは評価結果を記録し基準に沿った形で評価して、最終的に報告書にまとめるためのフォームです。

これらのツールを使う前提条件は、評価対象の内部監査部門がまずリスク評価をしていることです。そして監査の時期と監査資源の投入量を決めるた

めの年間監査計画が、リスク評価に基づいてつくられていることも前提とされています。もちろん1年に1回必ず全部署を監査するという方針であればリスク評価は必要ないと思われるかもしれませんが、それでも監査の順番と人員配置を決定するためにはリスク評価は必要です。

② 第三者による妥当性の検証を伴う自己評価

外部評価の代替手段として、「第三者による妥当性の検証を伴う自己評価」があります。外部評価は、ツールのすべてを使って1カ月程度時間をかけて行います。「第三者による妥当性の検証を伴う自己評価」では、自己評価に信頼度を置きその内容を外部者が評価することにより、全体の時間を短縮する方法です。この方法は、外部評価の代替案なので外部評価と同様に5年に1回遂行するように要請されています。外部評価との違いは、評価チームに要する人数が減り、また遂行に要する時間も少なくなることです。それは、評価チームに評価対象組織の内部監査人を含め、彼らによる自己評価の結果を多用することで可能になります。評価チームに入る内部監査人は、原則的には知識や専門性をもつ監査経験10年以上のベテラン監査人で、CIAや金融内部監査士保持者であれば理想的です。精査では、外部評価と同じツールを使い、報告書も外部評価と同じ様式で作成し、フォロー・アップも行います。

③ 内部評価

「内部評価」は、外部評価と違い、何年に1回遂行しなければならないという基準上の要請はありません。しかし、内部監査部の業績に関する継続的レビューであるため、日常の監督を行う必要があります。これは日々の部門管理であり、定期的なミーティングや監査遂行における恒常的な品質管理を含みます。監査調書の内容をレビューしてコメントを記入し、監査報告書の訂正を行うことも、内部評価の一部であると考えられます。また、同僚がお互いの監査調書や報告書を評価しあうピア・レビューも、大切な日常の管理の一つです。

④ 内部監査基準

日本内部監査協会は2004年6月に「内部監査基準」を改訂しました。基準は1960（昭和35）年に最初に制定されて以来、3度の改訂を行ってきました。今回の改訂ではIIAが2002年に改訂した「内部監査の専門職的実施の国際基準」の要素を取り込み、内部統制の客観的な評価を実施するとともに、組織体に対して付加価値の高い内部統制への改革をアドバイスするコンサルティング活動を行うことを反映しました。

基準は、以下の七つの要素から構成されています。「内部監査基準」の全文は、本書付録CD-ROMに収録されていますのでご参照ください。

1）内部監査の意義：内部監査の本質と必要性を含み、組織体における内部監査の論理的な役割を含んでいます。
2）内部監査の独立性と組織上の位置：内部監査が有効に機能するために、独立性と客観性は非常に重要な要素になります。また組織上の地位を確保することにより、内部監査活動が、他からの制約を受けることなく自由に、かつ、公正不偏な態度で客観的に遂行しうる環境を確立する必要があります。
3）内部監査人の能力および正当な注意：内部監査を遂行するに際して、監査手法および監査対象業務の知識は必須であり、内部監査の専門的資格の取得や、継続的な知識の維持向上も大切です。
4）内部監査の品質評価：今回の改訂で新たに加わったこの項目には、品質管理プログラムに関しての要件と、その結果の開示に関する記述が含まれています。
5）内部監査の対象範囲と内容：監査業務の範囲や計画および実施を含めた基本的な項目が述べられています。
6）内部監査の報告とフォロー・アップ：遂行された内部監査の報告と指摘した点のフォロー・アップ監査に関して述べられています。
7）内部監査と法定監査との関係：内部監査と外部監査の関係について述べられています。

基準の4番目の項目では、内部監査の品質評価が含まれています。以下に全文を掲載します。

> 〔4〕内部監査の品質管理
> 1．品質管理プログラムの作成と保持
> 　　内部監査部門長は、個々の内部監査および内部監査部門全体としての品質を保証できるよう、内部監査活動の有効性を持続的に監視する品質管理プログラムを作成し、保持しなければならない。品質管理プログラムを作成し、これを保持することによって、内部監査が組織体の経営目標の効果的な達成に役立ち、内部監査基準および倫理綱要の遵守を確保することになる。
> 2．品質管理プログラムによる評価の実施
> 　　内部監査部門長は、内部評価と外部評価とから成る品質管理プログラム全般の効果的な評価のための手順を明示しなければならない。内部評価は、部門内の自己評価と、組織体内の他部門による定期的な評価とから成る。外部評価は、組織体外の適格かつ独立の者によって、少なくとも5年ごとに実施されることとする。
> 3．品質管理プログラムによる評価結果の報告
> 　　内部監査部門長は、品質管理プログラムによる評価結果を最高経営者および取締役会、またはそれらのいずれかに報告しなければならない。
> 4．「基準に従って実施された」旨の記載
> 　　品質管理プログラムによる評価によって、内部監査基準に準拠していることが確実と立証された場合には、内部監査報告書において「この監査は『内部監査基準』に従って実施された」旨を記載することができる。
> 5．不完全な遵守の開示
> 　　内部監査部門および内部監査人は、「内部監査基準」および「倫理綱要」を遵守するものとする。これらの遵守に欠けるところがあり、これにより、監査の最終意見の形成に必要にして十分な情報を入手できない場合には、その旨を最高経営者および取締役会、またはそれらのいずれかに報告しなければならない。

上記の「内部監査基準」と前出の「内部監査の専門職的実施の国際基準」とを読み比べていただければ、非常に類似点が多いことがおわかりいただけると思います。「国際基準」で、内部評価と外部評価が個別の項目に分かれ

ていること以外は、どちらの基準をお使いになっても同じような品質保証を要求されることになります。したがって、「内部監査基準」を使用する場合も、『内部監査の品質評価マニュアル』に収められている各種のツールを使って、品質評価を実施することができます。

　まず、自社の内部監査の自己診断である内部評価から始めましょう。決して大きなプロジェクトを欲張らずに、いま手元にある資料でできることから始めるのがコツです。そしてその過程で、「品質評価マニュアル」との差が認識され、必要な改善を行います。外部評価は、その後で実施しても決して遅くありませんし、また、そのほうが効率的に行えるはずです。とにかく、まず始めることが肝心です。健闘を祈ります。

索　引

A〜Z

APM ……………………………………90
Audit Charter ………………………72
Audit Committee ……………………63
Audit Planning Memorandum ………90
Auditor in Charge ……………67、90
BIS ……………………………………37
CCSA (Certification in Control
　Self-Assessment) …………………270
Certified Information Systems Auditor：
　CISA ………………………………59
Certified Internal Auditor：CIA ………59
CISA レビュー技術情報マニュアル……144
COBIT ………………………………144
Compensating Control ………………112
Conrtol Activities ……………………47
COSO ……………21、22、36、37、207
COSO ERM ……………………42、207
COSO の内部統制のフレームワーク
　………………………………22、249
COSO リポート ………………37、132
CSA …………………………………270
CSA 用ツール ………………………281
DD ……………………………………239
Detective Control ……………………112
ERM …………………………21、249
Event Identification …………………45
IIA ……………………………130、287
IIA 基準 ………………97、117、128
IIA 実践要綱 ………………………130
Information and Communication ………47
Internal Environment ………………44
IR ……………………………………229
ITF ……………………………………155
JCGIndex ……………………………203
M&A …………………………………236
Monitoring ……………………………48
Objective Setting ……………………45
PMBOK ……………………………254

Preventive Control …………………112
Project Management Book of
　Knowledge ………………………254
Risk Assessment ……………………46
Risk Response ………………………47
SDLC …………………………………140
SOX ……………………………36、264

あ行

アプリケーション統制 ……………152
委員会等設置会社 …………………209
委託先選定の基準 …………………197
委託先の監督 ………………………196
インターナルオーディター ………131
インターネットバンキング ………163
インテグレイテッド・テスト・
　ファシリティ ……………………155
インベスター・リレーション ……229
エンタープライズ・リスク・
　マネジメント ……………42、207、249
エンタープライズ・リスク・マネジ
　メント・フレームワーク ………21
エンベディッド・データ・
　コレクション ……………………156
往査 …………………………………105
オーディット・コミティー ………227

か行

改善指摘事項 ………………………111
監査委員会 …………………63、221
監査可能日数 ………………………87
監査基準委員会報告書第20号 ……219
監査基準日 …………………………94
監査講評会 …………………………109
監査実施責任者 ……………67、90
監査指摘表 …………………………115
監査総合実態調査 …………………139
監査ソフトツール …………………65
監査調書 ……………………………120
監査日程表 …………………………108

監査プログラム …………………100
監査報告書 ……………………117
監査ミーティング ………………108
監査役 …………………………214
監査役監査基準 ………………216
監査役設置会社 ………………209
監視活動 …………………………48
企画開発監査 ……………………70
企業会計審議会内部統制部会 …26
企業内容等開示ガイドライン …22
キックオフミーティング ………106
基本計画書 ………………………63
業務計画 …………………………64
銀行組織における内部管理体制の
　フレームワーク ………37、132
「銀行の内部監査および監督当局と
　監査人との関係」(バーゼル銀行
　監督委員会) …………………63
金融機関等コンピュータシステムの
　安全対策基準 ………………144
金融機関等のシステム監査指針 …144
金融検査に関する基本指針 ……16
金融検査マニュアル ……37、54、137
金融再生プログラム ……13、23、56
金融分野における個人情報保護に
　関するガイドライン …………194
金融分野における個人情報保護に関
　するガイドライン第10条に定める
　安全管理措置の実施について ……159
金融分野における個人情報保護に関
　するガイドラインの安全管理措置
　等についての実施指針 ……159、194
経営統合 ………………………236
考査の実施方針等について ……59
公認会計士 ……………………217
公認情報システム監査人 ………59
公認内部監査人 (Certified Internal
　Auditor : CIA) …………59、287
コーポレート・ガバナンス ……200
個人情報の保護に関する法律につい
　ての経済産業分野を対象とするガ
　イドライン ……………………159
個人情報保護法 ………………193

個別監査計画書 ………………90、100
個別監査プログラム ……………96
個別システム監査 ………………70
コントロールの自己評価（CSA） ……270
コントロールリスク ……………79
コンプラアンス …………………176

さ 行

サーベンス・オックスレー法（米国企業
　改革法、SOX) ………36、203、262
財務諸表の正確性に関する
　経営者による宣言（確認書）……23
財務諸表の適正性 ……………226
(金融再生プログラムの)作業工程表 …23
30日ルール ……………………185
事業体の目的 ……………………43
事象の識別 ………………………45
システム開発ライフサイクル …140
システム監査 …………………138
システムリスク ………………143
承認 ………………………………83
情報と伝達 ………………………47
人員計画 …………………………66
新会社法 ………………217、226
新商品事前監査 …………………70
新BIS規制 ………………41、51
スナップ・ショット ……………157
全般統制 ………………………149
総合監査 …………………………69

た 行

代表者確認書 ……………………22
タイムシート …………………124
知的財産権 ……………………169
通知 ………………………………70
ディスクロージャー制度の信頼性確保
　に向けた対応（第二弾）について …25
テーマ別監査 ……………………70
テスティング …………………106
テスト・データ ………………154
デューデリジェンス ……………239
東京証券取引所 ………………226
統合的フレームワーク ……21、42

索　引　297

統制活動 …………………………47
統制リスクの評価 ………………219
特別監査 …………………………70
トランザクション・セレクション ……156
トレーシング ……………………156
トレッドウェイ委員会 ……………22

な行

内部環境 …………………………44
内部監査基準 ………57、220、231、293
内部監査規程 ……………………72
内部監査規程細則（運営手続）……73
内部監査計画書 …………………85
内部監査人 ………………131、211
内部監査人協会（IIA）……27、62、270
内部監査の専門職的実施の国際基準…287
内部監査の専門職的実施の
　フレームワーク ……62、97、132
内部監査報告書 …………………117
内部監査マニュアル ……………74
内部コントロール ………………37
内部統制 …………22、37、210、224
内部統制──統合的フレームワーク
　………………………37、42、132
内部統制のリスク評価表 ………100
内部統制報告書 …………………268
日本内部監査協会 ……………57、293
日本版COSO ……………………48
抜打ち ……………………………70
年度監査計画 ……………………85

は行

バーゼルⅡ ………………41、51
発見事項確認票 …………………107
発見的コントロール ……………112
パラレル・シミュレーション ……155
ビジネスDD ……………………250
ビジネスリスク …………………79
品質保証 …………………………287
ファシリテーター ………………271
フォローアップ監査………70、128
部門別監査 ………………………70
プロジェクトマネジメント ……254

プロセス・フローチャート ……154
米国企業改革法（サーベンス・
　オックスレー法、SOX）
　………………21、36、203、223、264
米国企業改革法302条 ……………226
米国企業改革法404条
　…………………………27、36、267
補完的コントロール ……………112

ま行

マッピング ………………………157
三つの柱 …………………………52
目的の設定 ………………………45

や行

有価証券報告書の記載内容の適正性に
　関する（代表取締役の）確認書…22、226
予告 ………………………………70
予告通知 …………………………91
予防的コントロール ……………112

ら行

リスクアセスメント（リスク評価）
　……………………………76、166
リスク新時代の内部統制──リスクマ
　ネジメントと一体として機能する内
　部統制（日本版COSO）………48、208
リスク度付与 ……………………113
リスクの評価 ……………………46
リスク評価 ………………………76
リスクベース監査 ………………4、114
リスクへの対応 …………………47
リスクマトリクス表 ………100、167
レッドブック ……………………62

わ行

ワーキングペーパー ……………120

これが金融機関の内部監査だ〔2nd edition〕
——新たなサービスの創造へのナビゲーション

平成17年9月15日	第1刷発行
平成20年2月15日	第3刷発行

著　者　先端内部監査研究会
発行者　倉　田　　勲
印刷所　株式会社 太平印刷社

〒160-8520　東京都新宿区南元町19
発行所　社団法人 金融財政事情研究会
編集部　TEL 03(3355)2251　FAX 03(3357)7416
販　売　株式会社 きんざい
販売受付　TEL 03(3358)2891　FAX 03(3358)0037
　　　　　URL http://www.kinzai.jp/

・本書の内容の一部あるいは全部を無断で複写・複製・転訳載すること、および磁気または光記録媒体、コンピュータネットワーク上等へ入力することは、法律で認められた場合を除き、著者および出版社の権利の侵害となります。
・落丁・乱丁本はお取替えいたします。価格はカバーに表示してあります。

ISBN978-4-322-10759-3

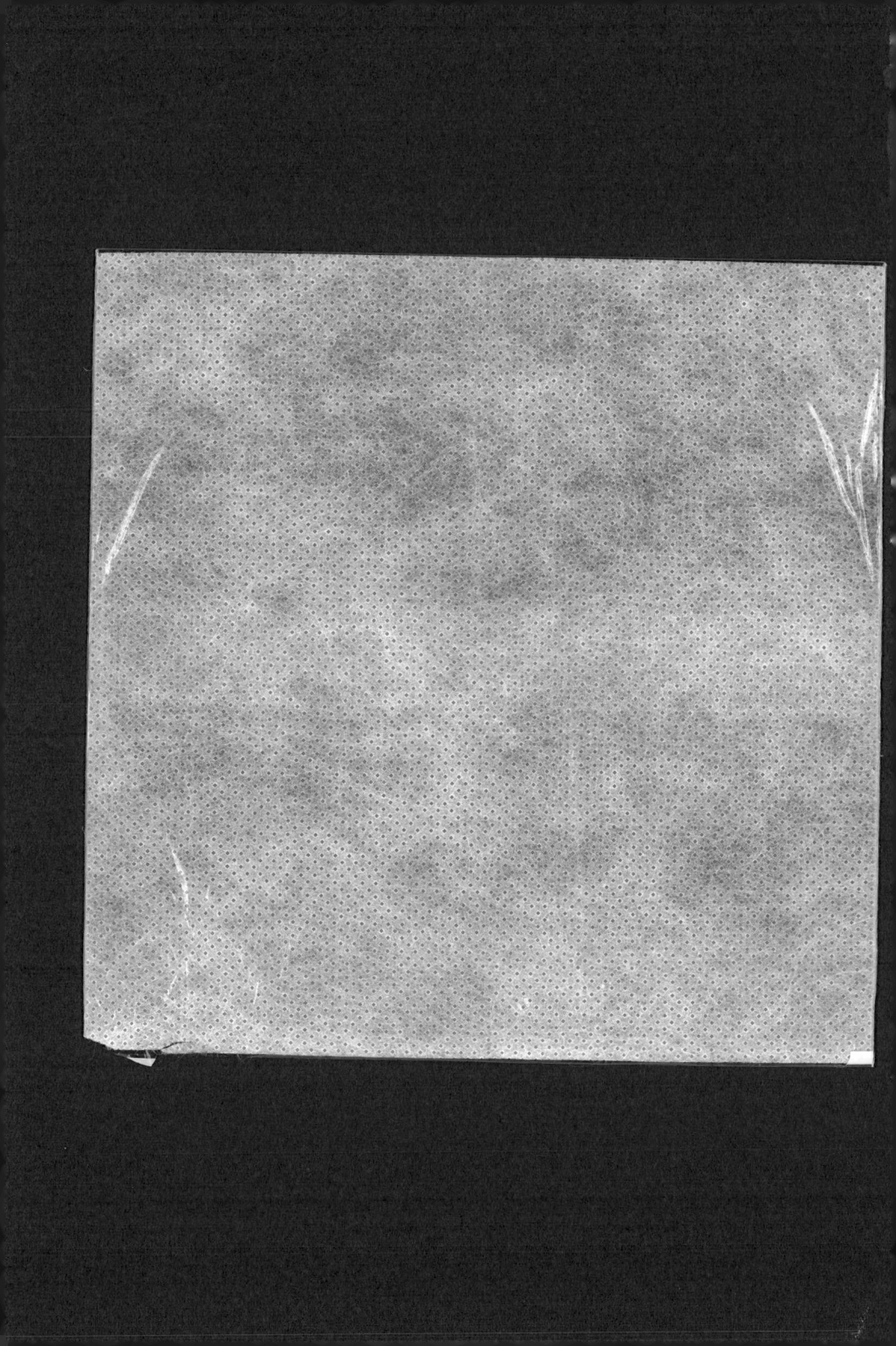